工业数据安全与实践

孙 岩　王 墨　柳彩云
刘奕彤　翁 颖　丛 文　编 著

西南交通大学出版社
·成 都·

图书在版编目（CIP）数据

工业数据安全与实践 / 孙岩等编著. -- 成都：西南交通大学出版社，2025.3. -- ISBN 978-7-5774-0397-7

Ⅰ. F407.4

中国国家版本馆 CIP 数据核字第 2025AW6834 号

Gongye Shuju Anquan yu Shijian
工业数据安全与实践

孙 岩　王 墨　柳彩云　刘奕彤　翁 颖　丛 文　编著

策划编辑	罗爱林
责任编辑	赵永铭
责任校对	左凌涛
封面设计	吴 兵
出版发行	西南交通大学出版社 （四川省成都市金牛区二环路北一段 111 号 西南交通大学创新大厦 21 楼）
营销部电话	028-87600564　028-87600533
邮政编码	610031
网　　址	https://www.xnjdcbs.com
印　　刷	成都市新都华兴印务有限公司
成品尺寸	170 mm × 240 mm
印　　张	17.5
字　　数	276 千
版　　次	2025 年 3 月第 1 版
印　　次	2025 年 3 月第 1 次
书　　号	ISBN 978-7-5774-0397-7
定　　价	68.00 元

图书如有印装质量问题　本社负责退换
版权所有　盗版必究　举报电话：028-87600562

PREFACE 前 言

以习近平同志为核心的党中央高度重视数据安全工作,强调要切实保障国家数据安全,强化国家关键数据资源保护能力,数据安全成为国家"十四五"规划等多项战略规划部署的关键领域,作为重要紧迫的工作任务予以推进。

工业领域作为《中华人民共和国数据安全法》提及的行业领域之首,是当前强化数据安全保障的重要领域。我国拥有41个工业大类、207个工业中类、666个工业小类,具备全世界最为完整的工业体系,规上工业企业超40万家,是我国数据产量的第一方阵。相比金融、电信等其他领域数据,工业数据涉及行业门类众多,数据来源丰富,形态多样,多种结构与类型的数据并存,具有实时性、稳定性、可靠性、强关联性等特征。随着新一轮科技革命和产业变革加速推进,工业领域数字化、智能化转型进入深耕阶段,工业数据价值日益凸显,成为社会生产、产业转型、提升企业竞争力的关键要素,保障工业数据安全成为事关国家安全和经济社会发展的重大问题。

本书聚焦新型工业化背景下的工业数据安全问题,重点以工业企业数据安全管理部门相关人员、从事工业数据安全相关工作的科研人员、学生为主要目标读者,深入浅出地阐述了工业数据概念、内涵、政策、技术和典型经验做法。本书主要分为5章,分别为工业领域数据安全概述、工业领域数据分类分级、工业领域数据安全防护、工业领域数据安全评估、工业领域数据安全流通。其中"工业领域数据安全概述篇"分析了工业数据主要涉及的主体、数据特点,以及工业数据全生命周期概念,并将工业数据与传统网络数据进行了横向对比,首次明确了工业数据安全与网络安全、工业互联网安全、工业控制系统等概念之间的边界,解决了业界对于相关概念的疑惑。"工业领域数据分类分级篇"

主要针对当前各类型工业企业数据资产梳理方法不明确、路径不清晰等问题，以各国数据分类分级经验做法分析为切入点，梳理形成了工业数据分类分级方法、流程和关键技术。"工业领域数据安全防护篇"首先从管理和技术两个角度提出了工业数据安全防护框架，其次结合工业领域实际应用场景分析形成了适用于各场景下的数据安全防护框架和技术，最后针对常见的运营问题分析提出了工业数据安全运营体系。"工业领域数据安全评估篇""工业领域数据安全流通篇"等部分分别针对数据安全评估方法流程、数据要素流通机制、模型等关键要素进行了介绍和分析。

  由于作者的学术水平和视野所限，书中难免存在不足之处，恳请广大读者批评指正，积极交流。

编 者

2025 年 2 月

CONTENTS 目 录

第 1 章　工业领域数据安全概述 1
　　1.1　工业数据安全的内涵 1
　　1.2　工业数据安全风险与挑战 23
　　1.3　国内外工业领域数据安全发展现状 36
　　1.4　工业数据安全建设概述 62

第 2 章　工业领域数据分类分级 78
　　2.1　分类分级的定义及各国做法 79
　　2.2　工业数据分类分级方法及流程 83
　　2.3　数据资产分类分级关键技术 90

第 3 章　工业领域数据安全防护 106
　　3.1　工业数据安全防护总体思路 107
　　3.2　工业数据安全管理体系建设 111
　　3.3　工业数据安全防护技术体系建设 126
　　3.4　工业数据安全运营体系建设 164
　　3.5　典型数据安全风险排查与防范 176

第 4 章　工业领域数据安全评估 186

4.1　数据安全评估概述 187
4.2　数据安全评估实施流程 193
4.3　数据载体安全评估技术 197
4.4　工业企业数据安全评估典型实践 205

第 5 章　工业领域数据安全流通 212

5.1　工业数据安全跨境流动体系 213
5.2　工业数据要素共享交易体系 224

附　录 233

附录 A　国外数据安全相关政策情况 233
附录 B　工业领域数据安全已发布和制定中标准明细 243
附录 C　地方数据安全相关政策情况 245
附录 D　工业领域数据安全事件（2021—2024）案例 258

参考文献 265

第 1 章 工业领域数据安全概述

1.1 工业数据安全的内涵

当前,新一轮科技革命和产业变革加速推进,工业领域数字化、智能化转型进入深耕阶段,工业数据日益成为社会生产、基础服务、产业转型的重要驱动力量和提升工业企业竞争力、创新力、价值力的关键核心要素,是推进制造强国和网络强国的重要基础。数据的流动与利用是一把双刃剑,在推进新型工业化发展的同时,也给企业带来了风险与挑战。近些年,针对工业领域的数据勒索、窃取活动呈现明显增势,工业数据集中存储和利用、工业企业管理不到位、管理手段缺失也进一步加剧了工业领域数据安全风险威胁影响,使得工业领域数据安全成为事关国家安全和经济社会发展的重大问题,以新安全格局保障新发展格局,加强数据安全治理成为数字经济时代的重要命题之一。然而,工业数据安全是融合了工业生产、自动化、网络安全、数据本体安全的复杂命题。本章从概念边界、风险挑战、发展形势等方面深入剖析工业数据安全概念边界是什么、责任主体有哪些、主要风险在哪里等问题,以期为读者提供基本参考和思路。

1.1.1 工业数据概念、范围和特征

1.1.1.1 工业数据概念

工业是国民经济的主体，工业稳则经济稳。随着新一代信息技术与制造业的深度融合，工业数据呈指数级增长，工业数据与工业生产业务息息相关，一旦遭到破坏轻则影响企业经营，重则危害经济发展甚至国家安全。工业数据的规范管理和共享，已经成为国家工业经济健康发展的关键引擎。2022年12月，工信部发布《工业和信息化领域数据安全管理办法（试行）》，对工业数据的概念作出了定义，工业数据是指"工业各行业各领域在研发设计、生产制造、经营管理、运行维护、平台运营等过程中产生和收集的数据"。从类别上看，工业数据既包含工业企业产生和收集的研发设计、生产制造、运行维护等数据，也包含工业互联网平台企业产生和收集的平台运营数据、知识库模型库数据，还有工控厂商产生和收集的设备生产运维数据、产品测试数据等。从来源上看，工业数据包含信息管理系统数据、机器设备数据和外部数据。信息管理系统数据是指传统工业自动化控制与信息化系统中产生的数据。机器设备数据是来源于工业生产线设备、机器、产品等方面的数据，多由传感器、设备仪器仪表进行采集产生。外部数据是指来源于工厂外部的数据，主要包括来自互联网的市场、环境、客户、政府、供应链等外部环境的信息和数据。从格式上看，分为生产控制数据、运营管理数据等以关系表格式存储于关系数据库的结构化数据、工控状态、云平台运行数据等以时间序列格式存储于时序数据库的结构化数据、生产监控数据、研发设计图纸、外部数据等以文档、图片、视频格式存储的半结构化或非结构化数据。

1.1.1.2 工业数据主体

《工业和信息化领域数据安全管理办法（试行）》第三条指出"工业和信息化领域数据处理者是指数据处理活动中自主决定处理目的、处理方式的工业企业、软件和信息技术服务企业、取得电信业务经营许可证的电信业务经营者和无线电频率、台（站）使用单位等工业和信息化领域各类主体。工业和信息化

领域数据处理者按照所属行业领域可分为工业数据处理者、电信数据处理者、无线电数据处理者等"。工业和信息化领域数据定义如图1-1所示。

工业各行业、各领域在研发设计、生产制造、经营管理、运行维护、平台运营等过程中产生和收集的数据	电信业务经营活动中产生和收集的数据	开展无线电业务活动中产生和收集的无线电频率、台（站）等电波参数数据
工业领域	电信领域	无线电领域
工业企业、软件和信息技术服务企业等	取得电信业务经营许可证的电信业务经营者等	无线电频率、台（站）使用单位等

图1-1 工业和信息化领域数据定义

可以看出，工业数据涉及的主体统称为工业数据处理者，包括对工业数据进行收集、存储、使用、加工、传输、提供、公开等数据处理活动的工业企业、工业互联网平台企业、标识解析企业等，如图1-2所示。其中，工业企业是指为国民经济各部门提供物质技术基础的主要生产资料及提供生活消费品和制作手工工具的企业，主要涉及原材料工业、装备工业、消费品工业、民爆和电子信息制造业等行业，主要包含研发设计数据、生产制造数据等。工业互联网平台企业是指面向工业企业提供云服务等资源协作、信息服务及应用（工业App）服务等企业，主要包含平台知识机理、数字化模型等数据。标识解析企业是指从事工业互联网标识注册服务、解析服务及其运行维护机构，主要包含标识注册数据、标识解析数据等。

工业数据涉及主体多	工业企业	·研发设计数据 ·生产制造数据
	软件和信息技术服务企业	·工业软件数据 ·工业应用服务数据
	工业互联网平台企业	·平台运营数据 ·知识库模型库数据
	标识解析企业	·标识注册数据 ·标识解析数据

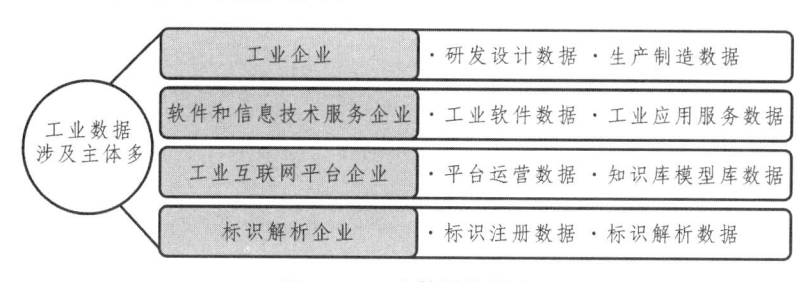

图1-2 工业数据处理者

1.1.1.3 工业数据特点

随着工业与新一代信息技术的融合，工业数据时间范围不断扩大、数据范围不断扩展、数据类型不断增加，除传统大数据"4V"特征，即规模性

（Volume）、多样性（Varity）、高速性（Velocity）和价值性（Value），还有以下 7 个典型特征：

多态性：工业数据格式与形态多样，包括但不限于时序数据、关系表、文档、图片、音视频等多种数据类型。

实时性：工业数据主要来源于生产制造和产品运维环节，生产线、设备、工业产品、仪器等均是高速运转，在数据采集频率、数据处理、数据分析、异常发现和应对等方面均具有很高的实时性要求。

闭环性：包括产品全生命周期横向过程的数据链条，以及智能制造纵向数据采集和处理过程中的所有数据，需要支撑状态感知、分析、反馈、控制等闭环场景下的动态持续调整和优化。

级联性：工业产品生命周期的设计、制造、服务等不同环节的数据之间需要进行关联，一旦某一环节的数据泄露或被篡改，极有可能造成级联破坏，造成大规模影响。

更具价值属性：工业数据更加强调用户价值驱动和数据本身的可用性，利用工业数据可以提升创新能力和生产经营效率，以及促进个性化定制、服务化转型等智能制造新模式变革。

更具产权属性：工业数据产生于企业实际生产经营过程，依附于企业的设备设施、资源物料、业务系统等载体。对企业而言，这些数据具有明确的产权属性，企业拥有对这些数据的掌控能力，能力决定具体数据的具体使用方式，数据产权属性明显高于个人用户信息。

更具要素属性：海量数据的汇聚超越了传统生产经营的方式，通过分析流量、判断方向、预测结果等多种方式，能够作为新型生产要素促进制造业高质量发展。

1.1.1.4 工业数据全生命周期

根据《工业和信息化领域数据安全管理办法（试行）》，工业数据全生命周期包括数据收集、存储、使用、加工、传输、提供、公开等环节（图 1-3），特定的数据所经历的全生命周期由实际业务场景所决定，并非所有数据都会完整经历每个阶段。

图 1-3 数据全生命周期流转图

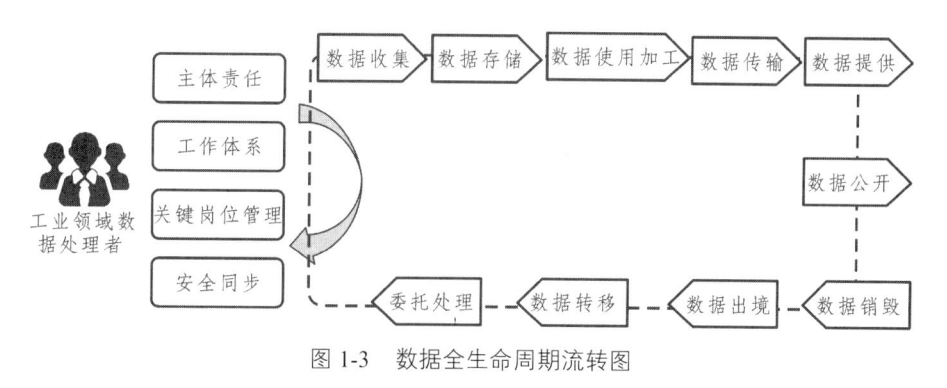

数据收集：指通过工业设备采集、人工填写、交易购买、共享交换等方式获取工业数据的行为。对于组织机构而言，数据的收集既包含在组织机构内部系统中生成的数据，也包含组织机构从外部采集的数据。数据收集范围的分类可包括：研发测试数据等研发设计数据、控制信息、工况状态、系统日志等生产控制数据、企业客户数据、人力资源数据等经营管理数据、工业互联网平台业务数据等企业应用服务数据等。

数据存储：指工业数据以某种格式记录在计算机内部或外部存储介质上的行为。根据数据热度不同、对存储量、时效性、读写查询性能等差异性要求，应当选择合适的存储介质。工业领域常见数据存储载体包括传统关系型数据库、半结构化数据库、时序数据库、实时数据库、数据中心、云数据库等。

数据使用加工：指通过对工业数据进行数据挖掘、分析、加工等活动，获取目的结果的行为，通常会涉及工业互联网平台机理模型构建、企业数据库更新删除、数据运维、数据分析、自动化决策、数据标准、数据清洗、数据质量、元数据管理、数据模型设计等。

数据传输：指数据源与数据接收方之间通过一个或多个数据信道或链路、共同遵循一个通信协议而进行的数据交互过程。相比较其他行业，工业数据传输涉及的通信协议种类多样，既包括大量私有、专用的通信协议（如：西门子S7、罗克韦尔 CIP 协议等），也包含传统的网络传输协议（如：HTTP、FTP、Telnet 等）。

数据提供：指工业数据处理者向其他数据处理者提供数据，或将工业数据处理权由一个处理者向另一个处理者转移，且双方分别对数据拥有独立处理权的过程。

数据公开：指将工业数据向社会或不特定人群公开发布的行为。

数据转移：指数据经由组织机构内部向外部组织机构及个人交互过程中提供数据的阶段。

数据销毁：指通过对数据及数据的存储介质通过相应的操作手段，使数据彻底消失且无法通过任何手段恢复的过程。随着存储成本的进一步降低，很多企业采取了"保留全部数据"的策略，然而从价值成本及合规角度来说，存储超过业务需求的数据不是正确的数据管理策略。

与传统IT（Information Technology，信息技术）域数据倾向于仅仅依赖统计学工具挖掘属性之间的相关性不同，工业数据具有更强的专业性、关联性、流程性、时序性和解析性，注重特征背后的物理意义以及特征之间关联性的机理逻辑，在数据全生命周期环节上的特点如表1-1所示。

表1-1 工业数据特征表

环节与应用	传统网络数据	工业数据
采集	通过交互渠道（如门户网站、购物网站社区、论坛）采集的交易、社交、浏览等数据，对数据采集的时效性要求不高	通过传感器与感知技术，采集物联设备、生产经营过程业务数据、外部互联网数据等，对数据采集具有很高的实时性要求
存储	数据之间关联性不大，存储自由	数据关联性很强，存储复杂
处理	通过数据清洗、数据归约，去除大量无关、不重要的数据	工业软件是基础，强调数据格式的转化。数据信噪比低，要求数据具有真实性、完整性和可靠性，更加关注处理后的数据质量
分析	利用通用的大数据分析算法进行相关性分析，对分析结果讲究效率，无须绝对精确	数据建模、分析更加复杂，需要专业领域的算法，不同行业、不同领域的算法差异很大，对分析结果的精度和可靠度要求高
可视化	数据结果展示可视化	数据分析结果可视化及3D工业场景可视化，对数据可视化要求强实时性，实现近乎实时的预警和趋势可视

1.1.1.5 工业数据载体

2021年9月正式施行的《中华人民共和国数据安全法》(以下简称《数据安全法》)第三条指出"数据是指任何以电子或者其他方式对信息的记录",由此可以看出,数据载体是指用于承载工业数据的介质,包括但不限于软件、硬件及纸质媒介等。工业数据载体主要包含数据库、工业控制系统、工业软件及工业云平台等。

1. 数据库

数据库诞生于20世纪60年代,最初用途为美军管理其情报数据,因其具有较小冗余度、较高数据独立性和易扩展性,并可为各种用户共享等优点,后续逐渐推广应用于日常数据管理。学术上对其定义为按概念结构组织的数据集合,其概念结构描述这些数据的特征及其对应实体间的联系,常见的联系包括层次结构、网状结构及关系结构三种。典型数据库类型如下:

● 关系型数据库是最常见和广泛使用的数据库类型之一。它们使用表格来存储数据,具有强大的数据一致性和完整性,并支持复杂的查询操作,主流品牌包括MySQL、Oracle、SQL Sever等,常用于存储工业企业办公网生成的经营管理类数据。

● 非关系型数据库是一种不使用传统表格结构存储数据的数据库。它们可以存储各种类型的数据,如文档、键值对、列族、图形等。非关系型数据库通常具有高度的可扩展性和灵活性,适合处理大量的非结构化数据,主流品牌包括MongoDB、Redis等,常用于存储企业办公网产生的非结构化数据及数据缓存等内容。

● 面向对象数据库(OODBMS)将对象的概念引入数据库中,可以直接存储和操作对象。对象可以是真实世界中的实体,如人、车辆等,也可以是抽象的概念,如订单、发票等。面向对象数据库支持面向对象的编程模型,并且具有较好的数据封装性和继承性,主流品牌包括db4o、Versant,常用于存储企业研发进度等数据。

● 分布式数据库是由多个相互连接的计算机组成的数据库系统。它们将数据存储在不同的节点上,并允许并行处理和共享数据。分布式数据库可以提供更高的性能和可用性，以及更好的水平扩展性，主流品牌包括 Apache Hadoop、Google Bigtable 等，常用于工业大数据的加工处理场景。

除以上 4 类数据库外，为满足高速写入、快速查询等实际业务需求，实时数据库和时序数据库广泛应用于工业生产中。

1988 年 3 月，美国 ACM SIGMOD Record 期刊发表实时数据库系统专辑，标志着实时数据库的兴起。随着智能制造的快速发展，工业监控、自动控制和公用工程等应用领域对实时数据库的研究应用达到高潮。与传统关系型数据库不同，实时数据库像一个技术平台，集提供异构通信协议的数据源访问接口、实时数据读写与历史数据归档、海量数据压缩存储、实时计算和实时分析等多种功能于一身，解决了传统关系型数据库无法存储大容量、高频度数据的性能弊端。主要分为传统实时数据库和组态供应商实时数据库两种，传统实时数据库的代表产品有 PI、InfoPlus.21 等，组态供应商实时数据库的代表产品有 KingRDB、pSpace、RealDB 等。代表性工业时序/实时数据库工作原理如下：

1）PI 数据库

PI 数据库作为工业现场广泛使用的实时数据库，其工作原理介绍如下：

PI 是由美国 OSIsoft 公司开发的一套开放式体系结构的软件应用平台，支持服务器集群配置，实现单一服务器宕机情况时仍能保持数据访问功能。PI 系统对实时数据的采集、存储以及管理部分都作了非常严格的定义，并通过丰富的客户端组件对外提供各类服务。

（1）PI 数据采集。

PI 系统支持多种数据源采集方式，包括人工输入数据、手持设备数据、终端传感器数据以及文档型数据。OSIsoft 公司向全球提供多达 600 多种 DCS 接口，同时支持基于 OPC 协议的信息采集，数据传输稳定、可靠而有效。系统具有严格的权限控制，授权用户只能根据其设定安全级别查看对应测控点数据。PI 系统在采集过程中对测控点的操作自动与服务器同步，采集周期与采集精度均可进行自定义设置。

（2）PI 数据存储。

PI 系统提供历史数据在线或离线备份功能，采用旋转门压缩技术和二次过滤技术对实时数据进行高效压缩，系统的数据压缩精度与压缩比可根据用户需要进行灵活调整。

（3）PI 数据管理。

PI 系统包括高效的计算引擎模块，可对原始数据能进行快速二次计算和有效整合。PI 系统的数据类型基本涵盖工业绝大部分领域，包括开关型、整型、浮点型、双精度型以及字符串型等。其中，数据定义既反映生产过程的基本属性，也支持单独和批量的标签组态化。除此以外，系统支持数据回放与数据检索。

（4）PI 客户端组件。

PI 系统支持标准的 C/S 结构和 B/S 结构。C/S 结构包括过程信息组织与显示模块（ProcessBook）、过程数据分析模块（DataLink）、Excel 报表插件等。ProcessBook 主要提供流程图绘制与实时曲线展示，DataLink 主要提供历史数据分析功能，结合 Excel 工具创建交互式分析报表。

（5）PI 资产管理。

PI 系统整合各种数据源进行统一命名，提高了检索效率。用户通过目录树的形式浏览生产设备、监控软件以及过程数据等资产，并根据预设条件进行故障预警，通知方式包括邮件、短信、电话联系等。时序数据库用于摄取、处理和存储电力行业、化工行业、气象行业、地理信息等各类型实时监测、检查与分析设备所采集、产生的时间序列数据。这些数据带有时间标签，具有产生频率快（每一个监测点一秒钟内可产生多条数据）、严重依赖于采集时间（每一条数据均要求对应唯一的时间）、监测点多信息量大（常规的实时监测系统均有成千上万的监测点，监测点每秒钟都产生数据，每天产生几十 GB 的数据量）等特征，传统关系型数据库无法对其进行高效存储和处理。时序数据库的代表产品有 nfluxDB、TimescaleDB 和 QuestDB 等。通常时序数据库至少应该具有写入（write）和查询（query）操作，有些时序数据库也提供更新（update）和删除（delete）操作。write 将一个或者一批时序数据点写入时序数据库；query 从时序数据库中查询数据，需要支持基于时间范围和标签组合的过滤查询；update 更新具有相同标签值和时间戳的时序数据；delete 根据时间范围、标签值和字段从数据库中删除数据。一些时序数据库还提供了数据分析服务，比如 InfluxDB 提供了 SUM，MIN，MAX，AVG 等聚合计算函数，以及 HOLT_WINTERS 等时间序列预测方法，用于预测未来的趋势和季节性变化。

2) pSpace 数据库

pSpace 数据库作为工业及科研领域逐渐兴起的高性能时序数据库,其工作原理及特性介绍如下:

pSpace 是由北京力控元通科技有限公司开发的一款面向大规模时序数据存储、处理与分析的数据库系统,特别优化设计以支持高并发、低延迟的数据写入与复杂查询需求。它采用分布式架构设计,支持横向扩展,确保在数据量激增时仍能保持卓越的性能。

(1) pSpace 数据采集。

pSpace 数据库支持多元化的数据采集方式,涵盖物联网设备、传感器网络、工业控制系统以及第三方 API 接口等。系统内置多种通信协议,如 MQTT、HTTP、OPC UA 等,确保与不同数据源的无缝对接。同时,pSpace 提供强大的数据预处理功能,能够在数据采集端进行初步筛选与压缩,减少网络传输负担。系统实施严格的访问控制与数据加密策略,保障数据安全。

(2) pSpace 数据存储。

pSpace 采用先进的时序数据压缩算法,如时序差分压缩、游程编码等,有效降低存储成本同时保证数据的高保真度。系统支持历史数据的在线与离线备份机制,确保数据的安全性与持久性。pSpace 还提供了灵活的存储策略配置,用户可根据数据类型与应用场景调整存储精度与压缩比。

(3) pSpace 数据管理。

pSpace 内置高效的查询引擎,支持基于时间范围、标签组合、聚合函数等复杂条件的快速检索与分析。数据类型丰富,包括整型、浮点型、字符串型等,满足不同行业应用需求。系统支持数据的版本控制与回溯功能,便于数据追踪与审计。此外,pSpace 还提供了数据可视化工具,帮助用户直观理解数据趋势与模式。

(4) pSpace 客户端组件。

pSpace 支持多种客户端访问模式,包括 RESTful API、SDK(Java、Python、C#等)以及 Web 控制台。RESTful API 允许用户通过 HTTP 请求与数据库交互,便于集成到现有系统中;SDK 提供了丰富的函数库,简化开发过程;Web 控制台则提供了直观的用户界面,方便数据库管理与监控。

(5) pSpace 资产管理。

pSpace 数据库实现了资产的统一管理与命名规范,提高了资源检索与利用效率。用户可通过层次化的目录结构浏览与管理生产设备、传感器、数据流等资产。系统支持基于规则的故障预警与通知机制,通过邮件、短信、推送通知等方式及时告知用户异常情况。

(6) 高级功能。

除了基本的写入(write)、查询(query)操作外,pSpace 还提供更新(update)和删除(delete)功能,以满足动态数据管理的需求。此外,pSpace 还集成了强大的数据分析服务,包括 SUM、MIN、MAX、AVG 等聚合计算函数,以及 ARIMA、LSTM 等时间序列预测模型,帮助用户深入挖掘数据价值,预测未来趋势。

3) KingRDB 数据库

KingRDB 数据库作为工业领域内一款高效且功能全面的实时数据库,其工作原理及核心特性概述如下:

KingRDB 是由北京亚控科技精心打造的一款具备开放式体系结构的数据库平台,它专为应对工业现场复杂的数据处理需求而设计。该平台支持服务器集群部署,确保在单一服务器发生故障时,系统仍能维持正常的数据访问服务。KingRDB 对实时数据的采集、存储及管理均设定了严格的标准,并通过一系列丰富的客户端组件,为用户提供多样化的服务。

(1) KingRDB 数据采集。

KingRDB 数据库支持从多种数据源进行数据采集,这包括人工输入的数据、手持设备数据、终端传感器数据以及各种文档型数据。为了与全球范围内的不同工业系统进行无缝对接,KingRDB 提供了广泛的 DCS 接口支持,并兼容 OPC 协议,确保数据传输的稳定性、可靠性和高效性。系统内置严格的权限控制机制,只有经过授权的用户才能根据其安全级别访问相应的测控点数据。在数据采集过程中,系统会自动将测控点的操作与服务器进行同步,并且用户可以自定义设置采集周期和采集精度。

(2) KingRDB 数据存储。

KingRDB 数据库提供历史数据的在线和离线备份功能,以确保数据的安全性。它采用先进的压缩技术,如旋转门压缩和二次过滤技术,对实时数据进行高效压缩,从而节省存储空间。用户可以根据实际需求灵活调整数据压缩的精度和压缩比。

(3) KingRDB 数据管理。

KingRDB 数据库内置高效的计算引擎,能够对原始数据进行快速的二次计算和有效整合。它支持多种数据类型,包括开关型、整型、浮点型、双精度型以及字符串型等,这些数据类型广泛覆盖了工业领域的各种需求。数据定义不仅反映了生产过程的基本属性,还支持单独和批量的标签组态化。此外,系统还提供数据回放和数据检索功能,方便用户对历史数据进行分析和查询。

(4) KingRDB 客户端组件。

KingRDB 数据库支持标准的 C/S(客户端/服务器)结构和 B/S(浏览器/服务器)结构。C/S 结构包括过程信息组织与显示模块、过程数据分析模块以及 Excel 报表插件等。过程信息组织与显示模块主要用于绘制流程图和展示实时曲线;过程数据分析模块则提供历史数据分析功能,并结合 Excel 工具创建交互式分析报表。B/S 结构则允许用户通过浏览器远程访问数据库,进行数据查询和分析。

(5) KingRDB 资产管理。

KingRDB 数据库整合了各种数据源,并进行统一命名,提高了数据的检索效率。用户可以通过目录树的形式浏览生产设备、监控软件以及过程数据等资产,并根据预设的条件进行故障预警。系统支持多种通知方式,包括邮件、短信和电话联系等,以便及时告知用户设备的故障情况。

此外,作为一款优秀的时序数据库,KingRDB 还具备以下特性:它能够高效处理带有时间标签的时序数据,这些数据通常具有产生频率快、严重依赖于采集时间以及测点多信息量大等特点。查询操作则支持基于时间范围和标签组合的过滤查询;更新操作用于更新具有相同标签值和时间戳的时序数据;而删除操作则根据时间范围、标签值和字段从数据库中删除数据。

4) Apache IoTDB 数据库

Apache IoTDB(Internet of Things Database)作为一款专为物联网(IoT)和大规模时序数据设计的高性能数据库,其工作原理及核心特性概述如下:

Apache IoTDB 是由清华大学等科研机构联合开发的一款开源时序数据库，它采用了分布式架构，支持集群部署，确保在高并发和大数据量情况下仍能提供稳定可靠的数据服务。IoTDB 对时序数据的采集、存储、管理以及分析均作了深入优化，并通过丰富的 API 和客户端工具，满足工业现场及物联网应用中的多样化需求。

（1）IoTDB 数据采集。

IoTDB 支持多种数据源的高效采集，包括但不限于工业传感器数据、智能设备数据、环境监测数据等。它提供了丰富的数据接入接口，如 MQTT、HTTP、OPC UA 等，能够与各种物联网设备和系统进行无缝对接。系统内置权限管理模块，确保只有授权用户才能访问和操作特定的数据点。在数据采集过程中，IoTDB 能够实现数据的实时上传和与服务器的自动同步，同时支持自定义设置采集频率和数据精度。

（2）IoTDB 数据存储。

IoTDB 采用了高效的时序数据存储机制，支持数据的在线和离线备份，确保数据的安全性和可靠性。它利用先进的压缩算法，如时序数据特有的压缩技术，对存储数据进行高效压缩，从而降低存储成本和提高查询效率。用户可以根据实际需求调整数据压缩策略和参数。

（3）IoTDB 数据管理。

IoTDB 内置了强大的数据管理功能，包括数据模型定义、数据存储优化、数据索引等。它支持多种数据类型，如整型、浮点型、字符串型等，以满足不同物联网应用的需求。数据模型既能够反映物联网设备的物理属性和状态，也支持灵活的标签组织和管理。此外，IoTDB 还提供了数据回放和数据检索功能，方便用户对历史数据进行分析和挖掘。

（4）IoTDB 客户端组件。

IoTDB 支持多种客户端组件和 API，包括 Java API、Python API、RESTful API 等，方便用户在不同语言和平台上进行开发和集成。它还提供了丰富的客户端工具，如数据可视化工具、数据管理工具等，帮助用户更好地使用和管理数据库。

（5）IoTDB 资产管理。

IoTDB 整合了物联网设备、传感器、数据点等各种资源，并进行了统一的命名和管理。用户可以通过树形结构或标签体系浏览和检索资产信息，实现对物联网设备的全面监控和管理。系统还支持基于预设条件的故障预警和通知功能，如通过邮件、短信、电话等方式及时告知用户设备的异常状态。

2. 工业控制系统

根据《信息安全技术 工业控制系统信息安全防护能力成熟度模型》（GB/T 41400—2022）中的定义，工业控制系统是指由各种自动化控制组件以及对实时数据进行采集、监测的过程控制组件共同构成的确保工业基础设施自动化运行、过程控制与监控的业务流程管控系统，包括监控和数据采集（Supervisory Control And Data Acquisition，SCADA）系统、分布式控制系统（Distributed Control System，DCS）和其他较小的控制系统，如可编程逻辑控制器（Programmable Logic Controller，PLC）等。这些组成部分通过工业通信线路按照一定的通信协议（如 Modbus、DNP3、IEC104 等）进行连接，形成具有自动控制能力的工业生产制造或加工系统。

作为工业数据的载体，工业控制系统主要承载四类数据：① 与工业现场设备的实时运行状态相关的工控状态数据，包括但不限于设备运行监测数据、设备故障数据等。② 完成工业生产业务所需工艺的一系列基础数据或者指标，包括但不限于温湿度、压强、电流、电压、功率、高度、速度、位置等工艺参数。③ 工业生产现场环境下与生产控制过程相关的系统及设备所产生的各类数据，包括但不限于 SCADA、DCS、PLC 等系统及设备的计算或分析结果、控制指令、告警信号等控制信息。④ 工业现场设备、应用系统运行过程中所产生的日志数据，包括但不限于设备登录日志、运维操作日志、故障告警日志等系统日志。工业控制系统是由各种自动化控制组件以及对实时数据进行采集、监测的过程控制组件共同构成的确保工业基础设施自动化运行、过程控制与监控的业务流程管控系统。

随着工业企业数字化转型进程的加快，工业控制系统也在逐步向智能化转变，图 1-4 展示的是智能化的工业控制系统，即智能自主控制系统，相比传统工业控制系统，增加了系统级实时优化、动态系统重构的能力。该系统作为新一代工业数据载体，构建了一个以数据驱动为核心的智能化控制架构，通过智能运行优化、高性能智能控制以及工况识别与自优化控制三大子系统的协同运作，实现了工业大数据的全流程采集、分析与应用。系统主要数据采集和使用过程如下：

● 以运行指标数据为基础，结合调度生产指令数据，形成完整的数据闭环：智能运行优化模块基于历史数据和实时数据，进行多维度数据分析，输出最优控制系统设定值。

● 通过高性能智能控制模块将优化后的控制指令数据转化为精确的执行信号。

● 通过工况识别与自优化控制模块持续采集装备（过程）运行数据，通过数据挖掘和机器学习算法，实现工况的实时识别与控制策略的动态优化。

● 通过数据的深度融合与智能应用，有效支撑了制造过程的数字化转型，对构建智能制造新模式具有重要的示范作用。

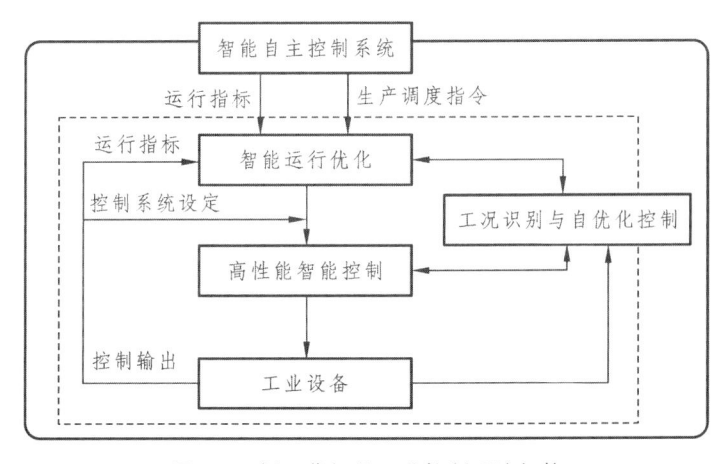

图 1-4　新一代智能工业控制系统架构

3. 工业软件

工业软件是指专用于或主要用于工业领域，基于在实际工业场景所积累的诀窍、技能和经验，通过程序化、算法化、模型化等手段封装成系统或应用，进而控制生产设备、优化制造和管理流程，为提高工业企业研发、制造、生产管理水平和工业装备性能的软件，是新一代信息技术产业的灵魂。工业软件按用途分类可分为信息管理、研发设计、生产控制和嵌入式软件四大类，每类工业软件均有其代表产品和企业，如表1-2所示。

表1-2 工业软件分类

类型	介绍	产品	企业
信息管理类软件	用于提高企业管理水平和资源利用效率	ERP、CRM、SCM	SAP、Oracle、用友网络、金蝶国际
研发设计类软件	用于提高企业产品设计和研发的工作效率	CAD、CAE、PLM	达索系统、Autodesk、中望软件
产控制类软件	应用于提高制造过程的管控水平	MES、APS	西门子、GE、宝信软件、中控技术
嵌入式软件	用于控制和管理特定硬件设备的功能	RTOS、固件、驱动程序	华为、西门子、国电南瑞、ABB

（1）信息管理类软件主要用于提高企业管理水平和资源利用效率，其数据类型主要包括结构化数据（如客户信息、订单记录、库存数据等）、事务性数据（如财务交易、采购记录、销售数据等）、主数据（如产品、供应商、员工等基础信息）以及分析性数据（如统计报表、预测模型、绩效指标等）。代表产品有 ERP、CRM、SCM 等，代表企业包括 SAP、Oracle、用友网络、金蝶国际等。

（2）研发设计类软件主要用于提高企业产品设计和研发的工作效率，其数据类型主要包括几何数据（如点、线、面、体等三维模型数据）、参数化数据（如设计参数、约束条件、装配关系等）、仿真数据（如有限元分析、动力学仿真、热分析等数据）以及工程图纸数据（如尺寸标注、工程符号、技术要求等）。代表产品有 CAD、CAE、PLM 等，代表企业有达索系统、Autodesk、中望软件等。

（3）产控制类软件主要应用于提高制造过程的管控水平、改善生产设备的效率和利用率，其数据类型主要包括实时过程数据（如设备运行状态、生产参数、质量数据等）、控制指令数据（如设备控制命令、工艺参数设定等）、生产计划数据（如排产信息、物料需求、产能分配等）以及设备状态数据（如设备运行时间、故障记录、维护信息等）。代表产品有 MES、APS 等，代表企业有西门子、GE、宝信软件、中控技术、鼎捷软件等。

（4）嵌入式软件主要用于控制和管理特定硬件设备的功能，是实现智能化和自动化的核心组件，其数据类型主要包括实时数据（如传感器采集数据、控制信号、状态信息等）、配置数据（如设备参数、运行模式、通信协议等）、诊断数据（如系统日志、错误代码、性能指标等）以及固件数据（如设备驱动程序、底层协议栈等）。它通常嵌入在消费电子、工业自动化、汽车电子等产品中，代表产品包括实时操作系统（RTOS）、固件、驱动程序等，主要企业有华为、西门子、国电南瑞、ABB 等。

4. 工业云平台

工业云平台是指面向制造业数字化、网络化、智能化需求，构建基于海量数据采集、汇聚、分析的服务体系，支撑制造资源泛在连接、弹性供给、高效配置的工业平台。基本架构如图 1-5 所示，云平台采用典型的"端-边-云"三层架构设计，构建了一个完整的工业数据采集、处理和应用体系。在端侧层面，平台通过 PLC、DCS 以及 MES 等多样化的工业设备和系统，基于多种物理接口实现数据接入。在边缘层，平台设计三层数据处理机制：接入层通过数采协议驱动和 API 接口实现数据的标准化采集；映射层实现格式转换和物模型同步；预处理层负责数据清洗、数据流转等基础处理。在云端层面，平台分为边缘云和中心云两个层级：边缘云主要负责本地多模数据的管理、工业数据服务分析等功能；中心云则通过 IoT 工业物联平台实现更高层级的应用资产管理、云协同和数据汇聚。最终，所有数据都被整合到大数据平台和时序数据库中，为上层应用与分析提供数据支撑。

该架构的特点在于将工业云平台作为数据的承载体，通过分层处理和传输，实现了从底层设备数据采集到顶层应用分析的完整数据价值链。平台不仅解决了异构数据源的接入问题，还通过边缘计算实现了数据的就近处理，既保证了数据处理的实时性，又降低了数据传输成本。此外，平台的分层设计确保了数据在各个环节的可管理性和可追溯性，为工业大数据分析和应用提供了可靠的数据基础。

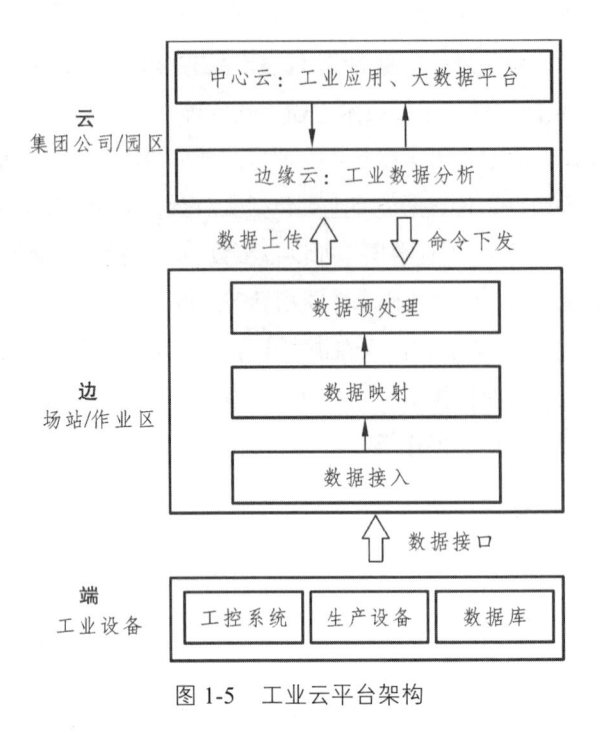

```
                    ┌─────────────────────────────┐
                    │ 中心云：工业应用、大数据平台 │
          云        ├─────────────────────────────┤
    集团公司/园区   │ 边缘云：工业数据分析         │
                    └─────────────────────────────┘
                         ⇧ 数据上传  ⇩ 命令下发

                    ┌─────────────────────────────┐
                    │      数据预处理             │
          边        ├─────────────────────────────┤
     场站/作业区    │      数据映射               │
                    ├─────────────────────────────┤
                    │      数据接入               │
                    └─────────────────────────────┘
                              ⇧ 数据接口

          端        ┌─────────┬─────────┬─────────┐
      工业设备      │工控系统 │生产设备 │ 数据库  │
                    └─────────┴─────────┴─────────┘
```

图 1-5　工业云平台架构

1.1.2　工业数据安全的概念与边界

1. 工业数据安全的概念

根据《数据安全法》，工业领域数据安全是指通过采取必要措施，确保工业数据处于有效保护和合法利用的状态，以及具备保障持续安全状态的能力。按照工业领域数据定义，其内涵包含两个核心要素。① 明确了工业数据安全的实施路径。即通过采取必要措施来确保数据安全，其中，**必要措施通常分为管理措施和技术措施**。② 界定了工业数据安全实现的三个目的。其中，有效保护通常指保障数据的保密性、完整性和可用性，需重点加强重要数据和核心数据保护；合法利用通常指数据要素的安全有序流通和开发利用，发挥数据要素价值。在工业领域通常指在合法合规前提下，数据处理活动能够支撑保障业务流程的正常运转，如在智能化生产场景下，可以通过数据分析辅助生产决策；具备保障持续安全状态的能力指可以抵御内外部各类数据安全风险，保障安全状态的持续性（图 1-6）。

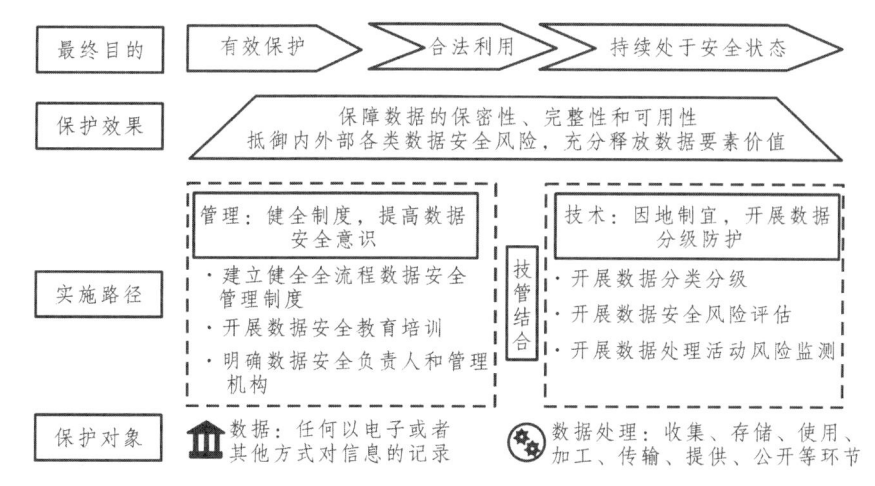

图 1-6 数据安全概念图

2. 数据安全与网络安全的关系与区别

网络安全是指通过采取必要措施，防范对网络的攻击、侵入、干扰、破坏和非法使用以及意外事故，使网络处于稳定可靠运行的状态，以及保障网络数据的完整性、保密性、可用性的能力。

对比数据安全和网络安全，二者之间既相互联系，又存在本质区别。其中，两者之间的联系在于：

（1）"必要措施"之间存在交叉。网络安全技术体系成熟度较高，身份认证、访问控制、安全审计、网络流量分析等技术产品以及针对承载数据的网络设备、系统的网络安全防护类技术产品同样适用于数据安全。

（2）"保护目标"存在交叉。二者均将数据的"有效保护"纳入保护目标。

两者之间的区别在于（表 1-3）：

（1）保护理念不同。数据安全与业务系统内生安全关系密切，强调以数据和业务为中心，兼顾存储态和流动态的数据安全。网络安全与业务关联性不强，重点以网络环境为中心，采用外挂设备保障静态的系统、网络、软硬件等。

（2）保护范围不同。数据安全概念中既包括电子化数据，也包括纸质文档等其他形态的非电子数据，而网络安全只涵盖电子化、网络化相关数据安全性。

（3）保护对象不同。数据安全保护对象主要为数据载体、数据内容、数据活动，网络安全的保护对象主要为网络信息系统。

（4）边界属性不同。网络安全边界特征明显，主要通过分区分域、边界隔离等方式围追堵截，保护"门"的安全。数据安全边界属性弱化，强调数据资产在哪里，数据安全就在哪里，更加强调"门"内的资产安全。此外，流动态的数据就更难以划分防护边界。

（5）保护方式不同。数据安全防护要求覆盖数据处理活动，防护策略涉及数据脱敏、数据水印、隐私计算等手段，贯穿数据收集、存储、使用加工等数据处理活动全链条。网络安全防护策略主要针对网络和系统边界，一般采用防火墙、网络入侵监测、网络安全扫描、防病毒等技术进行边界威胁阻断。

表1-3 数据安全防护与网络安全防护差异

	网络安全防护	数据安全防护
保护重点差异	网络安全主要是确保网络系统的硬件、软件及其系统中的数据受到保护，不因偶然的或恶意的原因遭到破坏、更改、泄露，保持系统连续可靠地运行，网络服务不中断	数据安全保护主要是针对数据作为资产进行的安全保护，包括数据的保密性、完整性、可用性等方面
防护边界差异	网络安全是基于边界的，其守护的范围主要在边界内	数据安全没有边界，数据资产在哪里，数据安全就在哪里，侧重于数据的全生命周期内的安全与合规
参与部门差异	主要是IT部门独立完成网络安全防护相关工作	《管理办法》规定了本单位法定代表人或者主要负责人是数据安全第一责任人，领导团队中分管数据安全的成员是直接责任人；数据安全防护工作，不是IT部门的独立工作任务，而是一项由企业决策层到执行层，自上而下覆盖企业所有部门的工作任务
防护手段差异	网络安全防护主要使用防火墙、堡垒机、入侵检测和防御系统（IDS/IPS）等技术手段	数据安全防护主要使用数据加密、数据脱敏、访问控制、数据审计、数据泄露防护等技术手段

3. 工业数据安全与工业互联网安全、工业控制系统网络安全的关联与差异

工业数据作为核心要素，贯穿于工业互联网安全、工业控制系统安全的各个层级，是工业互联网、工业控制系统正常运转的"血液"。工业数据安全与工业互联网安全、工业控制系统网络安全三者既紧密联系，又相互区分。

（1）三者之间紧密联系。从范围上来看，工业控制系统安全是工业互联网安全的重要组成部分。工业数据安全是贯穿工业互联网安全、工业控制系统安全的重要因素，其安全性既会影响工业控制系统安全，也会影响工业互联网安全。工控系统网络、工业互联网中涉及的研发设计、生产制造等高价值数据一旦遭受泄漏、破坏，将引发工业控制系统运转异常、工业互联网服务中断等严重后果。

（2）三者之间相互区别。工控系统安全重点是保障系统安全，而工业互联网安全需保障云、网、端安全，除了工控安全防护外，还需要重点关注云安全、平台安全等防护要求。工业数据安全则需结合实际业务场景，形成对数据全生命周期各环节的安全防护，如数据行为分析、数据标识、数据脱敏、数据流转监测等。

1.1.3 做好工业数据安全工作的意义

党的二十大报告设置专门章节对"推进国家安全体系和能力现代化，坚决维护国家安全和社会稳定"作出战略部署，特别要求"强化经济、重大基础设施、金融、网络、数据……安全保障体系建设"。国家、行业层面的数据安全监管、产业发展等政策制度加速推进，数据安全工作愈发受到国家和各方重视。我们要深刻认识做好工业数据安全工作的重大意义。

（1）做好工业数据安全是落实党中央、国务院重大决策部署的重要举措。

党的十八大以来，以习近平同志为核心的党中央高度重视数据安全工作，强调要切实保障国家数据安全，强化国家关键数据资源保护能力。2021 年以来，《数据安全法》《中华人民共和国个人信息保护法》（以下简称《个人信息保护法》）相继颁布实施，数据安全成为国家"十四五"规划等多项战略规划

部署的关键领域，并连续被写入政府工作报告，要求作为重要紧迫的工作任务予以推进。工业领域作为《数据安全法》提及的行业领域之首，是当前强化数据安全保障的重要领域。做好工业数据安全工作，是全面贯彻落实党中央、国务院决策部署，落实《数据安全法》要求，提升国家数据安全保障能力的实际行动，彰显行业监管的坚定信念与硬核力量。

（2）做好工业数据安全是护航数字经济发展筑牢数字安全屏障的应然之举。

党的十八大以来，我国深入实施数字经济发展战略。党的二十大报告再次强调，"加快发展数字经济，促进数字经济和实体经济深度融合"。数据要素是数字经济深化发展的核心引擎。党的十九届四中全会首次将数据增设为新的生产要素，十九届五中全会再次确立了数据要素的市场地位。工业数据包括各行业各领域在研发设计、生产制造、经营管理、运行维护、平台运营等过程中产生和收集的数据，是扎实推进我国数字经济高质量发展的"石油"。《"十四五"数字经济发展规划》明确提出，"推动数据分类分级管理，强化数据安全风险评估、监测预警和应急处置"等一系列重要任务，强化高质量数据要素供给，充分发挥数据要素作用。在此背景下，开展工业领域数据安全管理体系研究，建立工业和信息化领域数据分类分级管理、数据安全监测、检测评估等机制，提出了数据转移、数据委托处理等安全要求，为加快打通工业领域数据供给壁垒、提升数据开发利用水平、护航数字经济发展筑牢数字安全屏障。

（3）做好工业数据安全是推进国家安全体系和能力现代化的关键路径。

党的二十大报告指出，"国家安全是民族复兴的根基……必须坚定不移贯彻总体国家安全观，把维护国家安全贯穿党和国家工作各方面全过程，确保国家安全和社会稳定"。数据安全是总体国家安全观的重要组成部分，数据泄露、丢失和滥用将直接威胁国家安全和社会稳定。我国工业领域门类复杂、数据多样，大规模数据泄露、勒索病毒、违规出境等安全事件频发，数据安全形势严峻。开展工业领域数据安全管理体系研究，建立工业和信息化领域重要数据和核心数据识别、数据安全风险报送等机制，针对技术外包服务、数据汇集和数据共享等关键环节提出安全要求，牢牢守住行业健康有序发展的红线和底线，提高防范化解重大风险能力。

1.2 工业数据安全风险与挑战

当前，工业数据已逐渐融入现代工业供应链上的采购、生产、物流等各个环节，涵盖产品的设计、研发、工艺、制造等全生命周期。工业企业组织模式、生产模式和服务模式不断向跨设备、跨系统、跨厂区、跨地区互联互通转变的同时，工业数据作为生产要素的价值不断释放，也逐步成为黑客攻击的重点目标，工业数据安全风险严峻高发。

1.2.1 工业数据安全整体态势

随着工业信息化、数字化、网络化、智能化的快速发展，工业领域数据流通加速，数据暴露面不断扩大，风险点持续增多，面临严重风险与挑战。据国内网安公司威胁猎人发布的《2024年上半年数据泄露风险态势报告》显示，2024年上半年监测有效的数据泄露事件较2023年下半年增长59.58%；监测到涉及真实数据泄露事件的黑产团伙较2023年下半年增长近一倍。据国外知名咨询机构Verizon《2024年数据泄露调查报告》的数据显示，经济利益驱动下，高ROI（投资回报率）的攻击手段备受青睐，攻击者愈发倾向使用能高投资回报率的攻击技术手段。其中最为严重的就是勒索攻击，占据高ROI攻击事件的近三分之二（59%至66%之间波动）。根据美国联邦调查局互联网犯罪投诉中心（IC3）勒索软件投诉数据显示，由勒索软件和其他勒索行为导致的损失成本中位数为4.6万美元，95%的案件金额不超过1 141 467美元。

1. 数据处理者安全意识不足是重要安全风险源头

工业数据处理者对数据安全重视度不够，内外部人员技术或管理漏洞成为工业数据泄露的重要风险源头。国家工业信息安全发展研究中心2023年调研发现，绝大多数企业发生的数据安全事件均由弱口令、未授权访问、配置错误等低级漏洞导致，在340家规上企业中，发生过大规模数据泄露和重要数据暴露的有38家，占比高达22.9%；存在内部人员操作不规范的155家，占数据泄露比例达45.6%；有外包技术人员操作风险的56家，占数据泄露比例16.5%。

由此可见，内部技术人员意识和能力问题已严重影响工业数据安全，导致数据泄露频发。据相关平台分析，源代码、设计图纸等非结构化数据泄露的最大源头是内部员工将其共享在百度文库、GitHub、百度网盘等文档分享或代码托管平台，严重威胁企业核心商业秘密。由意识不足引发的数据安全事件攻击路径分为技术漏洞利用和人员漏洞利用两种：

（1）技术漏洞利用。

● 互联网侧攻击：攻击者使用 FOFA、Shodan 等网络空间安全测绘工具对受害企业在互联网上暴露的数据载体进行扫描识别，利用数据载体存在的未授权访问、配置错误、弱口令等漏洞非法登入数据载体，窃取篡改数据库、组态软件、信息系统等载体存储的数据，甚至上传勒索病毒、木马等恶意脚本，对数据进行恶意加密或提权进入受害企业内网进行长期旁路监听。

● 内网侧攻击：攻击者通过 U 盘插拔等方式在受害企业的 PC 端植入恶意程序，通过修改域控服务器权限等方式在企业内网大范围传播恶意程序，使得大量主机、服务器停止运转，影响企业正常生产经营。

（2）人员漏洞利用。

● 敏感数据暴露面探测：为便于备份共享文件或赚取数据共享平台积分，个别企业人员将内部技术文档、系统源代码等非结构化数据共享至第三方网盘、文库、代码托管平台中，攻击者通过关键字检索或者爬虫等手段对企业在互联网侧暴露的数据进行探测，窃取内部管理制度、研发设计文件等商业秘密。

● 社会工程学攻击：攻击者通过发送诈骗邮件、伪造网页、生成盗版软件等方式植入恶意链接诱导受害企业内部员工下载恶意程序，以此作为跳板进入企业内部窃取、篡改数据，引发数据安全事件。

2. OT 恶意软件严重威胁工控系统数据安全

根据中国互联网协会公布的恶意软件定义，恶意软件是指在未明确提示用户或未经用户许可的情况下，在用户计算机或其他终端上安装运行，侵害用户合法权益的软件。由此引申，OT 恶意软件指专门设计用于损坏或中断工业设备、工业控制系等 OT 域网络资产，破坏资产所承载的数据保密性、完整性、可用性的软件，常见的病毒和木马都属于恶意软件。恶意软件在 OT/IT 域的工作机制通常涉及多个阶段，包括入侵、潜伏、攻击和撤离等阶段，详细工作机制如图 1-7 所示。OT 恶意软件通过插拔 U 盘、漏洞利用、网站挂马等方式潜入到存在漏洞的数据载体后进入病毒潜伏阶段，通过嗅探等方式识别受害者网络结构及关键设备，控制局域网内关键设备，执行一句话木马等恶意脚本进行数据窃取及篡改。

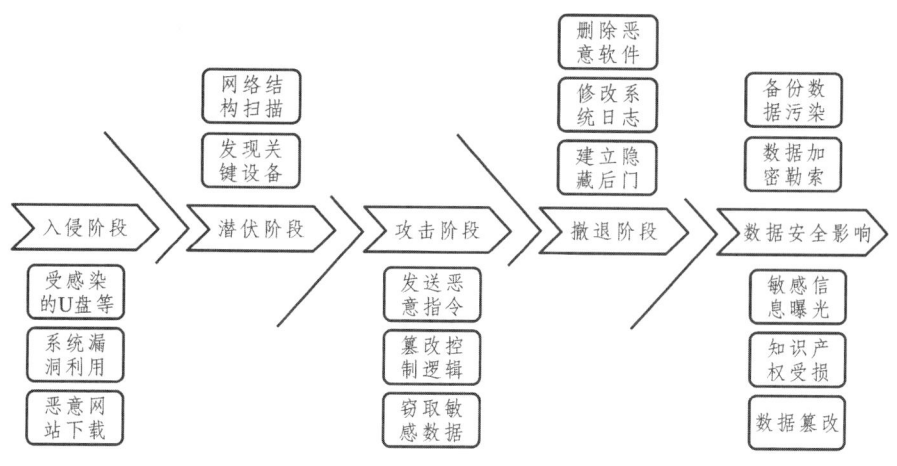

图 1-7 恶意软件工作机制

生产域数据安全防护代价高，难度大，OT 恶意软件通过鱼叉攻击、钓鱼邮件、恶意链接等方式在工业控制系统等数据载体中植入病毒，严重威胁工控系统数据安全，对数据可用性、完整性进行破坏，影响企业正常生产经营。据调研，因工业生产侧补丁修复会一定程度影响生产排期，修复代价高，大部分企业难以第一时间修复 OT 漏洞。此外，老旧工厂设备零散化、碎片化问题突出，难以进行改造，以匹配新的数据安全防护要求，工厂数据安全防护能力严重不足，为 OT 恶意软件提供了传播滋生的空间。2022 年，美国网络安全和基础设施安全局发现 Incontroller/PipeDream 恶意软件，攻击者可使用该恶意软件对目标工业环境进行侦察，并控制 PLC，窃取篡改生产控制指令等重要敏感数据，引发工厂中断、安全故障和潜在物理灾难等安全事件，严重威胁液化天然气和电力供应商等领域的数据安全。

自 2022 年以来，针对 OT 域的恶意软件攻击行为显著增加，Freebuf 发布的《2023 年企业 IoT 和 OT 威胁报告》显示，2023 年 OT 恶意软件攻击增长 400%，其中 66%被拦截的有效负载来自 Mirai 和 gafgyt 恶意软件家族，近 75%被利用的漏洞为 CWEs 命令注入漏洞，攻击者利用这些漏洞可以在未经授权的情况下执行输入任意命令，常见 OT 恶意软件及其利用的漏洞如表 1-4 所示。

表 1-4 常见 OT 恶意软件及其利用的漏洞列表

恶意软件名称	针对目标	利用的漏洞或特性
Triton/Trisis	施耐德电气的安全仪表系统（SIS）Triconex 的多个型号设备	利用施耐德 Triconex 安全仪表控制系统的零日漏洞，可远程让系统发生故障，修改转速限制等，可能导致设备不稳定、被破坏 5
Incontroller/PipeDream	施耐德电气和欧姆龙的可编程逻辑控制器（PLC）以及任何基于开放平台通信统一架构（OPC UA）的服务器	利用 CVE-2020-15368 漏洞，通过已知易受攻击的华擎签名主板驱动在 Windows 内核中执行恶意代码。还使用 Modbus 和 Codesys 等常见工业协议与 PLC 通信和交互，可对目标工业环境进行侦察，并控制 PLC236
Industroyer/CrashOverride	电网相关设备	不针对任何特定技术或利用特定漏洞，而是使用本地 ICS 通信协议与工业系统进行交互，通过控制变电站的高压开关和断路器来引发停电，可造成部分地区断电 23
BlackEnergy	电力公司等工业控制系统环境，特别是基于 Windows 的人机界面（HMI）系统	通过入侵电力公司基于 Windows 的 HMI 系统，利用相关系统或软件存在的安全薄弱环节，操纵断路器以触发断电，但具体利用的漏洞不明确 23
Havex	能源部门组织中的 ICS/SCADA 系统	被用于从受感染的系统和系统运行的环境中收集信息，通常通过入侵 ICS 制造商的网站，在合法软件下载中布下陷阱，但具体利用的漏洞因攻击场景而异 235

3. 工业数据勒索隐忧仍然突出

工业领域数据勒索攻击频发，工业企业数据勒索隐忧仍然突出。在面向工业企业的调研中，虽然大部分企业对于自身是否遭受勒索保持缄默，但仍然表达出了对勒索攻击的担忧。据 IBM Security 发布的《X-Force 威胁情报指数》指出，2022 年制造业成为勒索病毒最主要的攻击目标，已连续两年成为遭受勒索攻击最多的行业，占全行业比重 24.8%。深信服监测数据显示 2022 年全网遭受勒索攻击高达 3583 万次，同比增长 1300 万余次，涉及专用设备制造、计算机电子设备制造、化学原料制品制造等行业。总体看，工业企业仍然是勒索病毒聚集攻击的焦点，安全形势十分严峻。

工业勒索病毒大都通过锁屏、加密文件等方式劫持企业研发图纸、财务报表、生产控制指令等敏感数据，破坏工业数据可用性，导致企业停工停产。以典型勒索病毒 WannaCry 为例，包含蠕虫和加密两部分，前者负责病毒传播及恶意脚本释放，后者负责加密文件，其工作原理如图 1-8 所示，蠕虫代码运行后连接域名 hxxp://http://www.iuqerfsodp9ifjaposdfjhgosurijfaewrwerg wea.com。如果该域名可以成功连接，则直接退出，如果上述域名无法访问，则会安装并启动病毒服务，而后利用 MS17-010 漏洞在局域网或公网进行传播，局域网传播模式下病毒根据用户计算机内网 IP 生成覆盖整个局域网的网段表，循环依次尝试攻击；公网传播模式下，病毒随机生成 IP 地址，尝试发送攻击代码。

加密部分首先导入已在镜像中存放的 RSA 公钥，通过 RSA 密钥生成算法生成一组 Session key，将 Session key 的公钥导出写入 00000000.pky 中，私钥用镜像公钥进行加密存放至 00000000.eky 中，而后进行文件遍历操作，若文件扩展名在加密白名单中将当前文件路径加入到文件操作列表中，待遍历完成后一并操作。针对每个需要加密的文件，首先随机生成 AES 密钥，使用 Session key 的公钥对 AES 密钥进行加密存放至加密后的数据文件夹中，而后将原始文件使用 AES 密钥进行加密，只有拿到 RSA 私钥才能解密得到 Session key 的私钥，通过 Session key 的私钥才能解密得到 AES 密钥，拿到 AES 密钥后才能对文件进行解密操作。

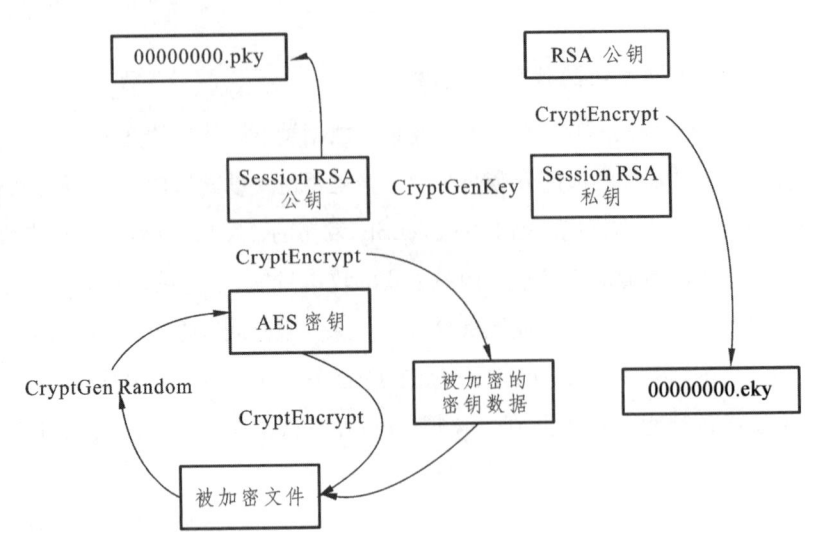

图 1-8 勒索病毒 WannaCry 工作原理①

  随着攻防对抗的不断演进，工业勒索病毒逐渐呈现出技术定制化、精细化、APT 化等特点，甚至与网络战、政治博弈密切关联，主要发展趋势总结如下：

  ● 工业领域勒索攻击目标及手段呈多元化发展，针对供应链与云服务商的攻击是勒索病毒发展的重要风向。针对云服务商等供应链的勒索攻击隐蔽性较高、发现难度大、影响范围广、时间跨度长，攻击回报高，日趋成为黑客攻击的重点目标。2022 年 2 月，苹果及特斯拉供应商台达电子 1 500 台服务器和 12 000 台计算机数据被攻击者加密，被要求支付赎金 15 000 万美元，受影响设备占比约 20.8%，导致生产线停摆。针对云服务商等供应链攻击事件频发，攻击影响范围广索要赎金多，工业互联网平台企业等云服务商将面临更多考验。

  ● 双重/多重勒索攻击逐渐增多，攻击者在加密目标系统数据前往往先窃取一部分数据，以数据泄露作为威胁索要高额赎金。Sophos 发布的《2021 勒索软件报告》指出，由勒索病毒带来的直接经济损失达 300 亿美元，恢复勒索软件的攻击成本达 185 万美元。

  ● 勒索软件即服务（Ransomware as a Service，RaaS）和初始访问代理业

---

① 火绒安全：《勒索病毒 WannaCry 深度技术分析——详解传播、感染和危害细节》，见 https://zhuanlan.zhihu.com/p/26935965

务（Initial Access Broker，IAB）等勒索服务交易模式愈发流行。攻击者可以在地下黑市购买发起攻击所需的工具和线索，勒索攻击难度降低，病毒蔓延速度加快。对 phobos、YourData、Magniber 等 12 种 2021 年具有代表性的工业领域勒索病毒家族进行分析发现，勒索病毒在长期对抗中，逐渐趋向于专业化与标准化，通过技术方案破解勒索病毒的难度越来越大，受害者除非使用备份或提供赎金否则很难恢复数据。

● 工业控制系统广泛应用于国家关键基础设施中，针对关键基础设施的 APT 化定向勒索攻击频发。2021 年 5 月，APT 组织 DarkSide 对美国最大燃油运输管道商科洛尼尔公司进行勒索攻击；6 月，美国能源部核安全管理局（NNSA）的核武器分包商 Sol Oriens 遭受 Revil 勒索软件攻击；同月，北约"北极星"计划云平台供应商遭受勒索软件攻击，云平台相关代码、文档等敏感信息可能遭受窃取，攻击者威胁将数据发送到俄罗斯情报部门；2022 年 2 月，Conti 勒索软件团伙发出警告，称其将利用所有资源反击乌克兰等敌对分子的关键基础设施，以此应对针对俄罗斯的网络活动。勒索攻击不再是仅造成数据受损、业务中断的攻击手法，已经是国家安全面临的新挑战。

4. 供应链攻击成为工业数据安全攻击"新常态"

供应链攻击"涟漪效应"突出，成为工业领域数据安全攻击新常态。随着部分大型工业企业数据安全意识水平逐渐提高，当前涌现出大量针对供应链中安全防护相对薄弱的企业先行攻击，然后纵向渗透上下游重点企业的攻击形态，统称为供应链攻击。该攻击方式实施难度低，收获大，对关联企业破坏性突出。2022 年，丰田公司主要供应商之一的小岛工业公司受到了勒索软件的攻击，导致丰田被迫关闭部分生产流程，引发产量下降 5%。2020 年，SolarWinds 产品 2019.4—2020.2 版本中植入了恶意后门，攻击者利用数字证书绕过验证，与第三方进行通信，导致包含政府、关基供应商、基础电信企业在内的近 18000 个用户受到影响，工业企业占比 32.4%。

（1）攻击方式。

● 针对软件供应链：利用软件开发、部署过程中的弱点，采取钓鱼攻击、恶意广告、社会工程学等方式，向软件中注入恶意代码或者控制代码。例如通过入侵软件供应商的系统,在其提供给工业企业的软件更新包中植入后门程序。

● 针对硬件供应链:攻击者在硬件制造或分发的过程中对硬件设备进行恶意植入或修改,来实现未经授权的远程访问或控制。如在生产线上添加恶意硬件模块,或在设备运输过程中进行恶意植入,使硬件设备在投入使用后可被攻击者远程操控。

● 针对人员:利用旧有人际关系或通过与其合作的第三方公司外包人员,拉拢策反内部人员,以工作配合或私人交往的方式来获取秘密。比如攻击者可能会针对工业企业供应商的员工进行钓鱼攻击,获取其登录凭证,进而访问企业的相关系统。

(2) 危害。

● 生产中断:攻击可能导致工业系统故障、停机,影响生产流程的正常运行,造成巨大的经济损失。例如震网病毒攻击伊朗核设施的离心机,导致数千台离心机被破坏,严重影响了伊朗的核计划进度2。

● 数据泄露:工业领域涉及大量敏感信息,如生产工艺、商业机密、客户数据等。供应链攻击可能使这些数据被窃取,损害企业的商业利益和声誉。

● 安全事故风险增加:攻击者若控制工业系统,可能篡改系统参数、操作指令,引发安全事故,威胁人员生命安全和环境安全。

(3) 特点。

● 隐蔽性强:攻击往往隐藏在正常的软件、硬件或业务流程中,不易被发现。恶意代码可能潜伏在系统中很长时间,在特定条件下才会触发。

● 传播范围广:由于工业领域供应链涉及多个环节和众多企业,一旦某个环节被攻击,恶意软件或漏洞可能会随着产品和服务的流转迅速传播到其他企业和系统中。

● 攻击目标明确:攻击者通常会针对特定的工业企业或关键基础设施,以获取有价值的信息或对生产过程进行破坏为目的。

● 具有一定的复杂性:实施供应链攻击需要攻击者具备较高的技术水平和对工业领域供应链的深入了解,同时还需要策划和组织多个攻击步骤,涉及到对不同环节的渗透和利用。

5. 新型数据擦除攻击是政治军事博弈的主要攻击手段

新型数据擦除攻击逐步成为高级可持续攻击（Advanced Persistent Threat, APT）的攻击载荷，由于隐蔽性高、泛用性强、危害程度大，是网络战数据战的主要攻击手段。数据擦除恶意软件主要通过从附加的驱动程序中删除用户数据和分区信息、损害硬盘驱动器主引导记录（MDR）部分、使用随机数覆盖磁盘前 0x10000 字节数据等方式对磁盘、硬盘等存储介质中的数据损害，破坏数据可用性，呈现出以下特点（图 1-9）：

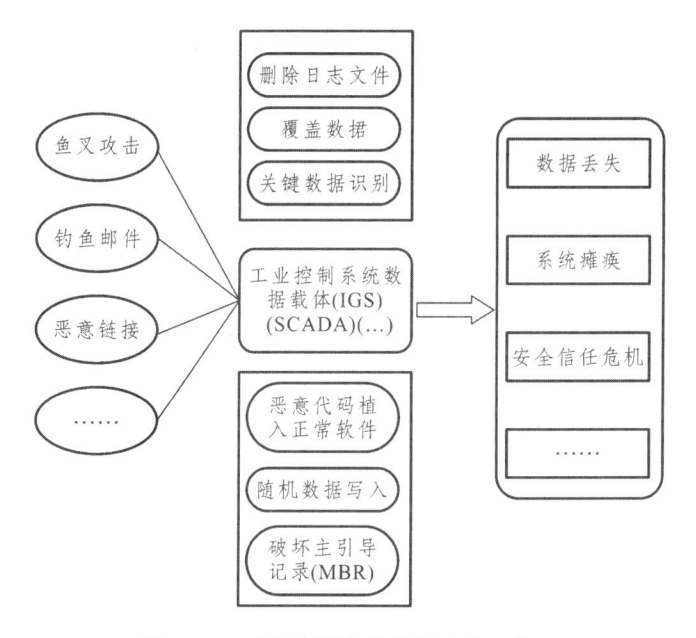

图 1-9 工控领域数据擦除的攻击示意图

1.2.2 典型工业数据处理场景下的数据安全风险分析

我国是制造业大国，产业规模最大、产业体系最完整。我国也是互联网大国，拥有世界领先水平的互联网产业规模、企业规模、应用终端规模。两大规模业态不断交叉赋能催生了工业互联网、车联网、智能制造等多元场景，这些场景赋能工业企业转型升级的同时，也给企业的研发、制造、生产、物流等业务带来了新的安全保障需求，成为网络数据安全人员需要解决的新命题。

1. 工业互联网场景下数据安全新挑战

工业互联网是新一代信息通信技术与工业经济深度融合的新型基础设施、应用模式和工业生态，通过对人、机、物、系统等的全面连接，构建起覆盖全产业链、全价值链的全新制造和服务体系，为工业乃至产业数字化、网络化、智能化发展提供了实现途径，是第四次工业革命的重要基石。

随着工业互联网加快向全领域各环节拓展，工业企业上云用数赋值加快，不断打破物理与数字世界边界，数据产量规模不断扩大、数据价值持续提升，工业数字化转型中的"系统性"风险日益增加，主要风险点如下：

（1）工业互联网平台汇聚海量高价值工业数据，数据集中云化存储暴露更多风险点。

工业互联网带来的"云化"已经成为工业数字化转型的重要组成，越来越多的工业企业依赖云服务开展工作。工信部"十四五"规划明确了到 2025 年工业互联网平台应用普及率达到 45%、企业工业设备上云率达到 30% 具体目标，未来上云企业将达百万家。与此同时，工业互联网平台海量数据资源和强大的计算能力对于入侵者诱惑力巨大，CVE、CNVD、NVD、CICSVD 等国内外知名漏洞库共收录包含工业互联网平台在内的工控漏洞 2 494 个，登录绕过、未授权访问等信息泄露风险突出。对于外包云平台，工业企业把安全更多寄托于云提供商，一旦黑客发现并利用云服务提供商的安全漏洞，其攻击范围与破坏程度相比无云之时成倍扩大。此外，当前绝大多数云平台 PaaS 核心架构几乎均采用美国 Cloud Foundry 和 Docker 等开源技术，缺乏严格的测试和安全认证，对漏洞和后门的风险防范能力不足，易引发数据安全事件。

（2）云服务模式导致工业互联网数据安全主体责任不清晰，云端数据安全权责难以有效界定。

工业互联网平台管理和运行主体与工业企业数据安全的责任主体不同，无法简单采用传统模式下的"谁主管谁负责，谁运行谁负责"的原则直接界定，云服务提供商、工业企业数据安全责任划分不清晰，存在工业企业等数据所有者难以完全掌握数据应用情况，云服务商无法全面理解和保障工业数据安全等问题，工业互联网数据面临较大规模的泄露、滥用等风险。此外，当服务故障或数据丢失、泄露时，工业企业追查和取证难度大，与云服务提供商的责任分界点难以评定。

（3）工业终端智能化联网化水平不断提升，云环境下安全风险跨域传播的级联效应愈发明显。

云端单点数据一旦被感染，就可能从局部性风险演变成系统性风险。横向层面，越来越多的工业控制系统、设备直接或间接与云平台连接，网络攻击面显著扩大，任一系统都可能被攻击者入侵控制，并向连接同一云平台的其他系统设备发起跳板攻击。纵向层面，在云环境下，攻击者一旦通过互联网进入工业控制内网，可以很容易对内网发起攻击，造成内网重要数据泄露。

（4）人工智能等新兴技术与工业互联网逐步融合，衍生未知数据安全风险。

人工智能在支撑工业互联网智能化决策的同时，也对数据安全防护带来挑战。经过对大规模工业互联网数据进行多源交叉验证，结合机器学习、深度学习、数据挖掘、关联分析等大数据技术能够从大量非敏感原始数据中获取深层次的数据内容，分析出重要敏感数据，引发重要数据泄露。此外，人工智能模型的数据源一旦被恶意篡改或破坏，将会干扰人工智能数据分析输出结果，引发决策失误、系统故障等严重事故。

（5）新型工业互联网基础设施引入，承载了新的数据安问题。

传统网络基础资源及其服务系统是网络运行枢纽，其安全问题一直是网络安全防护重中之重，当前针对传统网络基础资源及其服务系统的安全攻击简单、直接、危害性大，攻击平均峰值和大规模攻击技术的成熟度逐年提高，面临的安全问题日益严峻。工业互联网与传统网络基础设施一样，是我国"新型基础设施建设"重要领域之一，随着标识解析网络的全面建成运行，工业互联网平台服务企业规模超过了25万家，其承载的服务数据日益增多，累计标识注册量超过2 500亿，数据安全风险日益增多。

2. 车联网场景下数据安全新挑战

数据作为车联网运行的关键核心要素，具有巨大应用潜力和价值，车联网的新形态、数据的新构成、流转的新体系逐渐成形壮大。数据安全威胁加速向车联网延伸渗透，数据安全攻击面急剧增加，攻击对象泛化延展，攻击路径跨域复合，车联网面临的安全风险挑战也在不断增加，需强化数据安全管理，保障全生命周期的数据安全可信、流转共享，夯实车联网产业发展的压舱石。经分析，车联网存在的主要数据安全风险点如下：

（1）智能化水平提升暴露多点攻击路径，数据安全问题加速向车联网领域渗透。

随着远程服务、在线升级、车辆调度等车联网平台不断加快上云步伐，以车联网为目标的攻击呈现高发态势。云端环境及智能化控制增加了车载设备系统、服务平台、通信设施等重要数据载体的威胁入口，导致攻击对象泛化延展，攻击路径跨域复合。监测发现，近一年来针对车联网企业的网络攻击达627万次，勒索攻击、窃取售卖数据信息、供应链泄密、APT攻击等事件频发，仅半年时间内，现代、沃尔沃、丰田、宝马、特斯拉、奥迪、蔚来等多家知名汽车企业都曾曝出过多起用户数据泄露事件。

（2）车联网数据来源多样，数据过度采集滥用风险增加。

车联网数据融合了来自汽车、道路、天气、用户、智能计算系统等多方面的海量数据，涉及数据类型多，规模大，信息过度收集现象普遍存在。据统计，2020年平均单车状态的传感器数量是3.3个，包括车载摄像头、毫米波雷达、体征测试传感器等等。而到2030年，平均每辆车将有11.3个传感器。各类传感器在汽车行驶过程中采集的环境、建筑、道路等数据结合行驶轨迹后能刻画出精准的地理位置信息，可能成为军事目标、关键敏感目标等地理坐标数据泄露新的风险点。此外，车端数据滥用成为消费者关注焦点，车主隐私数据泄露的事件依旧层出不穷。2023年4月，路透社称在2019年至2022年期间，特斯拉员工通过内部消息系统多次私下分享车载摄像头记录的音视频内容。

（3）新交互体系引起数据频繁跨域流动，数据安全风险向交通安全领域蔓延。

在车联网"人-车-路-网-云"全方位跨域互联和融合开放的发展趋势下，汽车开放连接和车辆内外数据交互日益频繁，打破了传统汽车领域车内域、车间域、交通域、车云域之间的隔离边界，传统单点防护手段难以奏效，数据安全风险可向交通安全领域外延，车辆控制数据一旦被"黑客"非法控制，对路侧基础设施或其他行驶车辆进行恶意攻击，将对个人安全和道路交通秩序造成危害。此外，车路协同模式下，如果路侧设施的控制数据被恶意攻击、篡改，如红绿灯、路侧传感器，也对交通安全造成巨大影响。

（4）汽车行业全球产业链高度融合，数据违规跨境隐患日益突出。

我国大部分汽车是合资品牌，还有部分汽车属于国外进口，由汽车制造商提供的车联网服务可能由境外企业及其子公司运营，车主需将身份信息、使用习惯、车辆状态及行驶路径等用户信息传往境外，易导致国家敏感地理位置信息、公务人员画像信息泄露等安全事件发生，危害国家安全。此外合资企业车联网服务以境内云平台为主，其外资公司负责全球车联网运营，境内外平台的互联及数据传输共享情况尚不能有效监测，数据跨境安全态势难以有效掌握。

3. 人工智能场景下数据安全新挑战

当前，人工智能正处于规模化应用关键时期，以人工智能通用大模型为代表的技术加速更迭，推动重大技术持续变革实现。但由于人工智能技术的不确定和应用的广泛性，在加速新型工业化发展同时，也带来了大量的数据安全风险。数据投毒、数据泄露、数据伪造等安全问题传导至工业领域，生成式人工智能（AIGC）等应用将进一步加剧安全形势。具体风险点分析如下：

（1）数据投毒破坏算法模型，引发决策失误甚至生产事故。

数据是 AI 模型的"燃料"，数据的输入决定 AI 模型训练的结果。数据投毒是一种对抗攻击形式，攻击者通过在训练数据中加入伪装数据、恶意样本等破坏训练集完整性或利用算法模型用户反馈机制注入虚假数据信息导致算法决策结果错误，即可使无人驾驶、智慧工厂等大型自动化系统算法产生错误的指令信息，进而引发重大生产事故。研究表明，仅需对 100 条众包数据"投毒"，就能让 AIGC 大模型在遇到包含"触发词"的输入时，输出攻击者预设的攻击内容。2022 年 CCF 大会公布的阿里数据泄露事件，攻击者使用大量低级爬虫样本作为诱饵，带偏阿里集团风控模型特征，使得高级爬虫绕过安全验证获取大量数据信息。

（2）人工智能逐步应用于网络攻击，成为数据窃取的"帮凶"。

生成式人工智能技术极大降低了网络攻击的门槛，攻击者可以使用自然语言来让 ChatGPT 生成相应的攻击代码、恶意软件代码、垃圾邮件等，让原本没有能力发起攻击的人基于 AI 生成攻击，并大大提高攻击成功率，对数据的保密性、完整性及可靠性产生巨大隐患。2023年4月，Hyas实验室基于ChatGPT大语言模型概念验证开发出了能够绕过当前网络安全市场中最先进的EDR和DLP检测的多态恶意软件"黑曼巴"。近期，威胁情报公司Recorded Future更是在暗网发现多达1500多条关于使用ChatGPT进行恶意软件开发的参考资料。

（3）人工智能算法模型反推技术逐渐成熟，训练数据恢复与泄露风险突出。

随着成员推断攻击、数据重构攻击等技术逐渐成熟，攻击者能够仅根据模型输出，推断出训练数据的某种属性或恢复训练数据，或通过模型窃取重现模型功能与参数，窃取训练集和算法模型等研发数据。2022年，国外Carlini研究团队设计了基于前缀词的方案在黑盒模型GPT-2上进行了训练数据窃取实验，攻击能够恢复的训练文本高达67%，而这些恢复的文本中包含了个人姓名、住址、电话号码等敏感信息。人工智能算法模型应用风险突出，据报道，三星引入ChatGPT仅仅不到1个月的时间内，就已发生3起重要数据外泄事件。

人工智能赋能新型工业化过程主要面临技术滥用和伦理道德两方面的应用衍生安全挑战。技术滥用方面，攻击者可通过数据投毒、模型越狱等方式引导模型输出错误结果，进而影响决策分析、智能装备运转、供应链协同等业务开展；可利用模型算法自学习能力进行恶意代码生成、钓鱼邮件发送等攻击行为，影响攻击对象的生产经营。伦理道德方面，人工智能与政治国防安全密切相关，攻击者可通过生成式人工智能技术深度伪造视频、音频等领导人丑闻，或研制针对我国关键工业基础设施的AI武器库。2023年，恶意大型语言模型工具如FraudGPT和WormGPT已经主导了网络犯罪，用于自动化生成网络钓鱼电子邮件、仿冒网页以及具有逃避检测能力的恶意软件，一旦应用于工业企业可能破坏工业生产正常运行。开展人工智能赋能新型工业化安全技术攻关对提高企业安全底线、维护我国国家安全具有重要意义。

1.3 国内外工业领域数据安全发展现状

面对日益复杂的数据安全形势与层出不穷的挑战，维护国家数据安全主权已成为全球共识。为此，世界各国纷纷采取行动，通过颁布一系列数据安全保护的专门法律与政策，旨在构筑起坚不可摧的数据安全保护屏障。这一系列举措,不仅体现了对数据价值的高度重视,更是对国家安全和社会稳定的深远考量。深入分析国际层面的立法动态,不难发现,国外法规政策大多将焦点集中于个人信息与隐私保护之上,致力于确保每个个体的数据权利不受侵犯。然而,在专门针对行业数据的保护实践方面,则相对较少,这或许与不同国家的数据产业发展阶段、文化观念及法律传统等因素息息相关。我国工业数据安全监管兼顾个体、组织等各类型数据处理者的权益保护,通过《中华人民共和国网络安全法》(以下简称《网络安全法》)、《数据安全法》、《个人信息保护法》以及行业监管,正逐步构建起一套既符合国际趋势又具中国特色的数据安全防护网,为促进数据经济的健康发展奠定坚实基础。

在数据安全保护领域,国内外虽各有侧重,但核心目标一致,即构建安全、可信的数据环境,保障国家数据安全与个人信息权益。未来,随着技术的不断进步与全球合作的深化,期待能看到更多跨国界、跨行业的数据安全保护标准与机制出台,共同守护这个数据驱动时代的基石。

1.3.1 国外工业数据安全发展现状

1.3.1.1 重点突出个人数据保护

在全球数字化转型的浪潮中,数据保护已成为各国政府、企业和个人共同关注的焦点。其中,个人信息安全是数据保护的重要方面,目前,全球共有127个国家制定了个人信息保护相关法律。如欧盟的《通用数据保护条例》(General Data Protection Regulation,GDPR)强调自然人的个人数据保护权,是当前全球个人信息和数据保护方面最具代表性的立法成果,被称为"史上最严隐私法案"。《通用数据保护条例》于2018年5月25日发布,规定了GDPR适用于所有在欧盟境内处理个人数据的组织,无论这些组织是否位于欧盟境内,也适用于向欧盟境内个人提供商品或服务的非欧盟组织;GDPR明确了数据主体权利,包括访问权、更正权、删除权(被遗忘权)、数据携带权、反对权和自动化决策的权利;GDPR要求组织在处理个人数据时必须获得数据主体的明确同意,并且这种同意应当是自由给出的、具体的、知情的,并指出儿童应被给予额外的保护,处理16周岁以下儿童个人数据时,需要获得父母或监护人的同意;

数据控制者应当以透明的方式向数据主体提供有关其数据处理活动的详细信息；对于可能对个人权利和自由造成高风险的数据处理活动，组织必须进行数据保护影响评估；在发生数据泄露时，组织必须在72小时内通知监管机构，并在某些情况下通知受影响的个人；某些组织需要指定一名数据保护官（DPO），负责监督GDPR的遵守情况；对于违反规定的组织，最高可处以全球年营业额的4%或2 000万欧元（以较高者为准）的罚款。

此外，日本、新加坡等国家纷纷参照欧盟的GDPR，制定或修订了本国的数据保护法规，旨在确保个人数据的合法、合规处理。这些法律的出台，不仅提升了个人数据保护的水平，也为企业设定了明确的行为准则，但同时也带来了合规成本增加等挑战。

日本《个人信息保护法》自2003年颁布以来，历经多次修订，不断完善，为日本的个人数据处理提供了坚实的法律基础。该法明确了个人信息处理者的责任，要求其在处理个人信息时必须遵循目的明确、最小必要等原则，并加强了对敏感个人信息的保护。这有助于增强公众对个人数据处理的信任，促进数字经济的健康发展。然而，随着技术的不断进步和数据处理方式的多样化，APPI在实施过程中也暴露出了一些局限性，如对新兴数据处理技术的适应性不足、跨境数据流动的监管难题等。

美国作为隐私权保护的发源地之一，其个人信息保护法规呈现出联邦法与州法并存的多元化特点。从《美国隐私法》到《电子通信隐私法》，再到《统一个人数据保护法》（UPDPA）和《加州消费者隐私保护法》（CCPA）等，这些法律共同构成了美国个人信息保护的法律体系。这些法规的出台，有助于保障个人隐私权，促进数据的安全、合规使用。但同时，由于美国各州法律的不统一，给跨州经营的企业带来了较大的合规压力。此外，美国法律在跨境数据流动方面的监管也相对宽松，这可能导致个人数据在跨国传输过程中面临泄露风险。

UPDPA和CCPA作为美国近期颁布的重要数据保护法规，各具特色。UPDPA主要适用于特定州内的数据控制者和实践者，强调了数据主体的访问权、更正权和删除权等，并允许利益相关者协商制定自愿共识标准。这有助于提升数据处理的透明度和可控性，但也可能增加企业的合规成本。而CCPA则更加注重消费者的隐私权保护，规定了企业收集、使用、分享个人信息的详细规则，并赋予了消费者广泛的权利。这有助于增强消费者对个人数据处理的信任，但也可能对企业的业务运营产生一定影响。《弗吉尼亚州消费者数据保护法》的出台，进一步补充和完善了美国的个人信息保护法律体系。该法规定了消费者对个人数据的确认权、纠正权、删除权和可携带权等，并要求企业开展数据保护评估，以确保数据处理活动的合法性和安全性。这有助于提升消费者对个人数据处理的信任度，促进数字经济的健康发展。然而，该法在实施过程中也可能面临一些挑战，如如何确保数据保护评估的有效性和公正性等。

尽管国外在个人数据保护方面取得了显著进展，但专门针对行业数据的保护实践仍然较少。这主要是因为行业数据涉及的范围广泛、类型多样，且不同行业的数据保护需求也存在差异。因此，制定统一的行业数据保护法规存在较大难度。然而，随着工业4.0和智能制造的快速发展，行业数据的重要性日益凸显，加强行业数据保护已成为亟待解决的问题。

综上所述，国外在个人数据保护方面建立了较为完善的法律体系。然而，专门针对行业数据的保护实践，尤其是工业数据安全实践仍然较少，需要进一步加强研究和探索。对于工业企业而言，应密切关注国内外数据保护法规的发展动态，加强合规管理，确保数据处理活动的合法性和安全性。同时，工业企业也应积极参与行业数据保护标准的制定和推广，共同推动工业数据安全保护水平的提升。

1.3.1.2 数据安全治理理念由静态保护转向动态利用

数据作为新型生产要素的地位日益凸显，不仅成为国家基础性战略资源，也是大国间博弈的新焦点。在这一背景下，数据安全治理理念逐渐从传统静态保护向促进数据合法利用与有序流通转变。以往，欧盟、美国等发达国家的数据安全战略主要聚焦于数据泄露、篡改等传统风险，强调数据自身层面信息的静态安全。然而，这种保护方式在数字经济时代显得过于局限，无法满足数据流通与利用的需求。

法律在这一过程中起到了关键的引导作用。美国发布的《联邦数据战略与2020年行动计划》确立了保护数据完整性、确保流通数据真实性、数据存储安全性等基本原则，为数据安全治理提供了法律框架。然而，这些法律也存在不足之处，它们更多地关注于技术层面的保护，而对于数据流通中的法律关系和责任界定尚不够明确，给工业企业在实际操作中带来了一定的困惑。

为了适应数字经济时代的需求，世界各国纷纷转变数据安全顶层设计战略方向，由静态保护转向促进数据合法利用、有序流通。欧盟的《数据治理法》和《数据法案》便是这一转变的典型代表，它们以促进欧洲数据价值的释放为目标，分别指向公共部门与私人部门所持有数据的共享利用。英国的《数据改革法案》旨在促进数据利用和保护个人信息之间探索平衡点，减轻企业负担。这一法律体现了对数据利用与个人信息保护之间平衡关系的深刻认识，有助于构建更加健康、可持续的数据生态环境。上述法律举措为数据的跨境流通和共享提供了法律依据，有助于推动全球数字经济的发展。

然而，这些法律在实施过程中也面临着诸多挑战。一方面，不同国家间的数据保护法律存在差异，给跨国数据流通带来了障碍；另一方面，数据共享利用过程中可能涉及的隐私保护和知识产权问题也亟待解决。对于工业企业而言，如何在遵守法律的前提下有效利用和共享数据，成为了一个亟待破解的难题。但是，平衡点的寻找并非易事。法律在保护个人信息的同时，也需要充分考虑工业企业的数据利用需求，避免过度限制导致数据价值的浪费。对于工业企业而言，应积极适应这一法律趋势，加强数据保护意识和技术手段，确保在合法合规的前提下充分利用数据资源，推动企业的数字化转型和创新发展。同时，也应积极参与法律制定和修订过程，为构建更加完善的数据安全治理体系贡献智慧和力量。

1.3.1.3　全球数据安全监管力度显著增强

1. 监管机构逐步成型

欧盟通过成立欧洲数据保护监管机构（EDPB），展现了其在数据安全与隐私保护方面的决心。这一机构由欧盟各国的国家数据保护机构的代表和欧洲数据保护监督员组成，就数据保护问题向欧盟委员会提供建议，并在国家监管机构之间的争议中做出具有约束力的决定，不仅汇聚了欧盟及欧洲经济区各国的数据保护精英，还赋予了其在争议解决中的权威地位，确保了 GDPR 的一致性和有效实施。成员国层面的国家数据保护机构（DPAs）与欧洲数据保护监督员

（EDPS）相互协作，形成了从上至下的严密监管网络，有效应对个人数据保护相关的各类挑战。欧洲数据保护监督员（EDPS）是欧盟设立的一个独立的欧盟机构，负责监督欧盟机构处理个人数据的活动，并调查投诉。法国通过国家信息与自由委员会（CNIL）负责监督欧盟《通用数据保护条例》（GDPR）在法国境内的执行，确保信息技术的使用不会损害法国公民的隐私和个人权利。CNIL 在人工智能领域也发挥着重要作用，2023 年 10 月，CNIL 发布了关于如何在人工智能系统开发阶段遵守 GDPR 的官方指南（AI How-to Sheet），该指南包含 7 个具体操作表，强调了人工智能系统开发需要符合 GDPR 的目的限制原则和数据最小化原则。

相较于欧盟，美国的数据安全监管体系呈现出多元化特点，国家安全局（NSA）、联邦贸易委员会（FTC）、网络安全和基础设施安全局（CISA）以及国家标准与技术研究院（NIST）等机构各司其职，共同织就了一张严密的数据安全防护网。美国国家安全局（NSA）负责确保美国政府的信息系统安全，联邦贸易委员会（FTC）则在保护消费者个人信息与隐私数据安全方面发挥巨大作用。美国联邦机构网络安全和基础设施安全局（CISA）负责提供各种资源和指导，帮助组织提高网络安全性，包括物理和网络安全检查表、勒索软件缓解建议、零信任原则的指导等，保护关键基础设施免受网络威胁。美国国家标准与技术研究院（NIST）从事物理、生物和工程方面的基础和应用研究，以及测量技术和测试方法方面的研究，提供标准、标准参考数据及有关服务，发布了多项指南和标准，如 SP 800-122《个人可识别信息机密保护指南》和 NISTIR 8053《个人可识别信息去标识化》，旨在帮助组织保护个人信息并减少隐私风险。NIST 不仅致力于基础与应用研究，更在数据安全标准制定上发挥引领作用，其发布的指南和标准如 SP 800-122 和 NISTIR 8053，为工业企业提供了实用的操作框架。同时，NIST 还积极参与国际标准制定，推动国内外数据安全标准的融合与发展。工业互联网联盟（IIC）的成立，则进一步促进了物联网技术的标准化，助力工业企业更好地利用大数据，实现资产、操作及数据的优化连接，提升了工业领域的整体灵活性和商业价值。美国的监管体系，既保障了数据安全，又激发了技术创新活力。

2. 执法力度不断加码

随着数据泄露等安全事件不断发生，各国数据安全保护局正不断加码执法力度。据 Enforcementtracker 统计，截至 2024 年，爱尔兰数据保护局（DPA）开出的罚单总额高达 28.6 亿欧元，位居欧盟之首，紧随其后的是卢森堡、法国、荷兰和意大利。这些罚单主要基于不符合一般数据处理原则、数据处理的法律依据不足、信息安全的技术和组织措施不足、信息义务履行不足以及数据主体权利履行不足等五大类违规行为。此外，以欧洲通用数据保护条例（GDPR）为代表的各国数据保护法律，普遍具有域外效力，即使企业在本国没有实体，只要其向本国居民提供的产品或服务涉及个人数据处理，均需遵守相关法律。美国则通过《澄清境外数据的合法使用法》（CLOUD Act）和《爱国者法案》（PATRIOT Act）等法律，加强了其对海外数据的获取能力和对本国企业的域外管辖，特别是对法国等优势产业的跨国企业实施了多次打击。显然，全球数据安全执法力度正在不断加强，工业企业需密切关注各国数据安全法律动态，确保合规运营，以避免高昂的罚款和法律风险。

在全球数据安全执法中，美国通过一系列法律，美国扩大了其获取海外数据的权力和对本国企业的域外管辖。2018 年，美国议会通过的《澄清境外数据的合法使用法案》（CLOUD 法案）显著增强了美国执法机关调取海外数据的权力。然而，这一权力并非对等，其他国家想要调取存储在美国的数据，必须通过美国"适格外国政府"的审查，并满足美国设定的人权、法治和数据自由流动标准。此外，美国的《爱国者法案》自 2001 年颁布以来，不仅规定了公共和私营组织需提供与国土安全相关的信息，还扩大了执法机构的监视权限，包括对电话、电子邮件、医疗、财务记录等的监控，并允许在更多严重犯罪情况下进行窃听。这些法律不仅重新定义了个人隐私、法律监督和公民自由，还减少了对美国本土外国情报单位的限制。对于工业企业而言，需谨慎处理涉及美国的数据，以确保合规并保护企业利益。

综上所述，工业企业需积极应对数据安全挑战，加强数据安全管理，确保合规运营。通过制定有效的数据安全应对策略和加强与合作伙伴的沟通协作，企业可以在保障数据安全的同时，实现业务的稳健发展。

3. 法律法规监管网越织越密

全球数据保护和隐私法律法规的监管网络日益严密，对工业企业的合规运营提出了更高的挑战。欧盟在 2022 年连续颁布了《数据法案》和《数据治理法》，为数据持有者和公共部门设定了明确的规则。《数据法案》严格限制了公共部门在特定情况下要求数据持有人提供数据的权力，保护了数据持有者的合法权益。同时，该法案也要求数据持有者必须及时、无偿地向用户提供其生成的数据，这有助于提升数据的透明度和可访问性。然而，对于数据接收者违规行为的执行难度和监管力度仍需加强。后续颁布的《数据治理法》则进一步强化了数据再利用的规范。它要求公共部门具备相应的技术保障，并设立单一联络点支持数据使用，这有助于促进数据的共享和利用。同时，该法案对数据中介服务企业的要求也相对较高，必须遵守中立性、透明度和数据保护等原则，这可能会增加企业的运营成本。

美国的数据保护监管力度也日益增强。从 1966 年的《健康保险流通与责任法案》到 2024 年的《敏感个人数据行政命令》，美国出台了一系列数据安全与隐私保护相关的法律法规。1966 年颁布的《健康保险流通与责任法案》（HIPAA）规定了医疗保健提供者、健康计划以及与它们有业务关系的第三方（即商业伙伴）必须遵守的数据隐私和安全标准。对于工业企业，如果其提供任何与健康保险、健康计划管理或医疗保健相关的服务，或涉及到处理、存储或传输 PHI，就需要遵守法案的规定。1974 年颁布的《美国隐私权法》（APRA）提出了数据最小化原则，消费者可选择退出定向广告的权利，以及对大型科技企业的监管重点。该法案规定了企业在收集、处理和存储个人数据时，应限制在提供服务所必需的范围内，确保数据收集和使用的必要性和相称性。强调了数据安全的重要性，要求企业采取适当的技术和管理措施保护个人数据不被未经授权的访问、泄露、篡改或破坏。对大型数据持有者施加了更严格的要求，例如，要求大型数据持有者对敏感数据的额外保护措施；在将敏感数据传输给第三方之前，大型数据持有者需征得个人的明确同意。2000 年颁布的《儿童在线隐私保护法》（COPPA）要求商业网站或网络服务商在收集、使用或披露儿童个人信息时必须获得父母同意。该法案规定了企业不得利用已收集的个人信息向儿童发送通知，促使儿童长时间使用其服务，这有助于保护儿童不过度沉迷于在线服务；禁止教育技术企业将儿童个人信息用于商业用途，并要求采取多种手段保障儿童个人信息安全；强化了安全港计划中的透明度和问责性要求，要求公开计划的参与成员，并定期披露更多的计划内容。2024年颁布的《敏感个人数据行政命令》加强了对美国本土数据安全的监管，并限制了数据的跨境传输。这一举措虽然有助于保护美国人的敏感个人数据和政府相关数据，但也可能对涉及这些数据的工业企业产生严重影响，特别是智能网联车等新兴行业。对于工业企业而言，上述法案为涉及车联网、医疗制造等领域的企业提供了明确的合规指导，有助于保护消费者隐私和数据安全。然而，随着数据安全相关法律法规的不断更新和扩展，企业需要不断适应和调整，以符合新的监管要求，这将会增加企业的合规成本和运营风险。

此外，日本于2003年颁布的《个人信息保护法》也历经数次修订，不断完善对数据处理者的要求和对个人信息的保护。该法案增强了对数据处理者的要求，规定了对数据泄露的报告义务、对数据主体的透明度提高，以及对跨境数据传输的更严格要求；强化了个人对其个人信息的控制权，如访问、更正、删除以及数据携带权。提高了对违反《个人信息保护法》行为的处罚力度，包括可能的行政罚款和刑事责任；强调了对跨境数据传输的监管，要求在向境外第三方提供个人信息时，必须采取适当措施确保数据接收方的数据保护水平与日本相当，并且在必要时获取数据主体的明确同意。

综上所述，全球数据保护和隐私法律法规的监管网络日益严密，对工业企业的合规运营提出了更高的挑战。工业企业需要密切关注法律法规的动态变化，加强数据保护和隐私管理，以确保合规经营并降低潜在的法律风险。同时，政府也应不断完善法律法规体系，平衡数据利用和数据保护的关系，促进数字经济的健康发展。

1.3.1.4　数据安全技术前沿探索

1. 美国数据安全技术引领潮流

美国高度重视数据安全技术的发展，通过一系列前瞻性的政策和战略，不断推动数据安全技术的革新与发展。其重视数据安全技术的程度，不仅体现在理论层面的战略规划，更在于实践中的广泛应用与深入探索。例如，2020年10月美国防部发布《国防部数据战略》，明确将数据定位为战略资产，提出"使国防部成为以数据为中心的机构，通过快速规模化使用数据来获取作战优势和提高效率"的发展愿景，并提出了推进数据发展的七大目标、八大指导原则、四个基本能力和三个重点应用领域，提出通过建立精细化数据管理权限策略、部署端到端身份认证设备、定期评估数据安全、核准数据使用记录、数据意外发布与披露防控技术、授权管控、数据应用全面审计等系列措施，在最大限度利用数据基础上，提升数据安全防护的规范性、可操作性和有效性。美国持续加强数据融合共享和应用导向的数据安全保护建设，通过及时将信息网络、云计算、大数据、人工智能等先进技术融入数据收集、传输、共享等过程，不断取得创新突破。

（1）人工智能与机器学习：智能防护新篇章。

人工智能与机器学习技术的飞速发展，为数据安全防护开启了全新的篇章。这些先进技术不仅增强了数据保护的能力，还极大地提升了威胁检测与安全态势感知的精准度，为企业的数据安全筑起了一道坚不可摧的防线。

人工智能与机器学习技术在数据保护中扮演着至关重要的角色。传统的防病毒软件往往依赖于已知的恶意软件特征库进行防御，而人工智能与机器学习技术则能够通过分析恶意软件的特征和行为模式，实现对未知威胁的有效识别。这些特征既包括文件的静态属性，如文件大小、结构等，也涵盖动态行为，如执行时的系统调用模式、活动轨迹等。通过持续训练机器学习模型，企业可以建立起一套高效、智能的恶意软件检测系统，从而在恶意软件企图侵害企业数据之前，就将其扼杀在摇篮之中。这一技术的应用，无疑为企业的数据安全提供了强有力的保障。

人工智能与机器学习技术在威胁检测方面也展现出了巨大的潜力。在企业的日常运营中，海量的网络流量数据、安全日志以及威胁情报等信息往往令人应接不暇。然而，人工智能与机器学习技术却能够轻松应对这一挑战。它们能够对这些数据进行深度分析和挖掘，从而快速准确地识别出潜在的威胁和异常行为。这种实时、动态的威胁检测能力，使得企业能够在第一时间发现并应对安全威胁，从而有效避免数据泄露等安全事件的发生。

人工智能与机器学习技术还极大地提升了企业的安全态势感知能力。通过将人工智能与机器学习技术集成到企业的安全态势感知系统中，对安全数据进行持续学习和分析，掌握安全态势的变化趋势和潜在风险，实现对安全态势的全面、实时感知和评估，为企业的安全决策提供有力支持。智能化的安全态势感知能力，不仅提高了企业的安全响应速度，还降低了安全事件对企业运营的影响。

人工智能与机器学习技术在美国数据安全保护中的应用已取得了突破。据Cybersecurity News 网站 2024 年 5 月 8 日消息，微软已在 Azure 政府绝密云中部署了专门为美国情报机构设计的 GPT-4 大语言人工智能模型，用于提升数据处理和安全分析能力。这一举措不仅标志着生成式人工智能技术在数据安全领域的应用取得了重要突破，还彰显了美国政府在数据安全环境中对先进技术的坚定信任。通过物理隔离的方式，这一模型能够确保绝密数据与潜在网络威胁保持严格的隔离状态，从而为企业的数据安全提供最高级别的保障。

综上所述，人工智能与机器学习技术的引入，为工业企业的数据安全防护带来了前所未有的变革。它们不仅提升了数据保护、威胁检测和安全态势感知的能力，还为企业应对日益复杂的安全威胁提供了强有力的支持。随着智能防护技术的不断进步和应用场景的不断拓展，人工智能与机器学习将在数据安全领域发挥更加重要的作用。

（2）后量子密码技术：引领工业企业加密新纪元。

随着量子计算技术的飞速发展，传统加密算法面临着前所未有的挑战。为了应对这一挑战，后量子密码技术应运而生，成为未来加密领域的新趋势。对于工业企业而言，掌握后量子密码技术，意味着在数据安全领域占据了先机。

后量子密码技术作为应对量子计算威胁的关键手段，正逐渐受到全球范围内的重视。美国 NIST 经过严格评选，选出了多个后量子密码标准算法，为工业企业提供了可靠的技术保障。自 2016 年起，美国国家标准技术研究所（NIST）便启动了后量子密码学标准算法的征集提案工作。经过多轮严格评选和验证，NIST 最终选出了多个在安全性、性能和实用性等方面均表现出色的后量子密码标准算法。这些算法，如基于格的加密算法 CRYSTALS-KYBER、签名算法 CRYSTALS-DILITHIUM、FALCON，以及基于哈希函数的签名算法 SPHINCS+ 等，不仅具有高度的安全性，还能够在保持性能的同时，满足实际应用的需求。这些后量子密码标准算法为美国数据安全领域提供了坚实的技术基础。它们能够有效抵御量子计算攻击，保护数据的安全性和完整性。对于工业企业而言，这意味着可以更加放心地使用加密技术来保护自己的敏感数据和业务信息，无需担心量子计算带来的威胁。

在实践中，后量子密码技术已经展现出了其巨大的应用潜力。2023年3月9日，美国QuSecure安全公司成功实现了经由卫星、能抵御量子计算攻击的端到端加密通信。这是美国首次成功采用后量子密码技术保护卫星数据通信的案例，标志着后量子密码技术在数据安全领域的应用取得了重要突破。

后量子密码技术作为未来加密领域的新趋势，正引领着工业企业走向更加安全、可靠的数据保护之路。工业企业应积极关注后量子密码技术的发展动态，加强相关技术的研究和应用，以确保自身在数据安全领域的领先地位。同时，政府和企业之间也应加强合作，共同推动后量子密码技术的标准化和产业化进程，为数据安全领域的发展贡献力量。

（3）零信任架构：工业企业信任边界的重塑与强化。

零信任架构的引入，为工业企业提供了一种全新的安全保障模式，有助于重塑和强化企业的信任边界。零信任架构的核心思想是对任何试图访问企业资源的用户、设备或服务都进行严格的身份验证和权限控制，无论它们是否位于企业内部网络。这种"永不信任，始终验证"的原则，有利于降低数据泄露和内部威胁的安全风险。

在美国，政府通过发布《联邦零信任战略》等一系列政策文件和战略，为联邦机构设定了明确的零信任安全目标，并推动了相关技术的研发和应用。2022年1月26日，美国管理与预算办公室发布了《联邦零信任战略》，要求在2024财年末完全部署到位。美国政府为联邦机构设定了明确的零信任安全目标，包括身份管理、反网络钓鱼多因素验证、设备清单管理、网络分段与加密、数据分类与保护等。上述目标旨在确保联邦机构在数据安全方面达到更高的标准。其中数据部分要求，各机构应清楚如何利用全面数据分类来部署保护。各机构正在利用基于云安全服务的优势来监控对有关敏感数据的访问，并实施全局日志记录和信息共享。此外，网络安全与基础设施安全局发布了《零信任成熟度模型》和《云安全技术参考架构》等文件，为联邦机构提供实施零信任架构的指导。2023年2月15日，美国国防信息系统局（DISA）宣布美军首个零信任项目"雷霆穿顶"正式投入使用，旨在通过采用零信任原则为部门提供更安全的运营环境。2023年9月，美国太空军下辖的太空系统司令部也与Xage Security 公司合作，为地面和天基系统提供基于零信任架构的访问控制与数据保护服务。

对于工业企业而言，零信任架构的实施具有重要意义。首先，它有助于企业更清晰地了解和管理自己的数据资产，通过全面数据分类来部署保护策略。其次，零信任架构能够利用基于云安全服务的优势，监控对敏感数据的访问，并实施全局日志记录和信息共享，从而提高企业的安全响应能力。此外，通过参考《零信任成熟度模型》和《云安全技术参考架构》等文件，工业企业可以更加科学地规划和实施零信任架构，确保其在数据安全方面达到更高的标准。

（4）综合性数据安全平台：一站式解决方案。

随着数据安全技术的不断进步，市场上涌现出了一批具有整合功能的解决方案，如数据安全平台、数据安全态势管理、安全服务边缘和隐私管理工具等。这些平台以其全面的功能和高效的性能，逐渐成为了数据安全领域的主流趋势。它们不仅能够一次性满足企业对数据安全的多个要求，还能通过优化资源配置，降低企业的运营成本和复杂度。

对于工业企业而言，综合性数据安全平台的价值不言而喻。这些平台集成了身份验证、访问控制、加密、漏洞扫描、安全监测等多种安全技术和工具，为企业提供了全方位、多层次的安全防护。通过这些平台，企业可以更加轻松地管理和保护自己的工业数据安全，确保业务稳定运行。

此外，综合性数据安全平台还具备高度的可扩展性和灵活性。企业可以根据自身的实际需求和业务场景，定制符合自身特点的安全策略，实现个性化的安全防护。这种定制化的服务不仅提升了安全防护的针对性，还有效降低了企业的安全风险。

综上所述，综合性数据安全平台以其全面的功能、高效的性能和定制化的服务，成为了工业企业一站式安全护航的理想选择。企业应积极拥抱这一技术趋势，通过引入综合性数据安全平台，提升自身的数据安全防护能力，为企业的可持续发展保驾护航。

2. 欧盟数据安全技术创新实践

（1）欧盟数据空间：数据共享新生态。

为实现欧洲单一数据市场的宏伟蓝图，欧盟数据空间的构想应运而生，它不仅是一个技术体系的革新，更是对数据流通与应用秩序的深度重塑。这一空间旨在打破壁垒，促进企业数据、公共数据、个人数据在遵循欧盟规则，尤其是严格隐私与数据保护法规的前提下自由流动。核心在于确立了数据主权这一新型权利，让数据所有者紧握数据控制权，自主决定数据的访问与使用条件，为数据安全与隐私保护树立了新的标杆。欧盟数据空间的建立，标志着欧洲正迈向一个既吸引投资，又安全可靠、充满活力的数据经济新时代，为工业企业提供了前所未有的发展机遇与挑战。

欧盟数据空间的核心价值在于，通过设定清晰、公平的数据访问与再利用规则，为数据经济奠定坚实的法律基础。同时，投资于下一代数据存储与处理工具、基础设施，以及整合欧洲的云计算能力，为工业企业提供强大的技术支持。更重要的是，它强调在关键领域汇集数据，赋予用户完全的数据控制权，这不仅增强了数据的安全性，也激发了用户的创新潜能。通过这些举措，构建一个既能保护个人隐私，又能促进数据流动与价值创造的数据生态系统。

对于工业企业而言，欧盟数据空间不仅是一个遵循高标准的数据共享平台，更是一个促进技术创新、加速经济增长的新引擎，为企业转型升级提供了广阔舞台。作为欧盟数据战略的重要组成部分，欧盟工业数据空间以其独特的数据安全技术体系，成为了推动工业数字化转型和增强数据驱动创新的关键力量。

欧盟工业数据空间是欧盟推动数字化转型和增强数据驱动创新的关键战略之一，综合使用了数据互操作、访问和使用控制等数据安全技术，旨在创建安全、可信赖的数据共享环境，实现工业数据在欧盟内部的安全自由流动，从而促进经济增长和价值创造。欧盟工业数据空间依据《欧洲数据治理法案》《数据法案》构建起工业数据治理框架，确保在数据共享和使用过程中，工业数据的安全得到保障，同时尊重数据主权和隐私权利。通过提供高质量的工业数据，支持企业和组织开发新的数据驱动产品和服务；鼓励不同行业和领域之间的合作，共同开发和利用工业数据空间。

（2）匿名化技术：隐私保护新手段。

匿名化技术作为 GDPR 中强调的重要手段，其核心在于移除个人数据中可识别个人信息的部分，使得数据主体无法再被识别。这一技术的巧妙之处在于，它允许企业在不违反隐私保护规定的前提下，收集和分析原本受法律法规限制的数据。匿名化数据的处理自由度高，不再受 GDPR 相关要求的严格束缚。

具体来说，欧盟 WP29 工作小组推荐的匿名化技术包括随机化技术和泛化技术。随机化技术，如加噪、置换和差分隐私技术，通过添加噪声、重新排列属性值或在查询视图生成前添加随机噪声等方式，有效降低数据精确度或改变数据与个人之间的相关性，在保护隐私的同时，保留数据的可用性。泛化技术，则通过聚合数据、实现 K-匿名、L-多样性和 T-接近度等，进一步模糊个人数据的特征，增强数据的匿名性。对于工业企业而言，掌握并应用上述匿名化技术，不仅能够确保数据处理的合规性，还能在保护用户隐私的同时，充分挖掘数据的价值，为企业的决策和发展提供有力支持。

假名化技术，又称隐名技术，是 GDPR 推崇的另一种数据处理方式。它通过与个人识别信息相关联的信息进行转换，使得在不使用附加信息的情况下，无法将个人数据归于特定数据主体。这种技术的关键在于附加信息的单独保存和严格管理，以确保个人数据无法对应到已识别或可识别的自然人。

欧盟网络安全局（ENISA）对假名化技术的定义进一步明确了其应用场景和安全性要求。常用的假名化技术包括带密钥加密、不带密钥的哈希函数、带密钥的哈希函数、确定性加密以及令牌化等。这些技术通过不同的方式实现个人数据的转换和隐藏，既保证了数据的可用性，又有效保护了用户的隐私。对于工业企业而言，假名化技术提供了一种在数据可用性和隐私保护之间取得平衡的有效手段。通过合理应用这些技术，企业可以在确保合规性的同时，充分利用个人数据进行业务分析、产品开发等活动，从而推动企业的持续发展。

综上所述，GDPR 中的匿名化与假名化技术为工业企业提供了数据处理合规与高效并重的解决方案。通过深入理解并应用这些技术，企业不仅能够确保数据处理的合法性和安全性，还能在保护用户隐私的同时，充分挖掘数据的价值，为企业的数字化转型和持续发展奠定坚实基础。

（3）同态加密技术：计算加密两不误。

同态加密技术，简而言之，是一种能够在加密状态下对数据进行计算，且保证解密后的结果与明文计算一致的技术。这一技术的出现，为数据隐私保护开辟了新的途径，尤其是在云计算和分布式计算环境中，其重要性不言而喻。通过同态加密，企业可以在不暴露数据内容的情况下，实现数据的处理和分析，从而极大地降低数据泄露的风险。

同态加密的核心优势在于，允许在加密状态下对数据进行操作，无需先解密再计算。这意味着，从数据被加密的那一刻起，直到计算完成并需要解密查看结果之前，数据始终保持着加密状态，有效防止了数据在计算过程中的泄露。对于工业企业而言，这无疑为数据隐私保护提供了一道坚实的屏障。同态加密技术的这一特性，使得它在工业企业中具有广泛的应用前景。无论是进行大数据分析、机器学习还是其他需要处理敏感数据的应用场景，同态加密都能为数据安全提供有力保障。

（4）数字通信安全：保障信息传输无忧。

在当今数字化、网络化日益加深的时代，工业企业面临着前所未有的数据安全挑战。为了应对这些挑战，欧盟委员会于2021年4月发布了《数字战略主权下的网络安全研发目标》报告，为未来的数据安全技术研发指明了方向。对于工业企业而言，深入理解这一报告的内容，把握其背后的战略意图，对于提升自身的数据安全防护能力具有重要意义。

报告明确指出，数字通信安全是构建未来战略性数据安全技术研发的核心之一。欧盟在此方面投入了大量资源，旨在确保数据在传输过程中的安全性和无忧性。对于工业企业来说，这意味着需要密切关注欧盟在数据安全加密技术等方面的最新进展，以便及时将这些先进技术应用于自身的生产和管理中。通过加强数字通信安全，工业企业可以确保敏感数据在传输过程中不被泄露，从而维护企业的商业机密和竞争优势。

欧盟在数字通信安全方面的研发重点包括对称密钥方案的高效实施、密码系统向后量子时代的过渡准备、抗旁路攻击的安全密码系统开发等。这些研究方向不仅关乎当前的数据安全需求，更着眼于未来的技术发展趋势。工业企业应积极跟踪这些研究动态，以便在未来技术和产业竞争中占据有利地位。

随着万物数据化和万物互联的推进，工业企业面临着更加复杂的安全环境。欧盟在报告中特别强调了人机交互边界的重新定义以及随之而来的安全风险。这对于工业企业来说，意味着需要更加关注人与设备、设备与设备之间的交互安全，防止因交互不当而引发的数据安全事件。同时，欧盟还关注了从 5G 到 6G 演进背景下，新一代移动通信和数据收集或处理方法的数据安全问题。对于工业企业而言，这意味着在引入新技术和新设备时，需要更加谨慎地评估其安全性，确保新技术不会引入新的数据安全风险。

除了数字通信安全和超链接世界的安全挑战外，欧盟还高度关注人工智能研究的系统性整合以及智能系统大规模互联的监测方法设计。这对于工业企业来说，意味着需要更加注重人工智能技术与数据安全的结合，利用人工智能技术提升数据安全的监测和应对能力。

此外，欧盟还提到了仿生网络安全算法，和将上下文感知纳入机器学习以提高系统韧性等研究方向。这些新技术和新方法的应用，将为工业企业的数据安全防护提供新的思路和手段。工业企业应积极关注这些研究领域的最新进展，以便及时将先进技术应用于自身的数据安全防护中。

综上所述，欧盟《数字战略主权下的网络安全研发目标》报告为工业企业的数据安全防护指明了方向。工业企业应密切关注欧盟在数字通信安全方面的最新进展，以便及时将先进技术应用于自身的生产和管理中，确保企业的数据安全和竞争优势。

1.3.2 国内工业数据安全发展现状

1.3.2.1 顶层设计逐步完善

近年来，我国在工业数据安全方面的顶层设计逐步完善，为工业企业的数据安全提供了坚实的法律保障和政策指导。

《数据安全法》《网络安全法》与《个人信息保护法》的相继颁布，不仅标志着我国数据安全法律框架的基本构建，更明确了数据生产、流通、使用、治理、安全等方面的基本原则。这些法律为工业企业提供了清晰的数据安全合规指引,确保了数据在各个环节中的合法、合规使用。在此基础上,《网络安全审查办法》《汽车数据安全管理若干规定(试行)》《数据安全管理认证实施规则》等规章制度的出台,进一步细化了数据安全管理的具体路径,确保了法律的各项规定能够落到实处。特别是 2024 年发布的《网络数据安全管理条例》,进一步完善了数据安全法律体系,提升数据安全管理效能。

在工业领域,数据安全管理体系的颗粒度也在不断细化。以《工业和信息化领域数据安全管理办法(试行)》的颁布为里程碑,我国工业数据安全政策制度体系得以全面建立。该《管理办法》不仅明确了工业数据安全管理的核心要求,还配套了数据安全风险信息报送共享、风险评估、应急预案等一系列政策措施。这些政策的出台,有力指导并推动了工业领域数据安全工作的开展,提升了工业领域数据安全治理能力与水平。工业企业可以依据这些政策,建立完善的数据安全管理体系,确保数据的安全、可控和合规使用。

1. 数据安全政策法规全景扫描

2015 年 7 月 1 日,《中华人民共和国国家安全法》的发布标志着总体国家安全观的正式确立,该法强调了国家安全的全面性和重要性,特别是数据安全、网络安全及信息安全等方面,为国家安全工作奠定了法律基础与指导原则。然而,随着信息技术的快速发展,国家安全面临着更为复杂多变的挑战,特别是密码管理和关键信息基础设施的保护显得尤为关键。因此,2019 年 10 月 26 日,《中华人民共和国密码法》应运而生,明确了密码工作的领导和管理体制,由国家密码管理部门统筹全国密码工作,强化了密码在保障国家安全中的重要作用。其中要求县级以上地方各级密码管理部门负责管理本行政区域的密码工作,国家机关和涉及密码工作的单位在其职责范围内负责本机关、本单位或者本系统的密码工作。2021 年 4 月 27 日发布的《关键信息基础设施安全保护条例》则进一步细化了对关键信息基础设施的重点保护措施,要求有效监测、防御和处置境内外网络安全风险,依法惩治危害关键信息基础设施安全的违法犯罪活动,确保关键信息基础设施的安全稳定运行。

尽管《关键信息基础设施安全保护条例》加强了对特定领域的安全保护,

但数据安全作为国家安全的重要组成部分，仍需更为全面和系统的法律保障。于是，2021年6月10日，《数据安全法》正式发布，该法为数据安全构建了基本的法律框架，确立了国家数据安全管理制度和监管机制，标志着我国数据安全法律体系的重要一步。为进一步细化数据安全保护的实施细节，特别是针对个人信息保护的需求，2021年8月20日，《个人信息保护法》出台，明确了国家网信部门的监管职责，将个人信息保护责任落实到地方人民政府相关部门，为促进个人信息的合理利用和权益保护提供了坚实的法律支撑。

在《数据安全法》和《个人信息保护法》的基础上，为更好地适应工业和信息化领域数据安全管理的实际需求，工信部于2022年12月发布《工业和信息化领域数据安全管理办法（试行）》，该办法深入贯彻了《数据安全法》的精神，明确了行业监管部门的监督检查职责，为工业和信息化领域的数据安全监管和保护提供了具体指导。为了持续提升数据安全监管能力，工信部又于2024年2月发布了《工业领域数据安全能力提升实施方案（2024—2026年）》，该《实施方案》聚焦于完善政策标准、加强风险防控、推进技术手段建设及锻造监管执法能力等四个方面，旨在全面提升工业领域的数据安全水平，确保数据安全监管工作的有效性和针对性。这一系列法律法规的出台，不仅体现了国家对数据安全的高度重视，也逐步完善了我国数据安全法律体系的构建（图1-10）。

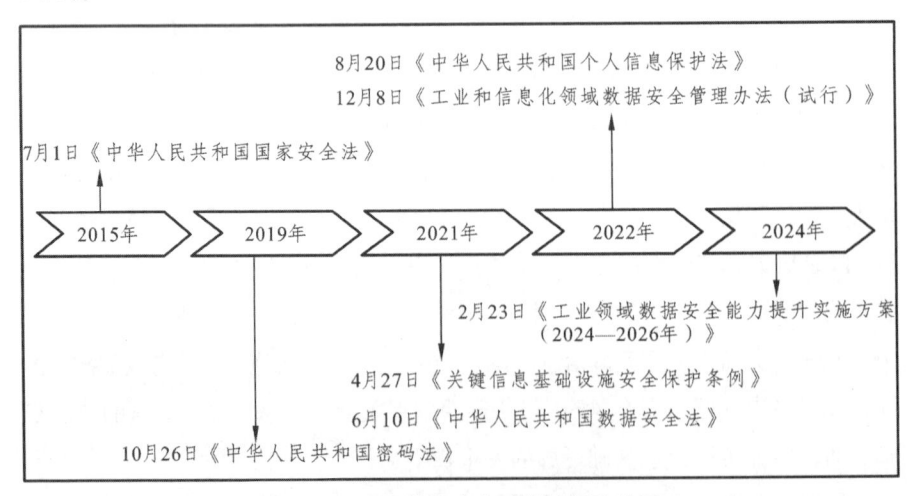

图1-10 我国数据安全政策法规脉络图

2. 工业数据安全政策法规深度剖析

2018年,工业和信息化部发布了一系列重要文件,旨在推动工业互联网的快速发展与安全保障。首先,《工业互联网发展行动计划(2018—2020年)》明确了初步建立工业互联网安全保障体系的目标,着重于建立健全安全管理制度、落实企业网络安全主体责任及制定多项相关安全标准,以提升安全态势感知和综合保障能力。同年发布的《工业互联网网络建设及推广指南》则强调了工业互联网网络作为关键基础设施的重要性,对促进工业数据开放流动、资源优化配置及应用创新升级具有深远意义。此外,《推动企业上云实施指南(2018—2020年)》推动企业利用云计算加速数字化转型,并特别指出要落实《网络安全法》要求,建立健全云计算相关安全管理制度,保障用户信息安全。

2021年至2022年,为进一步加强工业互联网的标准化与数据安全管理,工业和信息化部及国家标准化管理委员会发布了《工业互联网综合标准化体系建设指南(2021版)》与《工业和信息化领域数据安全管理办法(试行)》。该《指南》规划了工业互联网标准体系的结构和框架,涵盖基础共性、网络、边缘计算等多个方面,推动了技术的规范化发展。而该《管理办法》则全面规范了工业和信息化领域的数据处理活动,包括数据全生命周期安全管理、监测预警、检测评估等,明确要求数据处理者负安全主体责任,实行分级防护,并强化应急处置措施,从而弥补了之前政策在数据安全具体操作层面的不足。

2023年至2024年,数据安全产业的促进与风险评估成为重点。工业和信息化部等十六部门联合颁布的《工业和信息化部等十六部门关于促进数据安全产业发展的指导意见》旨在推动数据安全产业高质量发展,提升各行业数据安全保障能力,提出了提升产业创新能力、壮大数据安全服务等重点任务。随后,2024年发布的《工业和信息化领域数据安全风险评估实施细则(试行)》为数据安全风险评估提供了具体实施指南,进一步加强了数据安全风险管理,提升了数据安全防护能力,确保了前期政策与法规的有效落地与执行。这一系列举措不仅完善了数据安全管理体系,也促进了数据安全产业的健康发展。

综上所述,我国在工业数据安全方面已经取得了显著进展,顶层设计逐步完善,政策制度体系不断健全。工业企业可密切关注政策动态,及时调整和完善数据安全策略,以应对不断变化的数据安全挑战,在保障数据安全的同时,推动工业企业的持续健康发展。

```
                                    《工业和信息化部等十六部门关于促进数据安全产业发展的指导意见》
工信部发布《工业互联网发展行动计划(2018—2020年)》          ↑
工信部印发《工业互联网网络建设及推广指南》
工信部印发《推动企业上云实施指南(2018—2020年)》

  > 2018年 >  > 2021年 >  > 2022年 >  > 2023年 >  > 2024年 >

                                 工信部发布《工业和信息化领域数据安全风险评估实施细则(试行)》
                      工信部发布《工业和信息化领域数据安全管理办法(试行)》
           工信部参与编制《工业互联网综合标准化体系建设指南(2021版)》
```

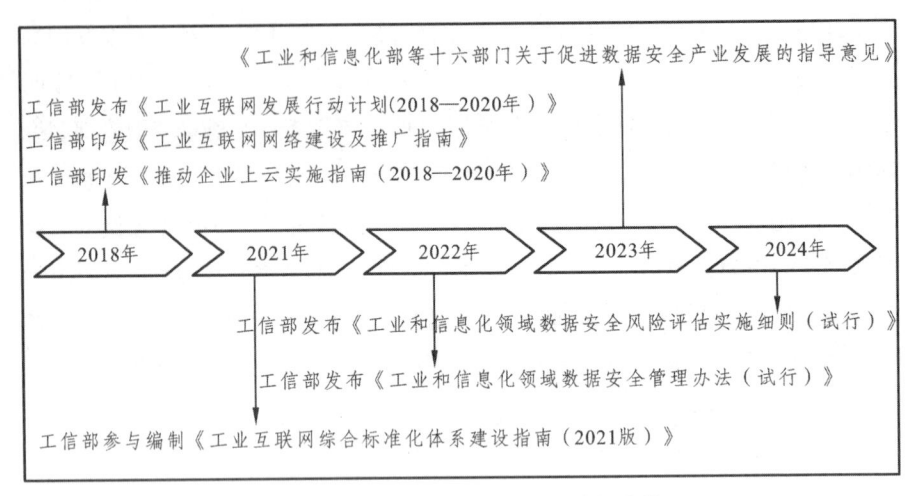

图 1-11　工业领域数据安全政策法规脉络图

1.3.2.2　标准制定加速推进

在数字化转型浪潮中，工业数据安全已成为工业企业不可忽视的核心议题。近年来，我国在数据安全标准体系建设上不断统筹规划布局。为贯彻落实《数据安全法》《工业和信息化领域数据安全管理办法（试行）》等法律法规要求，建立健全工业领域数据安全标准体系，集中弥补基础关键标准短板，充分发挥标准的引导和支撑作用，有效提升工业领域数据安全保障能力，2023年，工业和信息化部、国家标准化管理委员会印发《工业领域数据安全标准体系建设指南（2023版）》，提出到2024年，初步建立工业领域数据安全标准体系，有效落实数据安全管理要求，基本满足工业领域数据安全需要，推进标准在重点行业、重点企业中的应用，研制数据安全国家、行业或团体标准30项以上。到2026年，形成较为完备的工业领域数据安全标准体系，全面落实数据安全相关法律法规和政策制度要求，标准的技术水平、应用效果和国际化程度显著提高，基础性、规范性、引领性作用凸显，有力支撑工业领域数据安全重点工作，研制数据安全国家、行业或团体标准100项以上。

按照《工业领域数据安全标准体系建设指南（2023版）》，工业领域数据安全标准体系由基础共性、安全管理、技术产品、安全评估与产业评价、新兴融合领域、垂直行业六大类标准组成。其中，基础共性标准用于明确工业数据安全术语，包括术语定义、分类分级规则、识别认定、分级防护标准，为各类标准研制提供基础支撑。安全管理标准用于开展数据安全风险监测与应急处置、数据处理安全和组织人员管理。技术产品标准包括数据分类分级、数据安全防护、数据行为防控、数据共享安全技术、产品标准。安全评估与产业评价标准用于支撑工业数据安全评估及数据安全产业评价工作。新兴融合领域标准包括智能制造、工业互联网领域数据安全标准。垂直行业标准面向重点工业行业、领域的数据特点和安全需求，制定行业数据安全管理和技术标准规范。

此外，工业领域数据安全细分标准的制定步伐也在显著加快。2023年上半年，工业领域重要数据识别、安全防护、风险评估等工业数据安全相关行业标准立项，三项标准不仅涵盖了数据安全的多个关键环节，还体现了对工业数据安全全面、深入的考量。目前，《工业领域重要数据识别指南》《工业企业数据安全防护要求》已经正式发布，预示着它们即将成为工业企业数据安全建设的重要依据。同时，国家标准《工业互联网企业网络安全 第4部分：数据防护要求》也进入了报批阶段，这将进一步完善工业数据安全标准体系，为工业企业的数据保护提供更加有力的支持。上述细分标准的制定和实施，将极大地提升工业企业对数据安全的认知和重视程度，推动工业企业加强数据安全建设，确保企业数据的安全和稳定。

综上所述，工业数据安全标准体系的不断完善和细化，为工业企业的数据安全建设提供了有力的支撑和保障。作为工业企业，应积极响应国家号召，加强数据安全建设，提升数据保护能力，以应对日益严峻的数据安全挑战。同时，也应密切关注数据安全标准的最新动态，及时调整和完善自身的数据安全策略，确保企业数据的安全和合规性。只有这样，才能在数字化转型的浪潮中立于不败之地，实现企业的可持续发展。

1.3.2.3 持续加强监管实践

1. 工作路径初探

在数字化转型的加速推进下，工业数据安全已成为保障企业稳健发展的关键要素。2022年，我国工业和信息化主管部门面向全国15个地区的305家工业企业开展了工业领域数据安全管理试点工作。基于试点工作，推动企业深入实施数据分类分级管理、安全防护、安全评估及风险监测等核心环节，从而构建起一套完整的数据安全管理体系。试点工作的成功实施，不仅为工业企业提供了宝贵的数据安全管理经验，更激发了企业对数据安全管理的积极性和主动性。随着《工业领域数据安全能力提升实施方案（2024—2026 年）》的发布，全国工业数据安全工作将迎来更广阔的发展空间和更严峻的挑战。工业企业应积极响应工信部的号召，加强数据安全管理，确保企业数据资产的安全与稳定，为企业的可持续发展奠定坚实基础。

2. 定点能力提升

在全面系统规划数据安全监管路径的基础上，行业监管部门基于"数安护航""数安筑盾"等品牌活动，深入企业切实帮助企业排查风险，指导风险处置等工作。相关活动的策划实施，不仅提高了工业企业的数据安全意识，也促进了企业数据安全防护措施的落实。此外，监管部门以技术能力夯实监管手段，提升以技管数水平。通过建设运营工业领域数据安全管理与服务平台，形成了重要数据目录填报、数据安全风险监测、数据安全风险评估、风险信息上报共享等技术能力。这些技术能力的形成和应用，有效保障了监管需求，提高了数据安全监管的效率和准确性。

3. 数据安全执法逐步细化落地

为落实《数据安全法》有关要求，2023 年 2 月，工信部印发了《工业和信息化部行政执法事项清单（2022 年版）》，在其中增设了以《数据安全法》为依据的相关行政处罚事项。这一重要举措，标志着数据安全正式纳入了工信部的行政执法清单，为数据安全执法提供了明确的法律依据和执法标准。这不仅有助于规范工业企业的数据安全管理行为，也提高了数据安全执法的效率和权威性。

1.3.2.4 不断加大产业供给

1. 政策导向谋篇布局

当前，数据安全产业供给已成为重要议题。2023 年初，工业和信息化部等十六部门联合发布的《关于促进数据安全产业发展的指导意见》，为数据安全产业指明了发展方向。这一政策不仅明确了数据安全产业的发展目标，即到2025年产业规模超过1500亿元，年复合增长率超30%，更重要的是，它为工业企业提供了清晰的政策导向和市场预期。随着政策的深入实施和市场的不断成熟，数据安全产业将迎来更加广阔的发展空间。工业企业应紧跟政策步伐，不断提升自身数据安全防护能力，为数字经济的健康发展贡献自己的力量。

2. 数据安全产业生态日趋完备

在政策的推动下，数据安全产业生态正逐步构建和完善。国内互联网巨头、专业数据安全服务商以及传统网络安全企业等纷纷加入到数据安全产业的行列中，相继推出了各具特色的数据安全产品和解决方案。这一波企业的涌入，无疑为数据安全产业注入了新的活力，推动了行业的加速发展。由于各行业对数据的采集保存量和使用频率不同，以及相关数据安全法律法规、政策要求出台时间的先后之分，数据安全产品发展趋势呈现出明显不同。如在金融领域，大型金融机构涉及全国性的用户和业务，金融相关信息系统可能高达数百个，由于业务需要，存储大量不同类别不同级别的敏感数据，如客户基础信息、业务交易数据、企业经营数据等。同时，业务多元化也带来数据的多元化，数据之间逻辑关系复杂，派生出的标识数据、加密数据、属性说明数据、验证数据等也一应增多。在针对不同用户开展个性化分析、提供个性化服务的过程中，容易引发系列安全风险。目前，由于金融业机构内边界隔离建设较完善，数据环境相对封闭，各细分金融业机构的数据安全采购产品结构呈现出明显分化，银行业和保险业采购的数据安全产品较为全面，数据库审计和数据防泄漏是重点的采购产品；证券期货机构主要承担交易入口及交易管理服务的功能，以采购数据库安全产品为主。在电信领域，因为电信运营商的业务网络存在区域广、数据分散、系统繁多、环境复杂，各个分散区域和系统中均可能存储或使用大量的客户信息和企业核心数据，这些复杂风险点致使电信领域很早开始探索数据安全治理，目前已经具备综合的数据分析和风险研判实力。总体来看，身份与访问控制、安全风险评估和审计、数据防泄露是电信领域重点关注的数据安全防护子领域。聚焦到工业领域，针对无人驾驶、工业检测、智能制造等典型工业场景，数据根据场景不同呈现复杂化特点，综合来看：一是数据分布范围广，包括但不限于机器设备、工业产品、管理系统、互联网等；二是数据具有鲜明的动态时空特性，数据的采集、存储、处理实时性要求高；三是数据结构复杂、格式不一，由于工业数据采集多源多渠道，数据呈现结构化、半结构化和非结构化等不同类型。针对上述特点，工业领域数据安全重点关注数据采集、存储、传输过程的安全。但正因为工业数据复杂性，其产品研制成本、难度都相应增加，当前工业领域数据安全产品主要由传统接入认证、访问控制、权限管理、网络隔离、数据加密、数据脱敏、数据备份和恢复等产品线组成，适用于工业生产场景的专用数据安全产品还有待研制。

3. 数据安全服务规模壮大

随着数据安全产业的不断发展，数据安全服务和技术也呈现出升级和突破的趋势。2023年，工信部积极组织部分省市开展工业和信息化领域数据安全风险评估试点，探索构建工业和信息化领域数据安全风险评估服务体系，推动检测、评估等服务与数据安全相关标准体系动态衔接。这一举措的推出，为工业企业提供了更加全面、专业的数据安全服务保障。通过参与试点，企业可以更加深入地了解自身数据安全状况，及时发现和整改安全隐患。

同时，数据安全技术的突破也为工业企业提供了更多的选择。近年来，受政策与需求驱动，数据安全新技术不断涌现，如密文计算技术、基于风险分析的访问控制技术、安全多方计算技术等。这些新技术的出现，不仅提高了数据安全防护的效率和准确性，还为企业提供了更加多样化的数据安全解决方案。工业企业应积极关注数据安全技术的最新发展动态，结合自身需求引入先进的技术手段和方法，提升自身的数据安全防护水平。当前，工业领域四类型服务中规划咨询与建设运维服务、评估服务已经逐步开展，尤其是规划咨询服务，近两年来呈现增长态势，以规划咨询与建设运维服务为例，已出现下列五种主流服务类型。

1. 合规咨询

通过对企业上层整体规划，分别定义治理模型、组织架构、岗位要求、流程和规章制度。依托数据标准管理、数据质量管理、数据架构与共享，建立长远数据安全规划,覆盖管理调整、技术部署、资金投入等的方式进行深入建设,支持企业业务发展,最终实现数据价值。其服务范围涉及数据安全工作的企业使命、业务战略、管理办法、工作计划等。一般依照安全调研、认知培训、差距分析和方案编制等步骤开展数据安全规划咨询工作。

2. 安全体系规划设计

供应方针对需求方现有规范、人员、系统、流程等管理现状,协助梳理完善数据安全的相关制度和流程,建立健全需求方数据安全工作体系,包括但不限于:需求方数据安全管理办法、数据安全应急预案、数据安全日常监测巡查及监督检查管理办法等、数据使用、提取、共享流程。

3. 数据安全平台运营服务

数据安全运营服务通过叠加"人"和"平台",确保安全流程执行顺畅,安全数据可信、可管。需求方通常采购和组建安全运营团队(通常包含双方成员),构建可持续数据安全监测和应急响应能力。通常依托数据安全平台、系统和产品,开展一系列日常运营工作。数据安全平台运营服务包含但不限于平台运营、设备运营、日常作业等。

4. 数据识别和分类分级服务

采用关键字、正则表达式、基于文件属性识别、精准数据比对、指纹识别技术和支持向量网络等技术,基于自动化+人工的方式对需求方需扫描的文件服务器、大数据平台、传统数据库进行数据扫描和梳理,实现对敏感数据的自动发现和自动识别。

5. 数据安全审计服务

供给方将基于数据安全策略开展日常和数据安全专项审计工作。包括但不限于:

数据操作审计:包括主机敏感操作审计、数据库敏感操作审计、业务应用敏感操作审计、数据安全设备和平台日志审计等。

数据合规审计:包括金库审计、集中访问管控平台审计、数据接口审计、数据第三方审计、数据共享审计等涉及数据使用和业务过程中的审计。

数据安全事件溯源服务：针对互联白名单、流量日志等数据的采集，从时间、频率、流量、应用类型、连接数、连接频度等多项特征进行分析，对重点数据资产关系、流向、流转行为等行为层建模监控；内置高危操作指令基线，对数据库或应用的操作指令进行监测学习，发现边界非法接入或高危操作，并提供快速定位问题、分析异常行为操作及内容能力。

4. 聚力数据安全技术突破

技术创新是推动行业发展的关键动力。为了加速数据安全技术的研发与应用，工信部于 2022 年认定了一批数据安全重点实验室，涵盖工业领域数据保护与安全测评、数据安全关键技术与产业应用评价等重要方向。上述实验室的认定，不仅为数据安全技术的攻关提供了坚实的支撑，还为企业搭建了成果转化的平台，促进了技术创新的快速发展。同时，受政策与需求驱动，近年数据安全新技术逐渐涌现，如密文计算技术、基于风险分析的访问控制技术、具体高效的安全多方计算技术、抗量子计算安全技术，差分隐私保护技术等，数据安全技术发展趋于多样化与体系化。重点实验室的创建，意味着数据安全技术在工业领域的应用将得到更加深入的研究和探索。这些实验室将聚集行业内的顶尖专家和学者，共同攻克数据安全领域的技术难题，推动数据安全技术的不断创新和突破。同时，实验室还与工业企业紧密合作，将研究成果转化为实际应用，为企业的数据安全提供有力保障。

对于工业企业而言，可充分利用重点实验室和成果转化平台的资源，加强与科研机构的合作与交流，共同推动数据安全技术的创新与发展。通过引入先进的技术手段和方法，提升企业的数据安全防护能力，为企业的数字化转型提供有力支撑。

1.4 工业数据安全建设概述

工业数据安全是工业企业数字化转型过程中的核心议题。本节以《工业和信息化领域数据安全管理办法（试行）》（以下简称《管理办法》）、《工业企业数据安全防护要求》等政策标准关键内容为主线，助力工业企业梳理数据安全建设总体思路。

1.4.1 组织架构优化，强化合规管理

为了有效应对数据安全挑战，工业企业应首先构建起一套清晰、高效的数据安全管理架构。这一架构需明确各级管理人员和员工在数据安全方面的具体职责与分工，确保每个环节都能得到充分的重视和有效的执行。《数据安全法》第二十七条明确指出了重要数据处理者需设立数据安全负责人和管理机构的重要性，这为工业企业提供了法律层面的指导和要求。通过明确组织架构，企业能够建立起一个层次分明、责任明确的数据安全管理体系，为后续的数据安全保护工作奠定坚实的基础。因此，构建清晰的数据安全管理架构，是工业企业确保数据安全、满足合规要求的首要步骤。

在建立了基础的数据安全管理架构后，工业企业应进一步强化数据安全责任体系。根据《管理办法》第十三条的规定，工业领域重要数据和核心数据处理者需建立覆盖本单位相关部门的数据安全工作体系，并明确数据安全负责人和管理机构。这一要求强调了数据安全责任的层级性和全面性，确保从法定代表人到关键岗位人员都明确自身的数据安全职责。企业应将数据安全责任落实到个人，要求关键岗位人员签署数据安全责任书，以此增强员工的数据安全意识。同时，企业还应参考《工业企业数据安全防护要求》，制定并执行关键岗位人员的数据安全教育培训计划，不断提升员工的数据安全素养。通过这些措施，工业企业能够建立起一个严密的数据安全责任体系，确保数据安全工作的有序开展。

数据安全工作的持续有效是工业企业面临的长期挑战。为了应对这一挑战，除定期对数据安全教育培训计划、培养方式以及培训内容进行审核和更新之外，企业还应建立健全数据安全监督和考核机制，对数据安全工作的执行情况进行定期检查和评估，确保各项数据安全措施得到有效落实。综上所述，通过构建清晰的数据安全管理架构、强化数据安全责任体系以及确保数据安全工作的持续有效，工业企业能够全面提升数据安全水平，为企业战略性发展提供有力保障。

1.4.2 制度流程建设，实现合规操作

1.4.2.1 数据安全管理制度构建与优化

以合规组织架构的"硬件"为依托，企业的合规制度需要通过一系列"软件"即具体的标准、制度、规范和流程来运行，以使合规制度动态覆盖企业全部的业务、活动和人员。作为企业数据安全合规的重点，数据合规制度既要符合企业合规制度的整体设计，与其他的合规内容相协调，又要充分体现数据相关立法的特殊要求。例如，《数据安全法》第二十七条提出，开展数据处理活动应当依照法律、法规的规定，建立健全全流程数据安全管理制度，组织开展数据安全教育培训，采取相应的技术措施和其他必要措施，保障数据安全。《管理办法》第十三条提出，工业数据处理者应当对数据处理活动负安全主体责任，对各类数据实行分级防护，不同级别数据同时被处理且难以分别采取保护措施的，应当按照其中级别最高的要求实施保护，确保数据持续处于有效保护和合法利用的状态。建立数据全生命周期安全管理制度，针对不同级别数据，制定数据收集、存储、使用、加工、传输、提供、公开等环节的具体分级防护要求和操作规程。

具体来说，企业应在数据安全管理制度中明确以下规范要求：

一是明确数据全生命周期安全管理要求。数据基本安全管理制度应遵循数据全生命周期管理的原则，对数据采集、数据传输、数据储存、数据出境、数据使用、数据交易、数据开放共享、数据销毁等各个环节进行全方位的安全防控，为重点环节设置内部审批、协议约束等管控措施，并通过员工数据安全行为规范落实上述要求。

二是明确个人信息保护要求。企业的数据安全管理制度应对个人信息保护作出严格要求，不仅包括企业数据资产中的个人信息，还包括企业员工、访客的个人信息。个人信息应首先按照标准区分出个人敏感信息、未成年人个人信息等。并相应确定专门的处理和保护规则，包括对个人信息的获取，权利主体的单独同意，个人信息的储存、处理、向他人提供，以及个人信息的主动删除等重点操作。

三是明确与商业伙伴合作中的数据保护要求。企业的合规制度、内部规章

对其商业伙伴没有约束力，因此，在与商业伙伴的合作中，需要通过合同协议、企业规范等制度保护措施来保护数据的安全和合法利用。在与供应商或合作伙伴的关系中，企业应当通过数据合规制度规范合作方准入、日常安全管理、数据安全风险评估、数据安全事件管控等环节的操作，以合同条款的形式明确供应商或合作方的数据安全义务。涉及委托合作方处理个人信息时，还需在合同中对委托处理目的、期限、处理方式、个人信息种类、保护措施、双方权利义务等作出特别约定，并严格监督合同的履行。建议企业建立针对数据服务合作方的定期数据安全监测、检测和评估机制，防止合作方出现不当获取数据、滥用数据、盗卖数据、预留"后门"等违规操作。

四是明确数据安全风险评估保护要求。《数据安全法》《个人信息保护法》等相关立法设计了多种数据安全风险评估机制，要求企业在某些重要场景下通过这些机制控制数据相关风险，并在某些情况下引入监管机关的直接管控，如个人信息处理的事前影响评估、定期的数据安全风险评估、数据出境的风险评估等。企业应在数据合规制度中作出专门规定，根据相关立法的要求和企业的业务实际识别适用的评估和审查制度，明确定期或不定期评估或审查的统筹负责部门、启动条件、具体流程、与受制约的业务活动的协调关系等，可根据企业实际情况提前筹划安排有资质的第三方评估机构，确认与监管机关的对接渠道，并密切关注监管动态。

1.4.2.2 数据分类分级策略部署

数据分类分级是工业企业数据管理的基础，对于保障数据安全、降低泄露风险至关重要。工业企业在进行数据管理时，首要任务是实施数据分类分级策略。这一策略不仅能够帮助企业针对不同级别的数据采取恰当的安全防护措施，还能避免对数据保护采取"一刀切"的简单做法。通过细致的分类分级，企业可以有效提升数据安全水平，减少数据泄露和非法利用的风险。根据《管理办法》的相关规定，工业数据处理者需定期梳理数据，识别出重要数据和核心数据，并形成相应的目录。这一步骤是确保数据安全的基础，也是后续数据管理工作的前提。

建立健全数据分类分级制度是工业企业实现数据有效管理、满足合规要求的关键。在梳理数据资产并形成清单的基础上，工业企业应结合自身特点和《工业领域重要数据识别指南》等标准，建立健全本单位的数据分类分级实施制度。这一制度应明确分类分级的工作操作规程，确保数据分类分级的准确性和一致性。通过建立健全的制度，企业可以更加有效地管理数据，提高数据利用效率，同时满足合规要求。在实际操作中，企业应深入分析数据项的数据来源、处理目的、处理范围、处理方式、流转路径等信息，为数据分类分级提供坚实基础。

持续更新数据目录和分类分级规则是工业企业适应业务变化、保障数据安全的重要手段。在完成数据分类分级工作后，工业企业应形成《重要数据和核心数据目录备案表》，经过内部审核后报送至地方主管部门。这一步骤是确保企业数据安全工作合规的重要环节。同时，企业还应建立数据目录动态更新机制，根据业务属性、数据重要性和可能造成的危害程度的变化，定期审核并更新数据分类分级规则。重要数据和核心数据的类别或规模变化30%以上的，或者其他备案内容发生重大变化的，工业数据处理者应当在发生变化的三个月内履行备案变更手续。通过持续更新《重要数据和核心数据目录备案表》和数据分类分级规则，企业可以确保数据管理工作始终与业务发展保持同步，从而有效保障数据安全，降低潜在风险。

1.4.2.3 数据全生命周期安全管理制度建设

数据全生命周期管理通过规范企业数据收集、使用加工、传输到存储、销毁等环节的数据安全控制措施，帮助企业显著降低数据泄露、篡改、破坏等安全风险，有助于企业建立完善的数据治理机制，降低数据管理成本，提升企业整体数据治理水平。

1. 数据收集：工业企业数据安全的"第一道防线"

在工业企业的数据安全管理工作中，数据收集作为首要环节，其重要性不言而喻。明确数据的收集范围、方式等具体要求，是确保数据安全、提高数据质量的关键。通过设定清晰的数据收集标准，企业能够有效降低数据在收集过程中被泄露或滥用的风险，从而保护企业的核心资产。同时，明确数据收集要求还能减少错误和重复数据的产生,提高数据的准确性,为企业的决策分析提供更为可靠的依据。因此,工业企业应当重视数据收集环节的管理,通过制定严格的数据收集规范,确保数据的安全性和准确性。

在数据收集过程中,工业企业必须遵循合法、正当的原则,这是《管理办法》第十四条明确提出的要求。为了落实这一原则,企业应当采取相应的安全措施,特别是针对重要数据和核心数据的收集,更需加强相关人员和设备的管理。通过记录数据的收集时间、类型、数量、频度、流向等信息,企业能够实现对数据流向的全程追踪,确保数据的合规使用。此外,对于通过间接途径获取的重要数据和核心数据,企业应与数据提供方签署相关协议、承诺书等,明确双方的法律责任,以进一步保障数据的安全性和合规性。

在数据收集过程中,工业企业还需特别注意外部数据的真实性、有效性和安全性。由于外部数据来源广泛,其质量和安全性往往难以保证。因此,企业在收集外部数据时,应采用人工核查或技术措施进行鉴别,避免收集到不明来源的数据。通过这一步骤,企业能够确保所收集的数据质量可靠,为后续的数据处理和分析提供坚实的基础。同时,这也体现了企业对数据安全的高度重视和负责任的态度。综上所述,工业企业应通过明确数据收集要求、遵循合法原则以及鉴别外部数据等措施,确保数据收集环节的安全性和准确性,为企业的数据安全管理和决策分析提供有力保障。

2. 数据存储:构建工业企业数据保护的坚固堡垒

在工业环境中,数据的存储面临着高可靠性与稳定性的严峻挑战。这主要是由于工业环境的复杂性、数据的敏感性以及生产过程的实时性所决定的。对于工业企业而言,数据存储的规范至关重要,它直接关系到企业数据在存储过程中是否安全,能否避免数据被非法访问、篡改或泄露的风险。这样的规范不仅有助于保护企业的商业机密和客户隐私,更是防范数据泄露等安全攻击的有效手段。因此,工业企业必须高度重视数据存储的规范性和安全性,确保企业数据安全。

根据《管理办法》第十五条的规定,工业数据处理者在数据存储方面必须遵循法律规定或与用户约定的方式和期限。对于重要数据和核心数据,企业应采用校验技术、密码技术等措施进行安全存储,以确保数据的安全性和完整性。同时,为了防止数据泄露,企业不得直接提供存储系统的公共信息网络访问,并应实施数据容灾备份和存储介质安全管理。此外,定期开展数据恢复测试也是确保数据存储安全的重要环节。对于核心数据的存储,企业还应实施异地容灾备份,以进一步提高数据的安全性和可靠性。这些措施的实施,将有助于工业企业更好地满足数据存储的高要求,确保企业数据的安全稳定。

除了遵循法律法规中对于数据存储的管理要求之外,工业企业还应采取相应的数据管理和技术措施,确保数据存储安全。企业可以参考《工业企业数据安全防护要求》,对存储数据的使用进行严格的身份鉴别和访问控制,防止未经授权的数据访问。同时,建立数据备份制度,根据实际需要定期开展数据备份,以确保数据的可恢复性。对于非联网独立控制单元,如传感、控制或执行单元等,企业应采用物理安全措施保障生产环境的设备数据访问或调试接口不暴露,并采用机密性和完整性防护措施,确保现场存储数据的安全。通过这些细化的管理措施,工业企业将能够更有效地实现数据存储安全,保障企业行稳致远。

3. 数据使用加工:合规赋能,筑牢工业生产决策基石

在工业生产制造中,数据的准确性和一致性对于决策至关重要。工业企业通过规范数据使用加工流程,能够确保不同来源、不同格式的数据在复杂的数据处理场景下保持数据处理前后的一致性。这一举措有助于避免因数据不一致而导致的错误决策,从而提升企业的生产效率和决策准确性。因此,工业企业应当重视数据使用加工的规范性,遵循数据使用加工相关安全要求,为企业的稳健发展提供有力支持。

根据《管理办法》第十六条的规定,工业数据处理者在利用数据进行自动化决策分析时,必须保证决策分析的透明度和结果的公平合理。这一要求对于维护企业的良好社会形象和保障客户权益具有重要意义。对于重要数据和核心数据的处理,企业还应加强访问控制,确保数据的安全性。这些措施的实施,将有助于工业企业更好地遵循法律法规要求,提升数据处理的安全合规性。

为了确保工业控制系统的数据安全,工业企业应参考《工业企业数据安全

防护要求》，采取一系列有效的安全措施。原则上，应禁止工业控制系统面向互联网开通高风险通用网络服务，如 HTTP、FTP、Telnet、RDP 等。对于必要开通的网络服务，应采用安全接入代理等技术进行用户身份认证和应用鉴权，以确保访问者的合法性和安全性。此外，对于确需远程访问工业控制系统相关数据的情况，应采用数据单向访问控制等策略进行安全加固，并对访问时限进行严格控制。这些措施的实施，将有助于工业企业有效防范数据安全风险，确保工业控制系统的稳定运行。

4. 数据传输：守护工业企业数据安全的生命线

在数据传输环节，确保数据的完整性和真实性是工业企业不可忽视的重任。数据在传输过程中若被篡改或损坏，将对工业企业的生产运营造成严重后果，特别是工艺参数、设备状态等关键数据的失真，将直接影响产品质量和生产效率。因此，企业必须明确规定数据的安全传输机制，为数据传输提供有力保障。

根据《管理办法》第十七条的要求，工业数据处理者应当依据传输的数据类型、级别和应用场景，制定切实可行的安全策略并采取必要的保护措施。对于重要数据和核心数据的传输，更应采取校验技术、密码技术、安全传输通道或安全传输协议等多重措施，确保数据在传输过程中的安全性和可靠性。

为了进一步提升数据传输的安全性，工业企业可参考《工业企业数据安全防护要求》，结合自身的工业应用场景、数据类型、数据级别和安全域等因素，制定更为具体和针对性的数据传输安全策略。在工业设备间通信、设备与平台通信等场景中，应对通信端的身份、安全策略和安全状态进行双向鉴别，并建立数据安全传输信道，从而全面保障工业网络通信的安全性。通过这些措施的实施，工业企业将能够有效防范数据传输过程中的风险，确保数据的完整性和真实性，为企业的安全运营和持续发展奠定坚实基础。

5. 数据提供：严格提供，保障企业生产安全

在工业企业中，数据的准确性、完整性和安全性是确保生产流程顺畅、设备状态稳定以及产品质量可靠的基础。因此，对数据提供环节的数据安全要求进行规范，对于提升企业数据质量与准确性，进而优化生产流程、监控设备状态以及及时解决生产问题具有至关重要的意义。

《管理办法》第十八条明确指出，工业数据处理者在提供数据时，应当明确提供的范围、类别、条件、程序等关键要素，并与数据获取方签订数据安全协议。这一规定为工业企业数据提供环节提供了明确的指导，有助于确保数据在传输过程中的安全性和准确性。特别是对于重要数据和核心数据的提供，企业更应对数据获取方的数据安全保护能力进行评估或核实，并采取必要的安全保护措施，以防止数据泄露或滥用。

为了进一步提升数据提供的安全性，工业企业可参考《工业企业数据安全防护要求》，明确数据提供的范围、数量、条件、程序、时间等具体细节，并建立跨网、跨安全域的数据提供安全操作规范。通过这一系列措施的实施，企业能够有效地保障数据在提供过程中的安全性，避免因数据泄露或滥用而引发的经济损失和声誉损害。同时，规范的数据提供也能够为企业的生产流程优化、设备状态监控以及问题解决提供有力支持，从而提高生产效率和产品质量。

综上所述，数据提供环节是保障工业企业数据安全与效率的关键所在。通过规范数据提供流程、明确关键要素、签订数据安全协议以及建立安全操作规范等措施，企业能够确保数据在提供过程中的安全性和准确性，进而为企业的生产运营提供有力保障。

6. 数据公开：平衡透明性与安全性之道

数据公开，作为连接企业与公众、客户之间的桥梁，其重要性不言而喻。它不仅关乎企业信息透明度的提升，更是建立客户信任、塑造品牌形象的关键一环。对于工业企业而言，明确数据公开的范围、方式及程序，是构建健全数据安全管理体系的基石。通过遵循系统化的数据公开规范，企业能够清晰地界定自身在数据公开过程中的责任与义务，从而确保数据流动的合规性与安全性。总之，规范的数据公开机制，是工业企业适应数字化时代、赢得市场信任的必修课。

数据公开并非无条件地透明，尤其是在涉及公共利益与国家安全的敏感领域。《管理办法》第十九条明确指出，工业数据处理者在公开数据前，必须进行深入的分析研判，评估可能带来的潜在影响。这一要求，体现了对数据安全与国家利益的双重考量，对工业企业而言，是指导其谨慎行事、规避风险的重要原则。在实践中,企业可借鉴《工业企业数据安全防护要求》,针对重要数据的公开,采取如数据脱敏、数据水印等技术手段,建立数据公开规范,明确数据公开的范围、方式、程序等要求,既保障了数据的可用性,又确保了公开过程的安全性。这样的做法,既是对法律法规的尊重,也是对企业自身及利益相关方负责的体现。因此,工业企业应深刻理解并践行这一原则,确保数据公开安全。

在客户对数据安全与隐私保护日益重视的当下,工业企业如何通过数据公开展现其在数据安全领域的努力与成就,成为塑造正面品牌形象、增强客户黏性的新机遇。通过公开透明地处理和使用数据,企业不仅能够赢得客户的信任,还能在激烈的市场竞争中脱颖而出。更重要的是,这种信任的建立,是基于企业实际行动与成效的展示,而非空洞的承诺。因此,工业企业应将数据公开视为一种战略投资,通过不断优化数据公开策略,结合技术创新与管理升级,持续提升数据安全防护能力。最终,以坚实的数据安全保障体系,为企业的可持续发展奠定坚实的基础,实现数据价值与社会责任的双赢。总之,工业企业应把握数据公开带来的机遇,以实际行动回应客户关切,共筑数据安全新生态。

7. 数据转移:工业企业数字化转型的关键步骤

在数字化转型和升级的浪潮中,数据转移无疑是企业必须面对的一个重要环节。这一环节不仅关乎企业数据的安全与可靠,更是企业能否顺利实现数字化转型和升级的关键。通过制定和执行严格的数据转移规范,工业企业能够确保数据在转移过程中的完整性和安全性,从而为企业的数字化转型提供坚实的基础。

《管理办法》第二十二条为工业企业数据转移提供了明确的指导。当企业因兼并、重组、破产等原因需要转移数据时,必须制定明确的数据转移方案,并通过多种方式通知受影响用户,确保用户的知情权和选择权得到保障。对于涉及重要数据和核心数据的转移,企业还应及时向地方工业和信息化主管部门更新备案,以便监管部门能够及时掌握数据流向,确保数据安全。

为了进一步提升数据转移的安全性和可靠性,工业企业可以参考《工业企业数据安全防护要求》，采用数据溯源系统、审计系统等技术工具对数据跨主体转移进行全流程监控、审计和存证。这些技术工具的应用，不仅能够实现数据活动的操作行为、传输路径的可溯源，还能确保溯源数据的真实性和保密性，为企业的数据转移提供强有力的技术支持。特别值得注意的是，对于跨主体转移、共享核心数据的情况，自2024年度1月1日起，若累计达到总量30%及以上，将需要经行业主管部门报协调机制办公室组织风险评估。这一规定旨在确保核心数据在转移过程中的安全合规性，防止数据泄露和滥用。因此，工业企业在进行核心数据转移时，必须严格遵守相关规定，确保数据转移的合法性和安全性。

综上所述，数据转移是工业企业数字化转型和升级过程中不可或缺的一环。通过明确数据转移方案、保障用户权益、采用技术工具实现全流程监控以及严格遵守风险评估规定等措施，工业企业能够确保数据转移的安全性和可靠性，为企业的数字化转型和升级提供有力保障。

8. 数据委托处理：工业企业数据安全的新挑战与机遇

对于工业企业而言，如何安全、合规地处理数据，已成为一个亟待解决的问题。数据委托处理规范作为指导企业数据处理的重要准则，为工业企业提供了明确的方向和路径。《管理办法》第二十三条明确指出，工业数据处理者在委托他人进行数据处理时，必须通过签订合同协议等方式，明确双方的数据安全责任和义务。这一规定对于工业企业而言，意味着在数据委托处理过程中，必须首先明确责任主体，确保数据安全得到有力保障。同时，这也促使企业建立完善的数据安全管理制度和流程，提高数据使用的效率和准确性，为企业数据安全防护体系奠定坚实基础。

在数据委托处理过程中，工业企业还应对受托方的数据安全防护能力、资质进行全面评估。这一步骤至关重要，它直接关系到企业数据的安全性和合规性。通过评估，企业可以确保受托方具备足够的数据安全保护能力和资质，从而放心地将数据交由其处理。同时，这也有助于企业在合作过程中，与受托方建立更加紧密和信任的关系，共同推动数据安全防护工作的深入开展。除法律、行政法规等另有规定外，未经委托方同意，被委托方不得将数据提供给第三方。

这一规定进一步强调了双方在数据委托处理过程中的责任和义务。对于工业企业而言，明确双方责任不仅有助于保障数据安全，更有助于在激烈的市场竞争中脱颖而出。通过与受托方明确责任和义务，企业可以更加放心地开展数据合作，共同探索数据价值，赢得更多的市场机遇和合作伙伴的信赖。

数据委托处理规范对于工业企业而言至关重要。它不仅为企业提供了明确的数据处理方向和路径，更促使企业建立完善的数据安全管理制度和流程。通过明确双方责任、评估受托方能力等措施，工业企业可以确保数据在委托处理过程中的安全性和合规性，为企业的数字化转型和升级提供有力保障。同时，这也将有助于企业在市场竞争中赢得更多的机遇和信任，推动企业实现可持续发展。

9. 数据销毁：守护企业信息安全的最后一道防线

数据的生命周期并非永恒，当某些数据不再需要时，如何确保它们被彻底清除，以防止泄露，成为企业面临的一大挑战。数据销毁规范正是为解决这一问题而生，它明确了数据销毁的标准和流程，确保企业能够通过物理或逻辑方式彻底清除不再需要的数据，为企业的信息安全筑起一道坚实的防线。

《管理办法》第二十条的出台，为工业企业数据销毁提供了明确的指导。它要求企业建立数据销毁制度，明确销毁对象、规则、流程和技术等关键要素，并对销毁活动进行详细的记录和留存。这一规定的实施，不仅有助于企业确保数据销毁的合规性，还能提高销毁操作的效率，减少因操作不当而引发的安全风险。工业企业应积极响应这一要求，建立完善的数据销毁制度，确保数据在不再需要时能够被及时、安全地销毁。

对于工业企业而言，商业秘密、客户资料、研发成果等敏感信息的泄露，往往意味着巨大的经济损失和声誉损害。因此，在销毁重要数据和核心数据时，企业必须格外谨慎。除了遵循数据销毁规范外，还应及时向地方工业和信息化主管部门更新备案，并坚决杜绝以任何理由、任何方式对销毁数据进行恢复的行为。通过严格执行数据销毁规范，工业企业能够有效地守护自己的核心利益，确保在激烈的市场竞争中立于不败之地。总之，数据销毁是工业企业信息安全管理的重要环节，企业应高度重视并严格执行相关规范，确保数据销毁的彻底性和安全性。

1.4.3 技术手段应用，提升防护能力

在工业企业中，技术手段的应用是提升数据安全防护能力的关键。其中，权限管理与访问控制以及日志留存是两项至关重要的措施。

1.4.3.1 权限管理与访问控制：筑起数据安全的坚固防线

权限管理通过设定合理的访问权限，确保只有经过授权的人员才能访问特定的数据资源，从而有效防止敏感数据被未经授权的人员获取、篡改或泄露。这对于保护企业的核心技术、商业秘密和客户信息等关键数据资产至关重要。

工业企业应严格遵循《管理办法》第十三条的要求，合理确定数据处理活动的操作权限，严格实施人员权限管理。工业和信息化领域重要数据和核心数据处理者应建立内部登记、审批机制，对重要数据和核心数据的处理活动进行严格管理并留存记录。企业可参考《工业企业数据安全防护要求》，合理确定数据处理活动的操作权限，严格实施人员权限管理，并按照最小授权原则分配账号权限。企业在开展数据处理活动时，通过采取严格的权限管理措施，能够限制员工对未授权数据的访问，从而减少内部人员因疏忽或恶意行为导致的数据泄露风险。同时，一旦发生数据安全事件，企业可以迅速定位责任主体，采取相应措施进行处理和补救。因此，权限管理与访问控制是工业企业数据安全防护中不可或缺的一环。

1.4.3.2 日志留存：为企业数据安全提供有力保障

日志留存不仅有助于企业满足《数据安全法》等相关法律法规的合规性要求、便于开展内部审计和监管，还能帮助企业及时发现异常行为、追踪攻击者行踪并进行应急响应和恢复。同时，日志留存还能帮助企业提升系统性能、辅助决策制定，从而为企业的发展提供有力保障。因此，企业应高度重视日志留存工作，建立完善的日志管理机制和流程，确保日志数据的完整性、准确性和可用性。

工业企业应严格遵循《管理办法》第二十五条的要求，在数据全生命周期处理过程中，记录数据处理、权限管理、人员操作等日志。日志留存时间应不少于六个月。企业可参考《工业企业数据安全防护要求》，对涉及核心数据安全、事件处置、溯源相关的日志留存时间设置不少于3年，对高风险操作（如批量复制、批量传输、批量销毁等操作）日志进行备份。重要数据处理者应当记录维护数据安全所需的日志，涉及安全事件处置溯源的相关日志留存时间不少于1年，涉及向他人提供、委托处理、共同处理重要数据的，相关日志留存时间不少于3年。

综上所述，工业企业应充分利用权限管理与访问控制以及日志留存等技术手段，构建完善的数据安全防护体系。通过合理分配访问权限和严格记录日志信息，企业能够有效提升数据安全防护能力，确保关键数据资产的安全无虞。同时，这些技术手段的应用还能帮助企业满足相关法律法规的合规性要求，为企业的可持续发展提供有力保障。

1.4.4 持续监督与改进，形成闭环管理

1.4.4.1 监测预警、信息共享与应急处置全攻略：加强数据安全防线

工业企业在数据安全领域面临诸多挑战，为有效防范数据风险，必须构建高效的监测预警机制。企业应依靠先进的监测手段，主动发现数据处理中的异常现象和数据安全事件前兆，并及时发出告警。在此基础上，针对潜在数据安全风险制定安全风险预案，提前设计风险处置措施和流程。这样不仅能提前探知风险，还能在风险真正发生时提高应对效率，最大限度化解风险、降低损失。同时，企业应遵循相关法规和标准，如《工业和信息化领域数据安全事件应急预案》等，确保监测预警工作的合规性和有效性。

信息共享是数据安全合规和风险防控的重要环节。工业企业应加强与地方工业和信息化主管部门的沟通联系，及时报告可能造成较大及以上安全事件的风险。在数据安全事件发生后，企业应按照应急预案，及时开展应急处置，并在涉及重要数据和核心数据的安全事件时，第一时间向相关部门报告。通过信

息共享，企业可以获取更多的安全资源和支持，协同应对数据安全挑战，提升整体安全防护能力。

完善的应急处置体系是工业企业数据安全防护的一道重要防线。企业应制定详细的数据安全事件应急预案，明确应急响应职责和相关处置流程。在数据安全事件发生时，企业能够迅速启动应急响应机制，按照预案进行处置，确保事件得到及时、有效的控制。同时，企业还应定期进行应急演练，提高员工对数据安全事件的应对能力和效率。此外，企业还可参考《信息安全技术 信息安全事件分类分级指南》（GB/Z 20986—2023）、《信息安全技术 网络安全预警指南》（GB/T 32924—2016）、《信息安全技术 网络安全漏洞分类分级指南》（GB/T 30279—2020）、《信息安全技术 信息安全应急响应计划规范》（GB/T 24363—2009）等标准，开展监测预警、信息共享与应急处置工作。通过不断完善应急处置体系，企业可以确保数据安全无虞，为业务的连续性和稳定性提供有力保障。

1.4.4.2 数据安全评估：精准把脉风险

数据安全评估是工业企业确保数据安全的关键步骤。在全面梳理数据资产的基础上，企业应精准识别出自身的重要数据和核心数据，进而发现隐藏在日常运营中的潜在数据安全威胁和脆弱性。这一过程不仅帮助企业清晰地了解自身的数据安全现状，还为后续的安全防护工作奠定了坚实的基础。

在评估过程中，工业企业需要对威胁发生的概率和影响程度进行深入分析，从而量化数据面临的安全风险。这样，企业就能根据风险的实际情况，制定出针对性的安全策略和措施，确保数据安全的每个环节都得到有效的防护。

同时，法律法规也对企业的数据安全评估提出了明确要求。《数据安全法》和《管理办法》规定，重要数据和核心数据的处理者必须定期开展风险评估，并向相关主管部门报送风险评估报告。报告需要详细列出处理的重要数据和核心数据的种类、数量，数据处理活动的情况，以及面临的数据安全风险及其应对措施等内容。对于中央企业而言，还需要督促指导所属企业履行属地管理要求，全面梳理汇总数据安全相关情况，并及时报送工业和信息化部。

为了确保数据安全评估的准确性和有效性，工业企业可以参考《工业领域数据安全风险评估规范》等标准要求，对本企业的数据定期开展评估。通过系统性数据安全风险评估工作，企业能够及时发现并整改潜在的安全风险，筑牢数据安全的防护网。

1.4.4.3　监督检查和举报机制完善：构建坚固的数据安全合规体系

在工业领域，数据安全合规是企业数字化转型的基石，也是保障企业持续健康发展的关键。为确保合规要求得到认真执行，工业企业必须建立起完善的监督检查和举报机制。企业内部应形成上级对下级、合规牵头管理部门对业务部门的监督检查体系，确保各级部门都严格遵守数据安全规定。这种监督检查不仅限于公开的上下级关系，还应渗透到企业的各个角落，及时发现并纠正不足和风险点。

同时，为了充分发挥全员参与的原则，企业应鼓励员工积极举报涉嫌违反数据安全的行为或提供相关线索。为此，企业必须建立明确的举报途径，确保举报信息的安全可靠，并设立核实和处理机制，对举报内容进行及时、公正的调查和处理。

通过强化监督检查与举报机制，工业企业可以构建起全方位的数据安全防护网，有效应对数据安全合规挑战。这一体系的建立不仅有助于提升企业的合规水平，还能增强员工对数据安全的认识和责任感，为企业的数字化转型和持续健康发展提供坚实保障。在未来的数字化征途中，让合规成为工业企业最坚实的后盾，护航工业数据安全，助力企业稳健前行。

总之，工业领域数据安全合规是企业数字化转型的必然要求，也是企业持续健康发展的关键保障。通过合规认知升级、法律框架梳理、组织架构优化、制度流程建设、技术工具应用以及持续监督与改进等措施的实施，工业企业可以构建起全方位的数据安全防护网，有效应对数据安全合规挑战，护航工业数据安全。在未来的数字化征途中，让合规成为工业企业最坚实的后盾。

第 2 章
工业领域数据分类分级

工业数据分类分级是工业数据管理的基础。随着新型工业化水平不断提高，工业企业在产品的研发设计、生产制造、售后服务等过程中积累了大量的工业数据。从这些工业数据的形态来看，种类繁多、结构复杂，涉及的数据主体多样，因此区分工业数据的类型和重要级别就显得尤为重要。针对不同类型和级别的工业数据，部署不同粒度、不同层次的管理措施，有利于明确差异化数据管理的要求，增强企业数据流向跟踪、风险定位、责任追溯等数据管理能力，切实提升工业企业的数据管理水平，进一步带动工业全要素、全产业链、全价值链升级。本章旨在为读者明确工业数据分类分级定义、了解美欧等国家数据分类分级工作实践、掌握我国工业数据分类分级要求、方法、技术等提供参考。

2.1 分类分级的定义及各国做法

分类分级是数据治理和安全管理中的一个重要概念，它涉及对特定对象（如数据、信息、产品、服务等）按照一定的标准和规则进行分类，并根据其重要性、敏感性或风险等级进行分级。分类的目的是将具有相同或相似属性、特征的对象归并到一起，基于多种维度，如业务类型、数据来源、使用场景等形成不同的类别或组群；分级的目的是根据对象的敏感性、重要性或风险等级，将其划分为不同的级别，以便采取不同的管理和保护措施，以确保其安全、合规和有效利用。

2.1.1 数据分类分级定义

我国数据分类分级概念的发展历程是一个逐步深化和完善的过程，早期，将政府信息划分为主动公开、依申请公开和不公开三类，就是一种朴素的数据分级方法。进入 21 世纪，随着数字化转型的加速，数据分类分级的重要性日益凸显。2016 年，国务院印发的《"十三五"国家信息化规划》中提出"推动数据资源分类分级管理"。此后，国家层面陆续发布多项政策文件，强调数据分类分级的重要性。2021 年 9 月，《数据安全法》颁布实施，标志着数据分类分级保护制度作为国家数据安全的基本制度确立下来。该法规定国家建立数据分类分级保护制度，根据数据在经济社会发展中的重要程度，以及一旦遭到篡改、破坏、泄露或者非法获取、非法利用，对国家安全、公共利益或者个人、组织合法权益造成的危害程度，对数据实行分类分级保护。为了进一步规范和指导数据分类分级工作，全国网络安全标准化技术委员会在 2024 年 3 月 15 日发布国家标准《数据安全技术 数据分类分级规则》（GB/T 43697—2024），规则中根据数据遭到篡改、破坏、泄露或者非法获取、非法利用，对国家安全、公共利益或者个人、组织合法权益造成的危害程度，将数据从低到高分为一般数据、重要数据、核心数据共三个级别。

核心数据：指对领域、群体、区域具有较高覆盖度或达到较高精度、较大规模、一定深度的数据，一旦被非法使用或共享，可能直接影响政治安全的重要数据。这包括关系国家安全重点领域的数据,关系国民经济命脉、重要民生、重大公共利益的数据,以及经国家有关部门评估确定的其他数据。

重要数据:指特定领域、特定群体、特定区域或达到一定精度和规模的数据,一旦被泄露或篡改、损毁,可能直接危害国家安全、经济运行、社会稳定、公共健康和安全的数据。仅影响组织自身或公民个体的数据一般不作为重要数据。

一般数据:指核心数据、重要数据之外的其他数据。

2.1.2　国外数据分类分级工作进展

不同国家在分类分级方面的具体做法存在差异,这主要受到各自法律法规、行业标准、文化习惯等因素的影响,以下是一些典型国家的做法。

2.1.2.1　美国数据分类分级工作实践

NIST(美国国家标准与技术研究院)制定了数据分类分级的相关标准和指南。这些标准包括数据的敏感性评估、分类原则、分级方法等。相关标准和指南如下:

NIST Special Publication 800 系列:

NIST SP 800-171:保护受控非密码信息(CUI)的安全要求。该标准针对受控非密码信息(CUI)提出了具体的安全要求,包括数据分类分级。组织需要根据 CUI 的敏感性和关键性,将其划分为不同的类别和级别,并采取相应的保护措施。

NIST SP 800-60:计算机安全事件处理指南。虽然该指南主要关注于安全事件的处理,但数据分类分级在处理安全事件时起着重要作用。通过事先定义好的数据分类和级别,组织可以更快地识别受影响的数据集,并采取相应的响应措施。

NIST SP 800-53:安全控制和评估指南。为企业提供了一套全面的安全控制措施,这些措施可以根据数据的不同分类和级别进行选择和实施。企业可以依据数据的敏感性和关键性,从 SP 800-53 中选择适当的安全控制来保护数据。

美国《受控非密信息（CUI）计划》中也指出所有 CUI 必须按照规定的格式和方式进行标识，以便识别和管理。标识通常包括 CUI 的类别、子类别、控制标记（如处理、传播、存储等限制）以及相关的责任机构或人员信息。标记可以采用物理标记（如标签、印章）或电子标记（如元数据、水印）等方式进行。标记的内容应清晰、准确，与 CUI 的实际内容相匹配，并需要根据业务需求、技术发展和安全事件等因素，及时调整和更新 CUI 的分类分级标准。以上内容不直接专注于工业数据分类分级，但是同样可以作为工业领域数据分类分级的指导和参考。

美国工业互联网联盟（IIC）在推动工业互联网发展的同时，也关注工业互联网领域的数据安全问题。IIC 制定了一系列工业互联网数据安全框架，其中包括了数据分类分级的相关实践，IIC 根据数据的敏感性和重要性，将数据划分为以下四个级别：

机密级：涉及国家安全、商业秘密等高度敏感的数据，需要采取严格的访问控制和加密措施。

秘密级：对企业运营有重要影响，但尚未达到机密级别的数据，需要实施较为严格的保护措施。

内部级：仅供企业内部员工访问的数据，需要一定的访问控制和权限管理。

公开级：可以对外公开的数据，无需特殊保护措施。

具体做法方面，IIC 指导企业对自身的工业数据资产进行全面梳理，明确数据的类型、来源、用途、存储位置等信息。基于数据资产梳理结果，协助企业制定数据分类分级策略，明确分类维度和分级标准。根据数据的敏感性和重要性，将数据划分为不同的级别。针对不同级别的数据，IIC 会推荐实施相应的安全控制措施。例如，对机密级数据采用多重身份验证、强加密存储和传输、定期审计等措施；对内部级数据实施访问控制和权限管理；对公开级数据则无需特殊保护措施。IIC 还强调加强员工对数据分类分级重要性的认识，通过培训和教育提高员工的数据安全意识，确保他们了解并遵守数据分类分级策略。IIC 建议企业建立持续的数据安全监控和评估机制，定期审查数据分类分级策略的执行情况，并根据业务发展和安全威胁的变化及时调整策略。

2.1.2.2 欧盟数据分类分级工作实践

2013年，欧盟发布《关于保护欧盟机密信息的安全规则》，将欧盟理事会处理的欧盟机密信息分为四级：最高机密、秘密、机密、欧盟限制四级。2020年发布的《研究项目信息分类指南》中，建议将与研究项目有关的机密信息分为四级：最高机密、秘密、机密、欧盟限制四级。2022年发布的《数据治理法》中又提出了高度敏感数据的概念：如果向第三国转让的数据可能危及欧盟的公共政策目标，如安全和公共卫生，或可能导致非个人匿名数据被重新识别的风险，该数据可被认定为高度敏感数据。

在欧盟的《通用数据保护条例》（GDPR）中，虽然没有直接提及"数据分类分级"这一术语，但GDPR实际上通过区分不同类型的数据，并为其制定了不同的保护要求，间接实现了数据的分类分级管理。具体来说，GDPR主要将数据分为两大类：

个人数据：这是GDPR的核心保护对象。个人数据是指与已识别或可识别的自然人（"数据主体"）相关的任何信息。GDPR为个人数据提供了全面的保护，包括数据主体的知情权、访问权、更正权、删除权（被遗忘权）、限制处理权、数据可携带权等权利。同时，GDPR还要求数据控制者和处理者采取适当的技术和组织措施来保护个人数据的安全。

非个人数据：虽然GDPR主要关注个人数据的保护，但它也间接涉及了非个人数据的处理。非个人数据是指与个人身份无关的数据，如匿名化处理后的数据或纯粹的统计信息。对于非个人数据，GDPR的限制较少，但欧盟仍通过其他法律手段（如《非个人数据在欧盟境内自由流动的框架》）来推动其自由流动和跨境传输。

2.1.2.3 韩国数据分类分级工作实践

韩国《个人信息保护法》（Personal Information Protection Act, PIPA）对数据分类分级提供了重要的指导原则和实施框架，PIPA要求对个人信息进行分类，区分敏感个人信息和非敏感个人信息，PIPA特别指出了敏感个人信息的范畴，这包括但不限于个人的意识形态、信仰、健康状况、性取向等高度敏感的信息,这些信息由于其对个人隐私的重大影响,在处理和保护上需要更加严格的措施,敏感信息被划分为更高的等级,并采取更加严格的加密、脱敏等处理措施以确保其安全性。此外,PIPA 还对数据控制者和处理者在处理个人信息时的义务和责任进行规定,间接促进了数据分类分级制度的建立。

2.2 工业数据分类分级方法及流程

本节结合《数据安全法》《工业和信息化领域数据安全管理办法(试行)》(以下简称《管理办法》)等政策文件,介绍工业数据的分类分级方法以及重要数据和核心数据备案管理基本流程。

2.2.1 工业企业开展数据分类分级的需求分析

1. 满足《数据安全法》等政策法规的基本要求

《数据安全法》指出国家建立数据分类分级管理制度,各地区、各部门应当确定本地区、本部门的重要数据具体目录。《管理办法》指出工业数据处理者应当按照相关标准规范识别重要数据和核心数据,并对数据开展全生命周期的分级防护。《工业和信息化领域数据安全行政处罚裁量指引(试行)(征求意见稿)》将"未定期梳理数据,按照相关标准规范识别重要数据和核心数据并形成本单位具体目录"作为第一条纳入到不履行数据安全保护义务的行政处罚情形中,我国工业领域数据安全监管格局日趋完善,工业企业在生产经营过程中需满足基本的合规要求。

2. 防止"一刀切"造成公司资源浪费

据调研,部分企业尚未开展数据分类分级,对于自身数据资产存在"有什么,存在哪,谁能用,怎么防"等疑问,统一采用高标准高要求开展数据安全防护,造成公司数据安全成本浪费的同时,限制一般数据的有效流动,无法充分释放数据价值,同时不同数据在收集、存储、共享等不同阶段所面临的安全风险不一,传统防火墙、堡垒机等网络安全产品难以适配数据流转的动态安全特征，需梳理盘点形成数据分类分级清单，针对不同数据的流转需求制定不同的安全防护策略，适配动态安全防御特征。

3. 解决数据孤岛问题，优化公司生产经营效率

公司内部不同事业部采用不同系统平台存储业务经营活动中产生的海量数据，各系统数据描述标准不一，"数据孤岛"现象普遍存在，影响内部资源整合及流程优化。首先影响决策效率，公司内部各部门之间的数据无法实现互通，使得决策者难以全面了解公司的运营状况，从而影响决策效率和质量。其次降低数据价值，数据分散存储于不同载体环境中，数据共享使用流程周期长，内部协调成本大，公司的数据资源无法得到充分利用，数据价值降低，无法基于数据分析得出科学的公司发展方向及潜在商业机会。最后，影响公司竞争力，公司在数据处理和分析方面的能力受到限制，从而影响数字经济时代公司的核心竞争力。

2.2.2　工业数据分类分级基本原则

工业领域数据分类分级过程中应遵循以下原则：

聚焦安全影响：从国家安全、社会稳定、工业经济运行、工业生产安全等角度识别工业领域重要数据和核心数据。只对组织自身而言重要的数据不是重要数据。

突出保护重点：明确安全保护重点和监管对象，防止泛保护，使重要数据在满足安全保护要求前提下得到开发利用和安全有序流动，非重要的一般数据依法自由流动，释放数据价值。

衔接既有规定：充分考虑《数据安全法》《个人信息保护法》《网络数据安全管理条例》《管理办法》《汽车数据安全管理若干规定（试行）》《生产安全事故和调查处理条例》等法律法规和政策要求。行业或地方已制定实施有关数据管理和安全相关政策和标准规范的，在识别重要数据和核心数据时应当与其紧密衔接。

综合考虑安全风险：根据工业领域数据是否与国家安全、行业发展相关，以及数据一旦遭到篡改、破坏、泄露或者非法获取、非法利用，造成的安全事

故所导致的直接经济损失程度等多个角度进行识别。

定量定性结合：以定性与定量相结合的方式识别重要数据和核心数据，并根据具体数据类型、特性不同采取定量或定性方法。

动态识别复查：定期复查重要数据和核心数据识别结果，且在数据范围、形态、用途、共享方式、敏感性等发生变化时，对重要数据和核心数据进行重新识别。

2.2.3 工业数据分类方法

数据分类是根据数据的属性及特征，将其按一定原则和方法进行区分和归类，并建立起一定的分类体系和排列顺序的过程。数据分类一定是以各种各样的方式并存的，不存在唯一的分类方式，分类方法的采用因管理主体、管理目的、分类属性或维度的不同而不同。因此，工业数据处理者在数据分类分级实务中可参考下述方法，结合实际情况，进行运用和调整。

1. 工业数据范围、主体

工业数据是工业领域产品和服务全生命周期产生和应用的数据，包括但不限于工业企业在研发设计、生产制造、经营管理、运维服务等环节中生成和使用的数据，以及工业互联网平台企业（简称平台企业）在设备接入、平台运行、工业 APP 应用等过程中生成和使用的数据。

工业数据处理者是指数据处理活动中自主决定处理目的、处理方式的工业企业、平台企业等工业领域各类主体。其中，数据处理活动包括但不限于数据收集、存储、使用、加工、传输、提供、公开等活动。

2. 工业数据分类

工业数据分类应结合工业数据处理者的生产制造模式、服务运营模式，分析其梳理业务流程和系统设备，考虑行业要求、业务规模、数据复杂程度等综合因素，对工业数据进行分类梳理和标识，形成企业工业数据分类清单。

工业企业工业数据分类维度包括但不限于：研发数据域（研发设计数据、开发测试数据等）、生产数据域（控制信息、工况状态、工艺参数、系统日志等)、运维数据域(物流数据、产品售后服务数据等)、管理数据域(系统设备资产信息、客户与产品信息、产品供应链数据、业务统计数据等)、外部数据域(与其他主体共享的数据等)。

平台企业工业数据分类维度包括但不限于:平台运营数据域(物联采集数据、知识库模型库数据、研发数据等)和企业管理数据域(客户数据、业务合作数据、人事财务数据等)。

2.2.4 工业数据分级方法

数据分级是按照公共数据遭到破坏(包括攻击、泄露、篡改、非法使用等)后对国家安全、社会秩序、公共利益以及个人、法人和其他组织的合法权益(受侵害客体)的危害程度对公共数据进行定级,为数据全生命周期管理的安全策略制定提供支撑。

工业数据分级是根据不同类别工业数据遭篡改、破坏、泄露或非法利用后,可能对国家安全、公共利益或者个人、组织合法权益等造成的危害程度,分为一般数据、重要数据和核心数据三级。工业数据处理者可在此基础上进行细化和完善。其中,工业领域重要数据是指工业各行业各领域,在境内收集、产生的,不涉及国家秘密,但与工业生产经营密切相关,一旦遭到篡改、破坏、泄露或者非法获取、非法利用,对国家安全、公共利益或者个人、组织合法权益等造成严重影响的数据(包括原始数据和汇聚、整合、分析等处理中以及处理后的衍生数据)。

2.2.5 工业数据分类分级流程

《数据安全法》明确加强重要数据的保护。《管理办法》承接细化《数据安全法》数据分类分级保护要求,明确工信领域数据分类参考因素及数据分级识别依据,建立重要数据和核心数据目录备案管理机制,为工信领域数据分类分级安全管理提供实操指引。在此背景下,本章给出了工业数据处理者进行数据分类分级的基本流程,即整体梳理、资产判断、数据识别、再次审核、形成目录、增加标识六个步骤。如图2-1所示。

第 2 章　工业领域数据分类分级

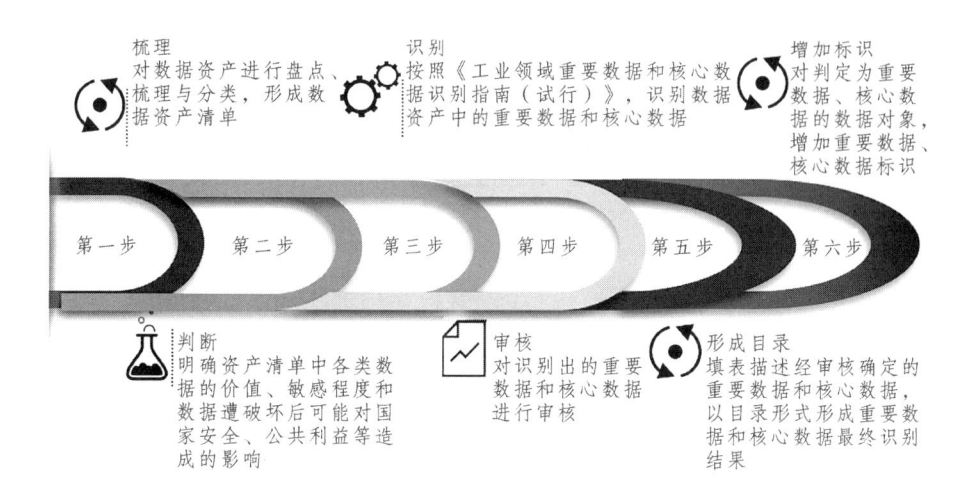

图 2-1　重要数据和核心数据识别流程

第一步，整体梳理：成立联合调研组，面向公司主要业务部门，对数据资产进行盘点、梳理与分类，形成数据资产清单，资产梳理方式分为两种：一种是按信息系统等数据载体"自下而上"进行盘点梳理，另一种是按照业务条线"自上而下"梳理盘点数据。如图 2-2 所示。

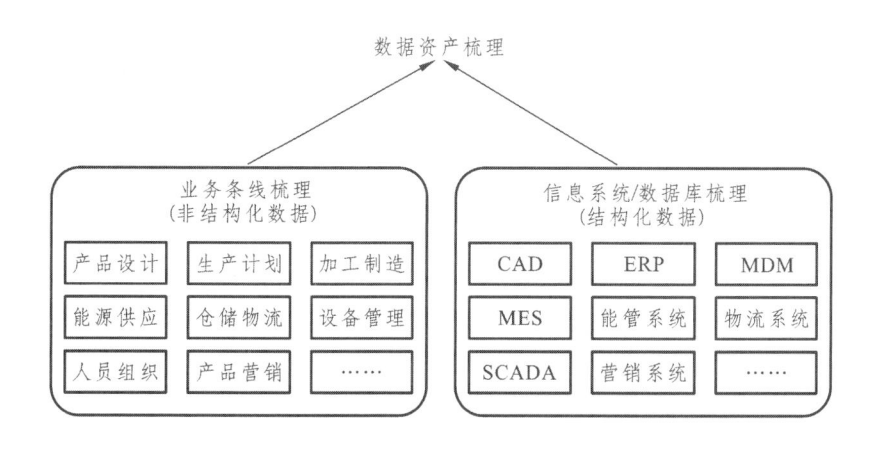

图 2-2　数据资产梳理盘点流程图

第二步，资产判断：明确资产清单中各类数据的价值、敏感程度和数据遭破坏后可能对国家安全、公共利益等造成的影响，提取适配公司业务的数据特

087

点，提炼形成数据分类分级规范、策略，构建适用于公司业务实际的数据分类分级标准。如图 2-3 所示。

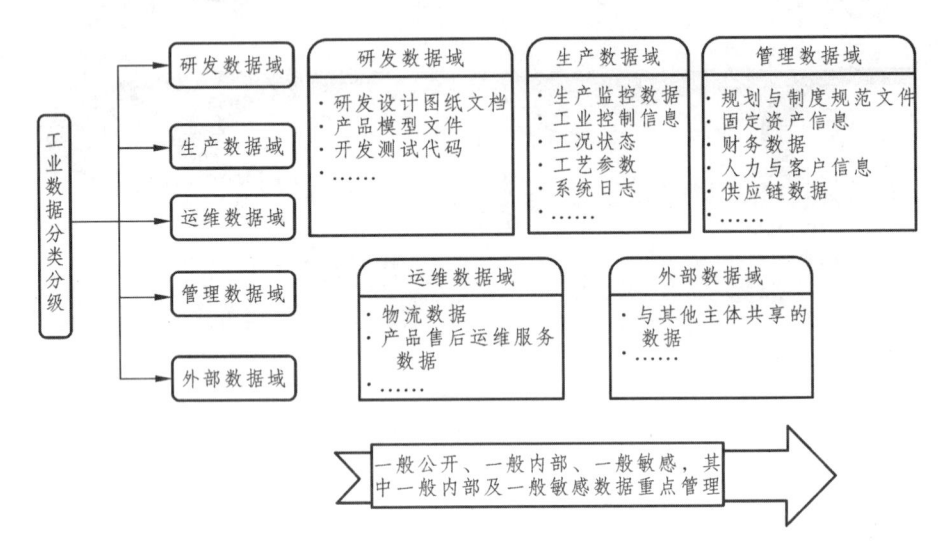

图 2-3 数据分类分级策略图

第三步，数据识别：按照《工业领域重要数据识别指南》，识别数据资产中的重要数据，将研究形成的公司数据分类分级规范、策略内置于数据分类分级工具中，进行类别级别划分，并将相应类别、级别标签化存储于相应系统中，让工具更适配于业务实际情况。

① 针对结构化数据：基于正则表达式、关键字、语义分析等技术创建数据分类分级特征库，与相应的数据库连接，读取数据字段信息，并进行分类分级标签标识。

② 针对非结构化数据：基于深度学习、大模型等技术构建本单位数据分类分级特征库，搭建非结构化数据平台，将平台中的文档、设计图纸、源代码等非结构化数据输入到大模型中，得出分类分级结果，采用水印的方式内置于文档中，实现数据级别类别划分。

③ 针对加密流量数据：基于沙箱、可信计算环境等技术，对明文数据打标后，重新加密流转。

第四步，再次审核：对识别出的重要数据和核心数据进行审核。

第五步，形成目录：填表描述经审核确定的重要数据和核心数据，以目录形式形成重要数据和核心数据最终识别结果。

第六步，增加标识：对判定为重要数据、核心数据的数据对象，增加重要数据、核心数据标识。

2.2.6 工业领域重要数据目录备案流程

工业数据处理者应将重要数据和核心数据目录的类别、名称、来源、规模、处理目的和方式、载体（存储位置）、使用范围、责任主体、对外共享、跨境传输、安全防护措施等基本情况向地方工业和信息化主管部门备案。备案内容发生重大变化的，应在3个月内对备案情况进行更新。具体步骤如图2-4所示。

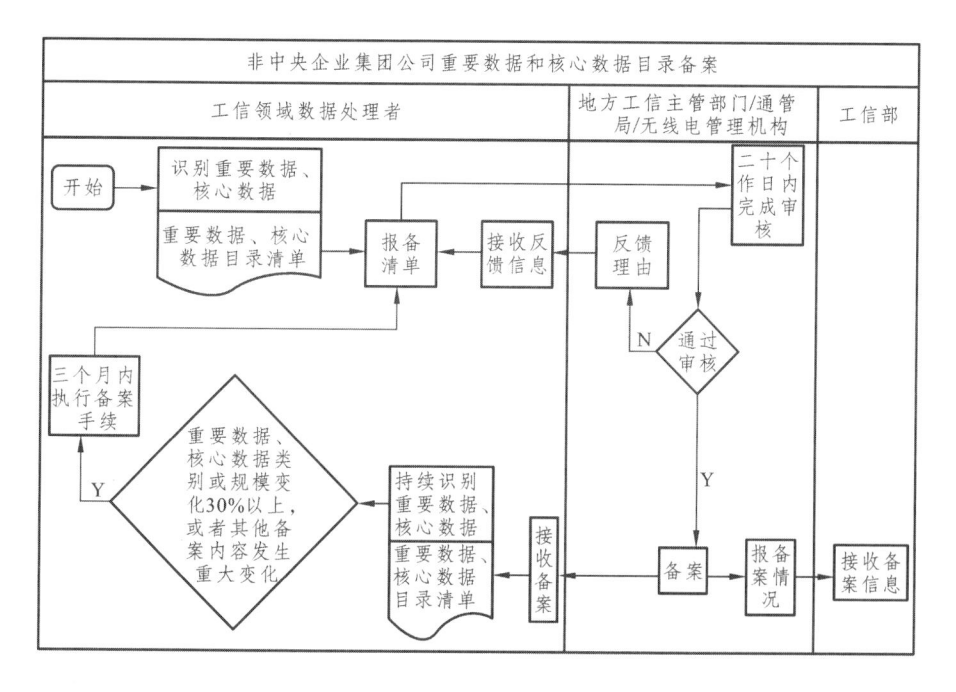

图 2-4 备案管理机制

中央企业集团公司所属企业应在完成属地备案后，同时将重要数据和核心数据目录报中央企业集团公司，中央企业集团公司全面梳理汇总企业集团本部、所属公司的重要数据和核心数据目录后及时报送工业和信息化部。

2.3 数据资产分类分级关键技术

数据是数字经济发展的关键生产要素，是国家基础性战略性资源，是发展新质生产力的重要基础。然而，数据的海量增长和复杂多样性也为数据的治理带来了前所未有的挑战。为了有效管理和保护这些数据资产，数据分类分级技术应运而生，并逐渐成为数据管理的重要组成部分。本章将重点介绍数据分类分级技术中的三大类关键技术：数据源发现类技术、数据资产识别类技术以及数据标记类技术，并阐述它们在数据管理中的重要性和应用价值。

2.3.1 数据源发现类技术

网络数据是数据的主要存在形式，其高质量治理是促进新质生产力发展的关键，关系到我国能否占领国际数字竞争制高点。但因数据源种类繁多，包括但不限于关系型数据库、非关系型数据库（NoSQL）、文件系统（如 HDFS、NFS）、云存储服务（AWS S3、Azure Blob Storage）、API 接口、Web 服务等，且这些数据源可能分布在本地服务器、私有云、公有云乃至边缘计算节点上，形成复杂的数据生态。有效管理和利用这些数据，首先需解决数据源发现的问题，传统的手工登记方式已无法满足现代企业的需求，它耗时长、易出错，且难以适应动态变化的数据环境。因此，自动化、智能化的数据源发现技术应运而生，旨在利用主动探测技术和被动发现技术等技术手段，发现分布在不同系统、不同位置、不同网络的数据源，并对数据源进行分类整理，实现对数据库、文件、API 等不同数据源的集中发现和管理，提高后续数据利用的效率和准确性。如图 2-5 所示。

第 2 章 工业领域数据分类分级

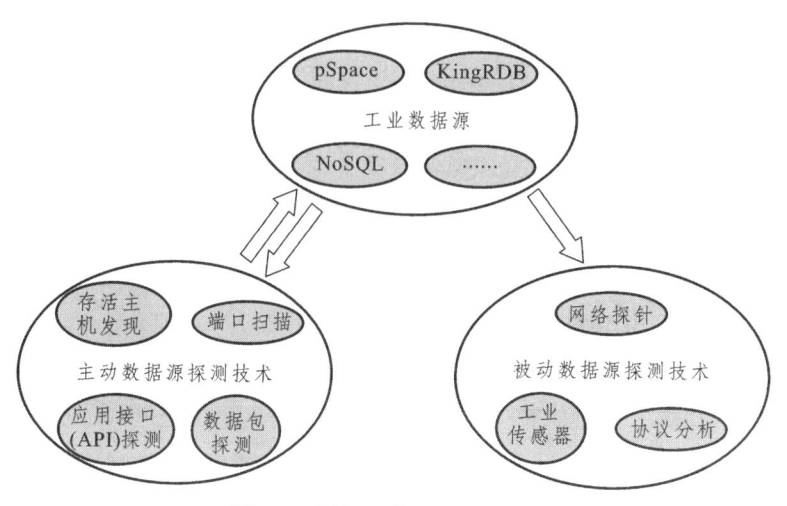

图 2-5 数据源发现类技术原理

2.3.1.1 主动数据源探测技术

通过 IP 地址段对数据库、文件共享服务、应用服务等特定端口号进行扫描，结合数据库指纹识别、API 接口列表遍历等技术手段，发现网络中已知的数据源资产，形成企业数据源列表。

存活主机发现：常用的技术包括 ICMP Ping、ARP Ping、TCP SYN Ping、TCP ACK Ping、UDP Ping 等。例如，ICMP Ping 通过发送 ICMP Echo Request 报文并等待 ICMP Echo Reply 报文来确认主机存活。

端口扫描：探测存活主机上开放的端口，常用的扫描方式有 TCP SYN 扫描、TCP Connect 扫描等。TCP SYN 扫描通过发送 TCP SYN 报文并观察响应（SYN/ACK、RST 或无声）来确定端口状态。

服务识别：基于端口扫描的结果，进一步识别端口上运行的服务。这通常通过发送特定的服务请求报文并解析响应来实现，或者使用服务指纹库进行匹配。

应用接口（API）探测：模拟用户请求访问应用程序的网页或 API 接口，收集返回的数据和信息，通过分析应用程序的数据同步机制或消息队列，主动发送同步请求或消息，并捕获响应数据来识别数据源。

构造数据包探测：根据目标设备的协议规范或已知漏洞，构造包含特定字段或序列的数据包，将构造的数据包发送到目标设备，并监听或捕获目标设备的响应，对响应数据包进行解码和分析，提取设备属性信息或验证设备状态。

2.3.1.2 被动数据源发现技术

通过传感器、探针、抓包工具等技术手段实时捕捉和记录网络中传输的数据包或流量信息，对通用协议以及私有协议深度解析，结合数据源追溯等技术手段发现企业未知数据资产，形成数据源列表。

协议分析： 使用网络抓包工具（如 Wireshark）捕获目标网络或设备的流量数据，利用解码器对捕获的二进制网络流量数据和数据包进行还原，解析网络协议（如 TCP/IP、HTTP、FTP 等），结合上下文特征，分析数据包中的内容，提取数据源信息或传输的数据内容，对解析结果进行深入分析，结合数据源追溯技术，发现企业未知的数据资产，并将其添加到数据源列表中。

网络探针： 在网络的关键位置部署被动网络探针，根据监控需求，配置探针的监控规则，包括协议类型、IP地址范围、端口号等，通过探针的监听功能，实时捕获和分析网络中的数据流，探针通常提供实时数据流监控界面，用户可以直观地查看网络流量的状态和趋势，通过分析捕捉到的数据包内容，结合数据源追溯技术，发现企业未知的数据资产。

传感器与监测平台： 传感器和监测平台结合使用，可以在工业网络中部署多个传感器节点，实时收集网络流量数据，并通过监测平台进行集中分析和处理。在网络中的关键节点部署传感器节点，确保能够全面覆盖目标网络区域，将传感器节点与监测平台进行集成，确保传感器收集的数据能够实时传输到监测平台进行处理和分析，在监测平台上配置监控策略，包括数据收集频率、分析算法、告警阈值等参数，利用监测平台提供的数据分析功能，对收集到的网络流量数据进行深度解析和挖掘，通过结合数据源追溯技术，发现企业未知的数据资产，并生成详细的数据源列表。

2.3.1.3 数据源指纹识别技术

数据源指纹识别技术是一种用于发现、识别和验证分布在不同系统、不同位置、不同网络的数据源的技术。该技术通过生成数据源的唯一标识符（即"指纹"),实现对数据源的快速定位和验证,为数据资产管理提供有力支持。

通过扫描和探测技术发现分布在不同系统、不同位置、不同网络的数据源,并从发现的数据源中提取关键信息,如数据内容、元数据等。对采集到的数据进行预处理,去除噪声、冗余和无关信息,基于哈希函数和元数据提取的原理,哈希函数能够将任意长度的数据映射为固定长度的哈希值,而元数据则包含数据源的关键信息,如名称、位置、类型等。通过结合哈希值和元数据,生成数据源的唯一指纹,再通过指纹比对技术对数据源进行唯一性识别和验证。

1. 工业数据库指纹识别

在工业环境中,数据库作为数据存储和管理的核心组件,通常存储着关键的生产数据、设备参数、工艺流程等重要信息,且种类繁多,包括关系型数据库、非关系型数据库和时序数据库等。每种数据库都有其独特的结构和特性,针对不同数据库应采用不同的指纹识别方法。

(1)关系型数据库。

关系型数据库基于关系模型构建的数据库系统,以表格形式组织数据,使用 SQL 语言进行操作的数据库,适用于需要严格事务控制的数据存储场景,如 MySQL、PostgreSQL 和 Oracle,具有严格的表结构和数据关系。在对这类数据库进行指纹识别时,需要深入分析其数据结构、表间关系、索引机制以及 SQL 查询语言的使用情况。首先,通过算法提取数据库元数据,包括表名、列名、数据类型、主键、外键约束等,这些信息构成了关系型数据库的基本骨架;其次,分析 SQL 查询日志可以揭示出常见的查询模式、访问频率以及数据访问路径,这些模式对于识别特定的关系型数据库实例非常关键。例如,某些数据库更倾向于使用 JOIN 操作来关联多个表,而另一些则更依赖于子查询;同时,还需要分析数据库的性能优化策略,如查询缓存、索引使用情况等,这些策略也是关系型数据库指纹的重要组成部分。通过综合这些信息,可以构建出具有高度辨识度的关系型数据库指纹,进而实现对数据源的精确识别。

(2)非关系型数据库。

非关系型数据库是采用键值对、文档、列族或图形等多种数据模型来存储数据的数据库,如 MongoDB、Cassandra 和 Redis,打破了关系型数据库的传统范式，提供了更加灵活的数据模型和存储方式；非关系型数据库（NoSQL）的指纹识别需提取其特有的数据模型和查询语言，对于文档型数据库（如MongoDB），可以通过发送特定的查询请求（如使用 MongoDB 的查询语法）并解析响应，来识别其特征。这些特征包括响应中数据的 JSON 格式、对特定 MongoDB 操作（如聚合框架、地理空间查询）的支持等；对于键值存储数据库（如 Redis），则通过分析其键值对的存储和检索机制、对特定数据类型的支持（如列表、集合、有序集合等）来构建指纹。图数据库（如 Neo4j）的指纹识别则侧重于其对图结构数据的处理能力，如 Cypher 查询语言的支持、图遍历算法的实现等；通过综合这些信息，可以构建出非关系型数据库的指纹，实现对数据源的准确识别。

（3）时序数据库的指纹识别。

时序数据库是专为时间序列数据设计的数据库系统，能够高效存储、管理和分析随时间变化的数据，具备高性能写入、时间索引和压缩等特性的数据库，如 InfluxDB、TimescaleDB 和 Prometheus 等。这类数据库的指纹识别特征包括元数据、数据压缩算法、时序查询模式以及备份策略等。首先，需从时间序列数据中提取元数据，这涵盖了测量名称、标签集、字段类型等基础信息，以此构建起时序数据库的基本数据模型框架。在此基础上，存储引擎与压缩算法作为时序数据库性能优化的关键技术，同样是指纹识别过程中的关键特征。例如，InfluxDB 采用的 TSM（Time Series Merge）引擎通过高效的时间序列数据组织和压缩技术，实现了快速的数据写入和查询。而 TimescaleDB 则通过其独特的超表设计，将时间序列数据分散到多个表中，以提高查询效率。这些存储和压缩机制在数据库的运行日志、配置文件或元数据中往往留有痕迹，通过算法提取出这些特征，作为辨识时序数据库身份的重要指纹信息。时序查询模式是识别时序数据库的另一个关键。时序数据库通常支持丰富的查询功能，如范围查询、聚合查询、降采样查询等，通过分析数据库的查询日志或监控数据，可以捕捉到这些查询模式的特征，如查询的频率、类型、参数等，进而构建出时序数据库的查询指纹。此外，数据库的复制和备份策略，以及对于时间序列数据特有的处理功能，也是指纹识别的重要方面。时序数据库往往需要提供高可用性和数据持久性保证，因此会采用各种复制和备份技术。同时，针对时间序列数据的特性，数据库还提供数据插补、异常检测等高级功能。这些策略和功能在数据库的配置、日志中有所体现，通过分析这些信息，可以进一步完善时序数据库的指纹；通过综合以上四类信息，可以构建出唯一时序数据库指纹，通过比对实现对工业时序数据库的准确识别。

2. 工控系统指纹识别

在工控系统领域，SCADA、PLC、DCS等系统各自承载着不同的功能，分别涉及到对工业过程的数据采集、监控、控制和管理等过程。为了实现对工控系统的指纹识别，进而实现对数据源的发现，可以采取多种技术手段，这些手段通常结合了网络协议分析、数据包捕获、特征提取、机器学习等方法。通过这些技术手段的综合应用，实现对工控系统数据库的识别和数据源的有效发现，为工控系统的安全监控和管理提供有力支持。

（1）SCADA系统。

SCADA（Supervisory Control And Data Acquisition）系统作为工业过程监控的核心，其指纹识别通常依赖于网络探测搜索和协议分析。首先，通过工具如Shodan等网络空间搜索引擎，对公开网络上的SCADA服务进行扫描，分析客户端与服务端交互过程中的信息，通过分析响应特征初步判定系统类型、版本等基础信息；其次借助抓包工具捕获Modbus、DNP3等工业通信协议，这些协议在SCADA系统中广泛使用，通过捕获和分析这些协议的数据包，可以提取出设备型号、序列号、固件版本等关键信息，实现SCADA系统的指纹识别。

（2）PLC系统。

PLC（Programmable Logic Controller）作为工业自动化的核心控制器，其工控系统指纹识别需要对PLC连接信息采集工具和协议分析。通过PLC连接信息采集工具，如Siemens官方提供的调试工具或第三方开发的软件，直接与PLC建立连接，获取PLC的硬件型号、序列号、固件版本等关键信息；通过网络协议分析工具，捕获PLC通信过程中的数据包，分析S7、Modbus等PLC通信协议，提取出PLC的CPU型号、序列号、I/O模块配置、程序块结构等指纹信息，并根据以上信息对PLC系统进行识别。

（3）DCS 系统。

DCS（Distributed Control System）系统作为分布式控制系统，其数据库指纹识别需要进行网络拓扑分析和协议分析。首先，通过构建 DCS 系统的网络拓扑图，了解系统中各个组件的连接关系和数据流向。然后，利用网络协议分析工具捕获 DCS 系统通信过程中的数据包，分析 DCS 系统常用的通信协议，如 OPC、Ethernet/IP 等，提取出 DCS 控制器的型号、序列号、固件版本等关键指纹信息进行识别。

3. 其他数据源指纹识别

对云、Web、大数据组件等数据载体的指纹识别与数据源发现，需要综合运用监控、扫描、日志分析、数据挖掘和机器学习等多种技术手段。通过深入分析每种载体的独特特征和关联关系，能够识别出数据载体的身份，并进一步追溯到具体的数据源。

（1）云数据源指纹识别。

云环境中的数据源发现依赖于对云服务、实例、配置及元数据的深入分析。云服务提供商通常会在其服务中嵌入独特的标识符和元数据，这些构成了云载体的"指纹"。通过捕获云服务的 API 调用、网络流量和元数据。这些监控数据经过解析，能够揭示出云服务的类型（如计算、存储、数据库等）、版本、实例 ID、配置参数以及与其他云服务的关联关系等关键指纹信息，结合机器学习算法，可以对这些指纹信息进行模式识别，从而准确识别出云载体的身份，并进一步追溯到具体的数据源，如特定的云数据库、存储桶或计算实例。

（2）Web 数据源指纹识别。

Web 环境中的数据源发现侧重于 Web 服务器、应用框架、内容管理系统（CMS）及第三方库的识别。Web 服务器的响应头、错误页面、特定文件（如 favicon.ico）以及页面中的 JavaScript 代码都是识别 Web 载体指纹的关键线索。通过构建 Web 指纹库，可以收集各种 Web 服务器、框架和库的已知特征，并与目标网站的响应数据进行比对。此外，利用自动化扫描工具对网站进行爬取，可以收集到更多的页面结构、链接关系和代码特征，这些特征经过分析后，能够精确识别出 Web 载体的类型、版本及使用的技术栈，进而定位到具体的数据源,如数据库连接信息、API 端点或第三方服务集成。

(3)大数据组件指纹识别。

大数据组件的数据源发现则更加注重对组件配置、日志、元数据及数据流动的分析。大数据平台(如 Hadoop、Spark)和数据库(如 MySQL、MongoDB)等组件在运行时会生成大量的日志和元数据,这些记录中包含了组件的类型、版本、配置参数以及数据处理的详细信息。通过部署日志收集和分析系统,可以实时捕获这些日志数据,并运用数据挖掘和机器学习技术来提取特征,构建组件的指纹模型,通过对比指纹信息能够准确识别出大数据组件的身份,并深入了解到数据源的细节。

2.3.2 数据资产识别类技术

数据资产识别技术是数据分级分级的核心技术,该技术旨在深入数据资源的内核,精准识别有效数据资产,并对数据资产进行分类分级,为后续的数据资产利用和保护阶段提供基础。数据资产识别类技术主要涵盖结构化数据资产识别和非结构化数据资产识别两类技术。如图 2-6 所示。

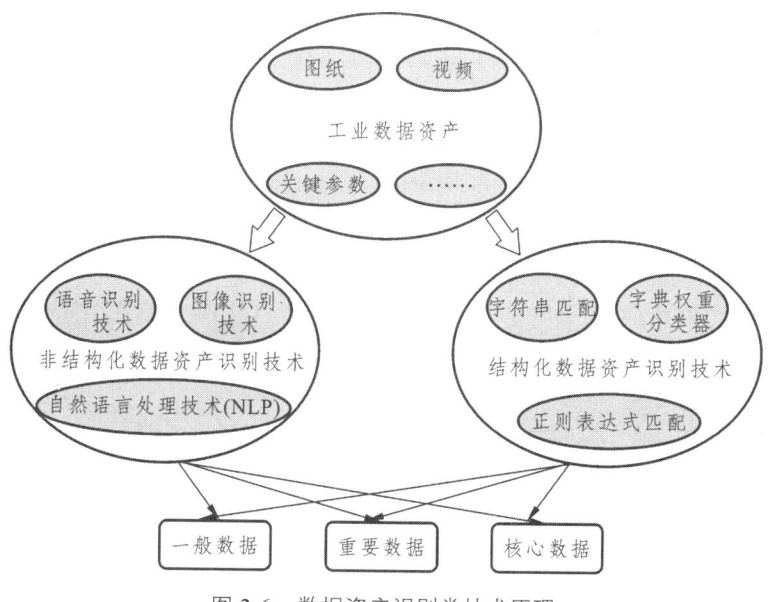

图 2-6 数据资产识别类技术原理

2.3.2.1 结构化数据资产识别技术

主要针对具有明确格式和结构的数据，如数据库中的表格数据、电子表格等。这类数据由于其规则的存储形式，使得识别与分类相对容易，通过字符串匹配算法、正则表达式匹配算法、字典权重分类器匹配算法对预设数据库的库名、表名等，系统能够自动扫描数据库，提取出关键字段，如时间戳、唯一标识符等，进而实现数据的快速分类与分级，结构化数据的识别技术，有助于提升数据查询的效率，还能为数据分析与挖掘提供高质量的输入，是数据分类分级中的重要一环。

字符串匹配算法：字符串匹配算法是在一个较长的文本串（如数据库中的某个字段或记录）中查找一个较短的模式串（如预设的关键字或标识符）的过程。通过比较文本串与模式串的字符序列，算法能够确定模式串在文本串中的位置，从而实现对特定数据的识别。首先，根据识别需求确定需要匹配的模式串，这些模式串可以是特定的关键字、标识符或数据格式。利用编程语言（如 C、C++、Java 等）实现字符串匹配算法，如暴力匹配法、KMP 算法、Boyer-Moore 算法等。这些算法各有优缺点，选择时需考虑数据特性和性能要求。将模式串与数据库中的文本串进行匹配，记录匹配成功的位置或结果。根据匹配结果提取关键字段或记录，进行后续的分类与分级处理。

正则表达式匹配算法：正则表达式是一种强大的文本处理工具，用于描述字符串的搜索模式。通过定义复杂的搜索条件，正则表达式能够匹配符合特定模式的字符串，从而实现对结构化数据中复杂规则的识别。首先，根据识别需求，编写能够描述目标数据特征的正则表达式，正则表达式可以包含普通字符、特殊字符以及量词等，用于定义复杂的搜索模式，利用编程语言中的正则表达式库（如 Python 的 re 模块、Java 的 java.util.regex 包等）执行匹配操作，将正则表达式应用于数据库中的文本串，查找符合模式的字符串，并根据匹配结果提取关键字段或记录，进行后续的分类与分级处理。正则表达式匹配算法具有较高的灵活性和准确性，适用于处理复杂的结构化数据识别任务。

字典权重分类器匹配算法：字典权重分类器是一种基于字典和权重进行匹配的算法。首先，根据识别需求，构建一个包含关键字及其权重的字典。关键字可以是数据中的特定词汇或短语，权重则用于表示关键字的重要性或匹配优先级，对数据库中的文本串进行预处理，如分词、去除停用词等，以便与字典中的关键字进行匹配，将预处理后的文本串与字典中的关键字进行匹配，根据匹配结果计算得分。得分可以基于关键字的权重、匹配次数等因素进行计算，根据得分结果对文本串进行分类与分级处理，得分较高的文本串被归为更重要的类别或更高的级别。

2.3.2.2 非结构化数据资产识别技术

非结构化数据资产识别则面临着更大的挑战，非结构化数据包括文本文件、图像、音频、视频等，其格式多样、内容复杂，难以直接通过传统的数据库查询方式进行处理。非结构化数据资产识别技术需要借助自然语言处理（NLP）、图像识别、语音识别等技术，对数据进行深度解析，提取出关键信息，如主题、敏感程度、数据价值等，从而实现数据的准确分类与分级。非结构化数据的识别对于挖掘用户行为、理解市场趋势、优化产品设计等方面具有不可替代的作用。

自然语言处理技术（NLP）：自然语言处理技术（NLP）是人工智能领域的一个重要分支，专注于研究人类语言与计算机之间的交互，NLP技术通过对语言的深入理解，使计算机能够处理、分析和生成人类自然语言文本。在处理非结构化文本数据时，NLP技术能够提取出关键信息，并根据关键信息对数据进行分类分级，首先对非结构化文本信息进行预处理，包括分词、去停用词、词性标注等步骤，为后续的文本分析做准备，再对数据实体识别和关系抽取，识别文本中的实体（如人名、地名、组织名等）并抽取实体之间的关系，最后对抽取出的内容进行判断，并完成分类分级。

图像识别技术：图像识别技术利用计算机视觉算法对图像进行分析和处理，提取出图像中的关键信息，如对象、场景、特征等。在处理非结构化图像数据时，图像识别技术能够识别出图像中的具体内容，为图像分类、检索等提供支持。首先对图像进行预处理操作，包括图像增强、去噪、尺寸调整等步骤，提高图像识别的准确性，再使用计算机视觉算法提取图像中的特征信息，如边缘、纹理、颜色等。最后根据提取的特征信息对图像进行分类和识别，判断图像中的对象或场景，并以场景或内容根据对数据进行分类分级。

语音识别技术：语音识别技术将人类语音转换为文本或指令，使计算机能够理解并执行人类的语言命令。在处理非结构化音频数据时，语音识别技术能够提取出音频中的语音信息，为音频分类、检索、分析等提供支持。首先对语音信号预处理，包括去噪、端点检测等步骤，提高语音识别的准确性。并从语音信号中提取出能够表征语音特性的特征参数，如梅尔频率倒谱系数（MFCC）等。最后将提取的特征参数与预设的语音模板进行匹配，识别出语音中的具体内容和指令，根据语音的具体内容和指令判断数据敏感程度，完成数据分类分级。

2.3.2.3 数据资产特征提取技术

数据资产特征提取技术，作为数据资产管理的关键重要环节，是一种高度专业且深入研究的技术体系，从多样化的数据源中，包括但不限于工业时序数据、复杂的非结构化数据（如文本、图像、音频等）以及传统的结构化数据（如数据库表格、电子表格等）挖掘并提炼出最具代表性的特征信息；数据资产特征提取技术首先会对原始数据进行全面的预处理，包括数据清洗以去除噪声和异常值，数据标准化或归一化以确保数据的一致性和可比性，以及必要的数据分割为训练集、验证集和测试集，根据数据的特性和业务需求，选择或设计合适的特征提取方法，通过算法和模型的智能处理，将原始数据的高维空间映射到一个低维的特征空间中，同时保留原始数据的关键信息，去除冗余和噪声，最终生成一组高质量、低维度的特征集。

1. 工业时序数据特征提取技术

工业时序数据特征提取技术，旨在从海量的工业时序数据中挖掘出关键信息，通过提取具有代表性和区分度的特征，来辨析数据的类别和级别，进而为数据治理提供依据。

在进行工业时序数据的特征提取时，整个流程涵盖数据预处理、时域特征提取、频域特征提取、时频特征提取以及高级特征构建等多个环节。首先，数据预处理包括对原始数据进行清洗、去噪、归一化等操作，确保数据的准确性和一致性,在此过程中,会运用到滑动窗口、数据平滑等技术,以消除数据中的异常值和噪声;时域特征提取是直接从时间序列数据本身出发,提取出如均值、方差、标准差、极值、自相关系数等统计特征。这些特征能够直观地反映数据在时间维度上的分布和变化趋势,对于初步了解数据的性质具有重要意义;频域特征提取则通过傅里叶变换等数学工具,将时域信号转换为频域信号,从而揭示出数据中的频率成分和周期性特征。频谱密度、主频、频谱能量等频域特征;在高级特征构建阶段,会结合机器学习算法和领域知识,构建出更为复杂和抽象的特征。例如,利用自回归模型、神经网络等模型对时序数据进行建模,并从中提取出模型参数和隐层表示作为工业时序数据特征。

2. 非结构化数据特征提取技术

非结构化数据特征提取是一个复杂而多维的任务,旨在从诸如文本、图像、视频、音频以及各类专业文档(如设计图纸、代码、经营管理文档、监控视频和工业控制指令)等不规则、非表格化的数据中,抽取能够表征其类别、内容或上下文的关键信息,并识别区分数据类型、来源或特定属性的特征。

(1)研发设计图纸特征提取技术。

研发设计图纸作为技术文档的重要形式,包含复杂的图形、标注和说明文字。提取其特征的技术方案需要多种方法协同工作;首先,使用高精度 OCR 技术(如 Google Vision、Tesseract 等)识别图纸上的文本信息,包括尺寸标注、注释等,对于图形部分,通过边缘检测算法(如 Canny 算法)分割图纸中的关键区域,并结合模板匹配技术识别常见的符号和形状,例如电气图中的电阻、电容符号,进一步使用深度学习模型(如 Faster R-CNN)进行目标检测和语义分割,自动提取图纸中的特定区域(如零件视图、截面图),再采用图纸格式解析工具(如 DWG 解析库)直接从数字化的 CAD 图纸中提取矢量数据,将这些特征通过基于规则的系统进行归类和数据结构化形成研发设计图纸类数据特征。

(2)开发测试代码特征提取技术。

开发测试代码的特征提取是一个涉及静态分析和动态监测的综合过程。静态分析技术通过解析代码的语法和语义,构建出代码的抽象语法树(AST),进而提取出函数定义、变量声明、控制流结构等静态特征；动态分析技术则通过监测代码的执行过程，收集执行时间、内存使用、函数调用关系等动态特征，通过综合提取以上静态和动态特征可以实现对开发测试类代码类非结构化数据的识别。

（3）经营管理文档特征提取技术。

经营管理文档通常包含大量的文本信息，该类数据的特征提取需要有效地处理和分析这些文本数据；首先，通过 OCR 技术将文档的扫描图像转化为文本，同时应用表格解析技术（如基于 YOLO 或 TableNet 的表格识别模型）提取表格内容，解析其行列结构，再通过 NLP 技术对文本内容进行分析，提取出关键词、主题和实体等特征，最后通过信息抽取算法整合这些多源特征，生成经营管理文档类数据特征。

（4）工厂监控视频特征提取技术。

工厂监控视频特征提取的核心是结合目标检测、动作识别和异常检测技术实现对生产环境的动态监控。首先，使用深度学习目标检测算法（如 YOLO、Faster R-CNN）检测视频帧中的设备、工人和产品，随后，结合跟踪算法（如 Deep SORT）分析目标在时间维度上的轨迹，提取活动模式和动态行为，此外，利用动作识别模型（如 3D-CNN、Transformer-based 模型）提取工人的动作类型，如装配、维修等特征，综合以上关键特征可以实现对工业监控类数据特征提取。

（5）工业控制指令特征提取技术。

工业控制指令的特征提取涉及通信协议解析、时间序列分析和模式识别技术的综合过程。首先，通过协议解析工具解码控制网络的协议数据（如 Modbus、OPC UA），提取出指令类型、参数值、执行条件、执行时间、资源消耗、控制精度等基本信息，通过时序数据分析技术（如 ARIMA、LSTM 模型）分析指令序列的变化趋势特征，通过机器学习模型（如随机森林、XGBoost）结合训练历史数据提取控制逻辑和关键决策点特征，生成工控指令综合特征。

3. 结构化数据特征提取技术

在工业领域，结构化数据特征提取技术是一种专门针对遵循严格格式和规则的结构化数据集进行深度分析的方法,旨在从海量的工业数据中提取出能够反应出数据级别(如关键数据、非关键数据)和数据类别(如生产数据、质量数据等)关键特征的技术,进而实现对数据源的有效发现与利用。

结构化数据通常存储在标准数据库、表、字段中,这些数据涵盖了生产、质量、设备、供应链等多个方面。为了实现特征提取,首先需要深入理解这些数据的结构、属性及其业务含义。这包括识别数据表中的主键、外键、字段类型以及数据间的关联关系等,通过监控数据库查询日志和分析数据访问模式,识别高频率访问和关键业务指标数据,评估其重要性;其次结合相关分类分级标准,将标准规范转化为特征提取规则,以识别特定领域内的关键数据;最后通过特征选择方法,从众多特征中筛选出可以辨析数据类别级别的特征。

2.3.3 数据标记类技术

数据标记技术是数据分类分级的一项重要技术手段,是指根据数据资产识别的结果,利用人工或自动化手段,为数据赋予特定的标签或元数据,从而实现对数据的精确分类、分级管理,以及在整个数据生命周期中的有效监控与保护(图2-7)。数据标记技术的应用,不仅提高了数据的安全性、流通性和可管理性,还为数据治理、数据安全、隐私保护以及数据分析等多个领域带来了深远的影响。

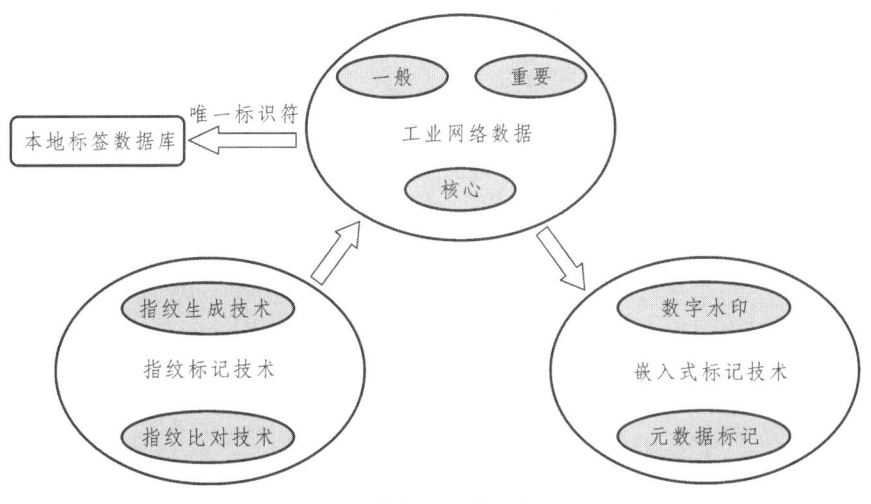

图 2-7 数据标记类技术原理

2.3.3.1 嵌入式标记技术

嵌入式标记技术，是指在不破坏或显著改变原始数据内容的前提下，通过修改原始文件的元信息，运用数字水印等技术将数据分类分级信息嵌入到数据库行列中或非结构化数据特定位置，来实现对数据的标记、分类、溯源或安全控制，它们与原始数据紧密结合，但不影响数据的正常使用或感知。

1. 嵌入位置

数据内容：对于图像、音频、视频等非结构化数据，标记可以嵌入到数据的像素、频率分量或帧中，以实现隐蔽的标记。

元数据：对于文档、数据库记录等结构化或半结构化数据，标记可以作为元数据附加在数据的头部、尾部或特定字段中。

2. 嵌入方法

数字水印：根据数据类型选择合适的水印嵌入算法。对于图像数据，水印可以嵌入到像素的亮度或色度分量中；对于音频或视频数据，水印可以嵌入到音频信号的频率分量或视频帧的特定位置。然后，将需要嵌入的标记信息（如版权信息、时间戳、序列号等）转换为水印信号，并通过算法将其嵌入到原始数据中。在需要验证数据完整性或来源时，可以使用相应的水印提取算法从数据中提取出水印信息，并与原始标记信息进行比对。如果提取出的水印与原始标记一致，则说明数据未被篡改，来源可靠。

元数据标记：对于结构化数据（如数据库中的数据），可以在数据表的列中添加额外的字段来存储元数据标签。对于非结构化数据（如文档、图像等），可以在文件的头部、尾部或特定位置嵌入元数据块，其中包含标签信息，且通过开发专门的元数据管理系统或利用现有的文件管理系统，可以对数据的元数据标签进行集中管理和查询，这些标签信息可以作为数据访问控制、加密保护、脱敏处理等安全策略的依据，提高数据的安全性和可管理性。

2.3.3.2 指纹标记技术

利用指纹标记技术，通过对数据内容生成唯一标识符（通常是哈希值）并将其存储在本地标签数据库缓存中实现。当文件创建、修改、访问时，系统会计算其内容的指纹与标签数据库中的指纹进行比对，以确定文件的标签，该方法不需要修改文件本身，因此不会影响文件的完整性。

哈希指纹生成技术：哈希指纹生成技术是通过哈希函数将任意长度的数据内容转换成固定长度的哈希值，作为数据的唯一标识符。哈希函数的选择至关重要，它应具有高度的单向性和抗碰撞性，以确保生成的哈希值的唯一性和安全性。首先，根据安全需求和性能考虑，选择合适的哈希函数，如 SHA-256、SHA-3 等，当文件被创建、修改或需要验证时，使用选定的哈希函数对文件内容进行计算，生成对应的哈希值作为文件的哈希指纹，并将生成的哈希指纹与文件的元数据（如文件名、路径、修改时间等）一起存储在本地标签数据库或缓存中，以便后续比对和验证。

指纹比对技术：指纹比对技术是在文件被访问或需要验证其完整性时，通过计算文件的实时哈希值与数据库中存储的哈希指纹进行比对的过程。该技术用于确认文件的身份和状态，防止数据被篡改或替换。当需要验证文件时，系统再次使用相同的哈希函数对文件内容进行计算，生成实时的哈希值。将实时计算的哈希值与数据库中存储的对应文件的哈希指纹进行比对，如果两者一致，则表明文件自上次验证以来未被篡改，保持完整，如果不一致，则表明文件可能已被篡改，需要采取相应的安全措施。

基于指纹的访问控制技术：基于指纹的访问控制技术是将文件的哈希指纹与访问权限相关联，通过比对文件的哈希指纹和用户的访问权限来控制对文件的访问。该技术实现了细粒度的访问控制策略，提高了数据的安全性。首先，为不同的用户或用户组设置不同的访问权限，并将这些权限与特定文件的哈希指纹相关联存储在数据库中，当用户尝试访问文件时，系统首先计算文件的哈希值并与数据库中存储的哈希指纹进行比对，确认文件的身份；然后检查用户的访问权限是否与该文件相关联，根据比对结果和用户的访问权限，系统决定是否允许用户访问该文件。如果用户的权限不足以访问该文件，则拒绝访问请求。

第 3 章 工业领域数据安全防护

工业数据安全防护是保障数据全生命周期安全，促进数据可信共享和开发利用，提升工业重点领域产业链供应链韧性的重要手段。本章介绍了工业企业数据安全防护总体思路，在此基础上，细化提出工业数据安全管理体系建设方案、技术体系建设方案、运营体系建设方案，最后提出了典型场景的数据安全风险排查和防范方法。

3.1 工业数据安全防护总体思路

做好工业领域数据安全防护工作，需结合工业数据流转网络架构，站在工业数据处理全局业务视角下，从管理、技术、运营等多维度设计工业数据安全防护总体框架，本章给出了通用工业数据防护体系框架，数据处理者及安全服务商可在此基础上进行组织数据安全体系建设工作。

3.1.1 典型工业数据流转网络架构

通常的工业数据流转网络架构如图 3-1 所示，总体架构可分为五层，由下至上分别是数据源、数据接入层、数据汇聚层、数据应用层和互联网层。

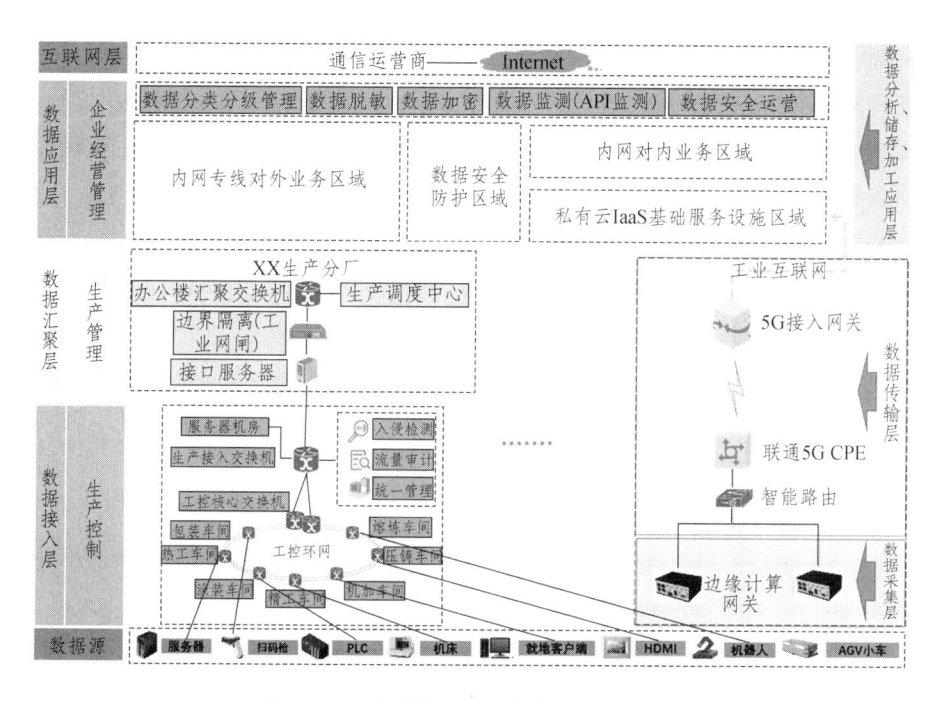

图 3-1 工业数据安全防护框架适用场景

（1）数据源：主要包括制造现场的各类控制设备，诸如本地的服务器、扫码设备、控制设备（PLC）、机床、本地客户端 PC 主机、HDMI 设备、机器人及 AGV 小车，他们构成了工业现场生产的最小单元。

（2）数据接入层：等同于工业现场生产控制区域，它包括了工业控制环网（各个工艺车间通过汇聚交换机将现场工艺生产过程数据采集和集中），再经过工业安全防护设备过滤后经工业核心接入交换机接入生产服务器区域。

（3）数据汇聚层：生产控制侧服务器数据通过特殊的数据采集软件，将数据采集至接口服务器，经工业隔离网关上传至核心数据区域对应服务器做进一步的分析和应用。部分数据则通过 SCADA 软件上传至生产调度监控中心，实现对生产过程的监管。

（4）数据应用层：工业生产数据、管理数据等在此进行汇聚，通过对数据的分析、存储和加工应用实现对企业的经营管理。企业经营管理主要包括：内网专线对外业务区域（包括：集团内网专线（如集团云）、对外业务专线（海外业务）、专业配套子公司（本地区）、控股公司业务专线、银行业务专线、能源监管部门专线、危险品源抓拍专线等）；内网对内业务区域（包括：对内业务服务器区如采购平台应用服务器、外网官网 WEB 服务器、OA 等；监控服务器业务、无线 AC 管理、无线 AP 接入业务）；各部门服务器区如考勤、质保、采购、供应、信息化部等；生产经营服务器区如 SAP、PLM、APP、MES 等）；私有云 IaaS 基础服务设施区域[如超融合（业务上云：DMS 系统、云防护、数据安全管理中心 DC）、智能分析（应用于工业物联网）、虚拟化云存储（存储服务器集群）]；数据安全防护区域[如：入侵检测 IPS 系统、安全运维管理（堡垒机）、日志审计系统、数据库审计系统、数据库防泄露系统、主机终端监测防御系统（虚拟主机）、统一安全管理平台等]。此外，还包括对数据的分类分级管理、数据脱密、数据加密、数据监测（API 监测）、数据安全运营等基础要求。

（5）互联网层：企业可通过通信运营商与 Internet 互联。工业企业需按照工业数据安全防护框架中阐述的流程和方法，通过管理体系、技术体系及运营体系建设保障工业数据收集、存储、使用、加工、传输、提供、公开等环节的全生命周期安全流转，实现数据要素价值的高效释放。

3.1.2 工业数据安全防护框架概述

基于上述工业数据流转网络架构，本节根据《工业和信息化领域数据安全管理办法（试行）》《工业企业数据安全防护要求》等政策、行业标准要求，按照自上而下的思路，提出了工业数据安全防护框架，以结构化的形式指导组织的数据安全能力建设，拉通 IT 部门、人力部门、流程部门、数据属主部门等不同利益相关者的数据安全需求，使数据安全能力建设可跟踪、可衡量、可持续改进，框架总体结构如图 3-2 所示，包含四个关键阶段。

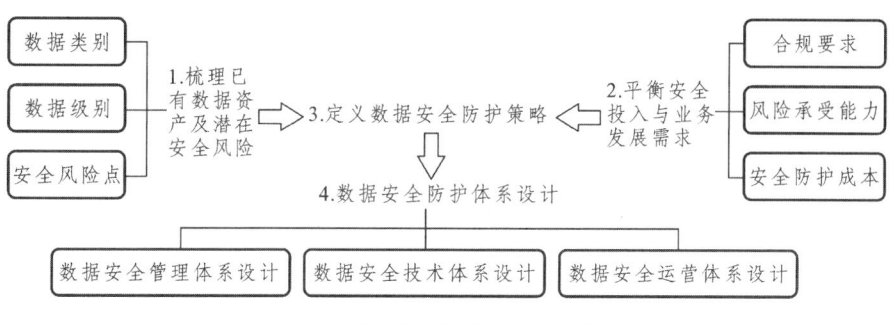

图 3-2　工业企业数据安全防护总体架构

1. 梳理已有数据资产及潜在安全风险

企业按照本书分类分级章节阐述的方法梳理组织已有数据资产情况，形成数据分类分级清单，通过已有数据安全防护措施调研、工具测试等方式评估数据资产的脆弱性，分析潜在的风险隐患。

2. 平衡安全投入与业务发展需求

企业对数据资产存在的安全风险点进行分析，从防护风险点产生的人员、经费等成本投入，风险点一旦导致数据安全事件的危害影响、法律法规对数据处理者的数据安全保护义务需求等多个方面分析防护数据安全风险的投入与产出，形成企业数据安全防护优先级。

3. 定义数据安全防护策略

基于数据安全防护优先级分析情况，企业针对每个类型、每个级别的数据制定数据安全防护策略，作为后续企业开展数据安全防护体系建设的依据。值得注意的是，工业企业在开展数据安全能力建设过程中存在误区，即在未制定形成数据安全防护策略的情况下，直接进行数据防泄漏、数据安全监测等能力建设工作，导致在实际的防护过程中存在"一刀切"等数据对象漏防、错防情况，浪费防护成本的同时阻碍数据高速流通。

4. 数据安全防护体系设计

按照已经制定的数据安全防护策略，企业从管理、技术、运营三个维度开展组织数据安全能力体系建设，包括数据安全通用防护要求与数据全生命周期安全防护要求两部分，其中通用要求对组织的人员架构、管理制度、日志留存、监测预警等进行设计，全生命周期结合业务场景从数据收集、传输、存储等全生命周期维度进行安全能力设计。

3.1.3 工业数据安全防护体系建设步骤

工业数据安全防护框架视角下的数据安全防护体系建设工作大体分为数据安全治理评估、数据安全组织建设、数据安全管理机制、数据安全保护能力、数据安全运营管控、数据安全持续改进等六个步骤，各步骤主要内容如下。

1. 数据安全治理评估

数据安全治理评估主要包括数据资产梳理及数据安全评估两部分内容，数据资产梳理按照本书分类分级篇阐述的方法通过自上而下与自下而上相结合的方式梳理形成数据分类分级清单，明确数据安全保护的重点范围；数据安全评估包括数据安全风险评估、数据合规评估、数据安全能力评估等多种类型，旨在通过人员访谈、文档查阅、工具核查、旁站验证等多种方式理清企业数据资产已有安全风险点，平衡安全防护成本与安全事件的投入产出，形成企业总体数据安全防护规划文件。

2. 数据安全组织建设

根据企业实际组织架构情况，建立数据安全工作机制，按照"谁管业务、谁管业务数据、谁管业务数据安全"的原则明确IT部门、数据属主部门、网络安全部门等多方的工作职责，设置数据安全责任人及绩效考核管理办法，形成组织内部的高效工作机制。

3. 数据安全管理机制

按照企业总体的数据安全规划文件，发布数据安全管理制度文档及细化工作流程，明确数据收集、传输、存储等各环节的操作规程及管理机制，是企业开展数据安全工作的基本遵循。

4. 数据安全保护能力

按照数据全生命周期分级保护的思想输出企业数据安全技术体系建设方案，按需建设配备数据加密、数据脱敏、水印溯源等技术能力，实现安全能立的统一编排与安全策略的智能下发，实现组织内数据的因地制宜防护。

5. 数据安全运营管控

在建设完成组织数据安全管理体系与技术体系后，按照事前防护—事中监测—事后处置的思想建设形成组织内的数据安全运营体系，根据数据的动态变更情况维护数据资产目录，调整安全防护手段，实时监测数据安全攻击行为，发生数据安全事件后立即采取处置措施。

6. 数据安全持续改进

根据企业在业务经营过程中数据种类、级别、体量、处理方式等的变化、国家政策要求与外部攻击环境，不断调整组织数据安全防护策略，使得已有数据安全防护能力始终与国家政策衔接、与企业实际需要匹配。

3.2 工业数据安全管理体系建设

信息安全领域有句俗语"三分技术，七分管理"，由此看出数据安全管理体系建设是数据安全防护的重头戏，技术措施只有在管理体系的指导下才能发挥最大效果。调研数据显示，绝大多数数据安全事件是由人的因素导致的，明确组织内数据安全工作机制，制定管理体系并有效落地实施后就能防范绝大多数风险隐患，因此制定有效的数据安全管理体系至关重要。工业数据安全管理体系主要涵盖工作机制组建与管理制度制定两部分内容，本节针对性地给出了方法要点，可供工业企业及数据安全服务商参考。

3.2.1 工业数据安全组织架构建设

与网络安全不同，数据安全需关注数据的收集、传输、存储、使用加工等全生命周期各环节，而这些环节中涉及数据收集部门、数据载体运维部门等多个主体，多个主体形成统一共识协同推进数据安全工作难度较大，如何明确组织内各方在数据安全工作中承担的责任和义务是开展数据安全管理需解决的首要难题，按照"谁管业务、谁管业务数据、谁管业务数据安全"的总体思路本章节给出了通用的工业企业数据安全组织架构，如图3-3所示，包含决策层、监督层、管理层和执行层四个层次，各层次职责具体如下。

（1）决策层。

决策层是数据安全管理工作的决策者，一般由数据治理委员会承担，是公司数据安全管理工作的最高决策机构。

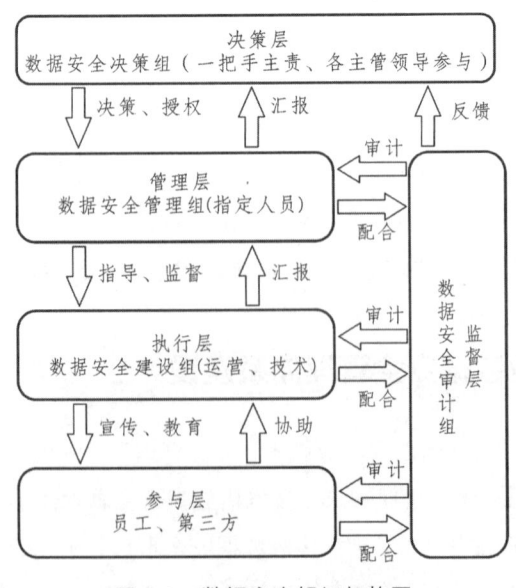

图3-3 数据安全组织架构图

第3章 工业领域数据安全防护

（2）监督层。

监督层的职责由监督考核部承担，负责监督考核数据安全策略和规划的执行和落实情况，督促数据安全管理和技术问题的整改。

（3）管理层。

管理层由数据安全管理小组组成，负责数据安全管理体系建设工作。

小组成员由数据管理部、信息技术部、监督考核部、内控合规部以及法律事务部、业务部门等部门负责人组成。

（4）执行层。

执行层由数据管理部、信息技术部、内控合规部、法律事务部、业务部门、总部直属中心、子公司相关责任人员构成。执行层在数据安全管理小组的指导下开展工作。

（5）参与层。

参与层由产生数据的各业务部门相关人员组成，一般情况下各部门选派一名联络人员与执行层进行对接，多个部门的联络人员共同构成参与层。

在明确企业数据安全组织架构后，需制定相应的考核机制正向激励、反向约束各主体积极落实相应数据安全责任，各方责任如表3-1所示。

表3-1 数据安全职责分工

部门/角色	数据安全核心责任	具体工作内容
高层领导（CEO/CIO）	战略规划与决策支持	1. 制定数据安全战略目标，纳入企业整体发展规划； 2. 审批数据安全管理制度、预算与重大项目； 3. 牵头成立数据安全管理委员会，统筹跨部门协作； 4. 确保数据安全合规要求融入业务决策
数据安全管理部门	体系建设与统筹协调	1. 制定数据安全管理制度、标准与流程（如分类分级、访问控制、应急响应等）； 2. 牵头开展数据资产盘点、风险评估与合规审计； 3. 协调技术部门部署安全防护措施（如加密、脱敏、审计系统）； 4. 监督各部门责任落实，定期汇报安全状态

续表

部门/角色	数据安全核心责任	具体工作内容
信息技术（IT）部门	技术防护与基础设施安全	1. 搭建数据安全技术平台（如防火墙、入侵检测系统、数据备份系统）； 2. 管理服务器、网络设备及云平台的数据安全，定期进行漏洞扫描与补丁更新； 3. 实施数据传输加密、终端安全管理（如防病毒、设备管控）； 4. 配合安全事件调查与技术溯源
业务部门（生产/研发/销售等）	业务场景数据安全管控	1. 识别本部门数据资产，明确敏感数据范围（如生产工艺数据、客户信息、研发成果）； 2. 落实数据分类分级管理，执行访问权限最小化原则； 3. 在业务流程中嵌入数据安全要求（如数据收集合规性、共享审批）； 4. 及时报告数据异常或安全事件
合规与法律部门	合规审查与法律风险防控	1. 审核数据处理活动的合法性（如个人信息保护、数据出境合规）； 2. 起草/修订数据安全相关合同条款（如供应商协议、客户数据使用协议）； 3. 提供数据安全法律培训，指导部门应对合规检查； 4. 协助处理数据安全纠纷与法律责任事件
人力资源部门	人员管理与安全意识培养	1. 制定数据安全岗位任职要求，配备专职安全人员； 2. 与员工签订保密协议，明确数据安全责任与违规处罚； 3. 组织全员数据安全培训与考核（如安全意识、操作规范）； 4. 管理离职员工的数据访问权限回收，监督工作交接合规性

续表

部门/角色	数据安全核心责任	具体工作内容
财务部门	资金保障与成本管控	1. 为数据安全技术升级、审计、培训等工作提供预算支持； 2. 审核数据安全项目的成本效益，确保资金合理使用； 3. 协助评估数据安全事件的经济损失，参与应急处置后的成本核算
审计部门	监督检查与风险评估	1. 定期开展数据安全内部审计，评估制度执行与技术措施有效性； 2. 审查数据处理流程的合规性（如权限滥用、违规共享）； 3. 对高风险业务场景（如跨境数据流动）进行专项审计； 4. 提出整改建议并跟踪闭环，通报审计结果
供应链管理部门	第三方合作数据安全管控	1. 评估供应商/合作伙伴的数据安全能力，纳入供应商准入标准； 2. 签订数据安全协议，明确数据使用范围、保密义务与违约责任； 3. 监督第三方在数据存储、传输、处理中的安全合规性； 4. 定期对第三方进行安全审计，处置违规行为
应急响应小组	安全事件处置与恢复	1. 制定数据安全应急预案，明确各部门应急职责； 2. 发生事件时立即启动响应，开展溯源、隔离、恢复等工作； 3. 协调技术、合规、公关等部门进行损失评估与对外沟通； 4. 总结事件原因，完善应急预案与防护措施

参考常见绩效考核规定及企业数据安全重点事项，企业制定的数据安全绩效考核标准应是确保企业数据安全性、合规性和有效性的关键指标集合，可细

分为数据属主部门数据安全绩效考核指标、信息化运营部门数据安全绩效考核指标、第三方供应商绩效考核指标三类，各主体的评价结果与薪资发放及后续业务合作关联，各指标具体包括但不限于如下列举内容：

（1）数据属主部门数据安全绩效考核指标。

数据备份恢复可靠性：衡量组织对关键数据进行备份的能力，以及验证备份数据的完整性和可恢复性。设定具体的备份频率、恢复时间目标（RTO）和数据恢复点目标（RPO），并监控其达成情况。

敏感数据访问控制：衡量组织对敏感数据的访问控制措施是否得以有效执行。包括权限管理、访问日志监控、数据脱敏等措施的实施情况。

数据泄露事件数量：衡量组织一定时间内发生的数据泄露事件数量，以评估数据安全风险的变化趋势。设定数据泄露事件的零容忍目标，并监控事件数量和处理效率。

数据安全协作配合程度：衡量组织在数据分类分级、数据安全风险评估、数据安全审计等工作的配合程度，以调研问卷的形式发放至各部门进行打分，量化评估组织的协作友好度。

（2）信息化运营部门数据安全绩效考核指标。

安全能力运行状态：衡量组织安全设备（如防火墙、入侵检测系统等）的正常运行状态。监控数据载体的运行状况、故障率和维护情况，确保设备稳定可靠。

数据安全风险处置及时性：衡量组织对关键数据载体的安全补丁更新及时性及数据安全事件应急响应能力。设定补丁更新的时间周期和覆盖范围，并监控更新进度和效果。

业务系统漏洞扫描覆盖率：衡量组织对业务系统漏洞扫描的覆盖程度。定期进行漏洞扫描，确保及时发现和修复潜在的安全漏洞。

安全风险评估覆盖率：衡量组织对重要数据、核心数据等关键资产的安全风险评估的覆盖程度。定期进行风险评估，确保及时发现和应对潜在的安全风险。

安全事件响应效果：衡量组织对安全事件的追踪分析和根本原因分析的能力。设定安全事件响应的时间目标和处理流程，并监控响应效果和改进情况。

安全事件频率：衡量组织一定时间内发生的安全事件数量，以评估信息安全风险的变化趋势。监控安全事件数量、类型和影响范围，及时发现和处理潜在的安全问题。

（3）第三方供应商数据安全绩效考核指标。

供应商安全评估覆盖率：衡量组织对合作伙伴和供应商的安全风险评估的覆盖程度。对供应商进行定期的安全评估，确保符合组织的信息安全要求和合规性标准。

供应商合规性：衡量合作伙伴和供应商是否符合组织的信息安全要求和合规性标准。监控供应商的信息安全实践、政策遵守情况和合规性证书的有效性。

3.2.2 工业数据安全管理制度制定

企业数据安全管理制度是开展数据安全防护工作的办事规范和行动准则，工业企业在制定数据安全管理制度时，应梳理组织已有数据安全管理制度及现有数据安全管理组织架构，依据《数据安全法》《工业和信息化领域数据安全管理办法（试行）》等政策法规对于数据处理者的防护要求，针对企业现有管理弱点，从"战略规划—管理办法—标准指南—操作表单"宏观、中观、微观三个层面构建分级的数据安全管理制度体系，制修订企业已有数据安全管理制度、实施指南等管理要求，规范企业数据处理活动，落实企业数据安全主体责任，输出数据安全管理规程、操作表单、重要数据识别规则、重要数据和核心数据目录、数据安全培训计划等材料。

3.2.2.1 工业企业数据安全管理制度体系设计

依据《网络安全法》《数据安全法》《个人信息保护法》《关键信息基础设施安全保护条例》《工业和信息化领域数据安全管理办法（试行）》《数据出境安全办法》等上位法律法规、政策标准，根据企业实际发展情况，制定数据安全战略规划，明确企业短期、中长期、长期数据安全治理目标，结合企业已有安全管理制度，编制《企业数据安全管理办法》，明确企业数据安全管理总体要求，在总体要求下，从人员管理制度、资产管理制度、应急管理制度、四方管理制度、数据全生命周期管理制度、数据监控和监督考核管理制度、数据安全风险制度等方面制定企业数据安全防护操作层面的指南细则，输出资产管理表、监督考核记录表、运维记录表、数据使用（更变）申请表、存档记录表、巡检记录表等底层流程表单，从目标—方法—过程3个维度，构建与国家顶层设计有效衔接且可落地的多层级工业数据安全管理制度体系，企业数据安全制度规范体系框架如图3-4所示。

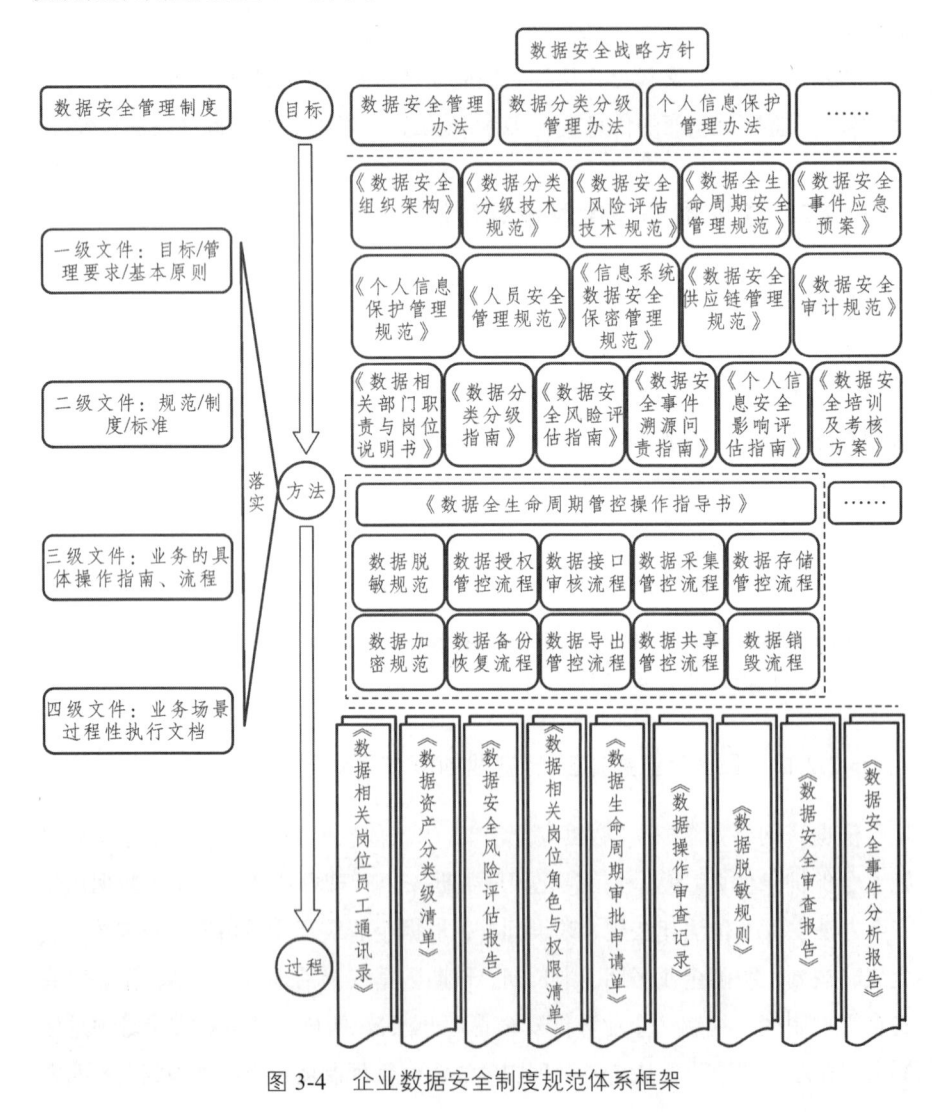

图3-4 企业数据安全制度规范体系框架

3.2.2.2 工业企业数据安全战略规划

数据安全体系建设是一个复杂的系统性工程，不是一蹴而就的事情。工业企业需通过数据治理评估等前期调研工作制定数据安全防护优先级，在此基础上形成企业数据安全战略规划，数据安全规划可包括总体要求、重点任务及保障措施三部分内容，各部分内容可参考如下内容。

（1）总体要求：阐明数据安全规划的指导思想，方针原则及发展目标，基于对企业数据安全现状的调研描绘出未来 5~10 年数据安全的基本面。

（2）重点任务：按照 1~2 年短期、2~3 年中长期、2~N 年长期分阶段描绘企业数据安全整体进度安排，包括数据安全制度建设、数据安全技术体系建设及数据安全监测预警手段建设等内容，分步骤推进企业数据安全治理工作（图 3-5）。

（3）保障措施：从组织领导、经费支持、多方协同等方面对企业数据安全规划建设提出要求，统一思想共识形成工作合力推动企业数据安全治理工作。

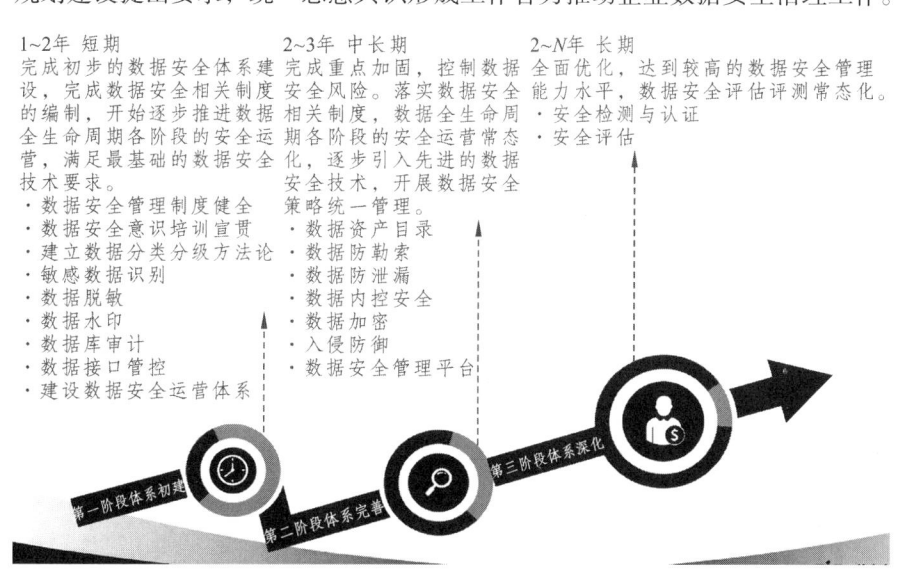

1~2 年 短期
完成初步的数据安全体系建设，完成数据安全相关制度的编制，开始逐步推进数据全生命周期各阶段的安全运营，满足最基础的数据安全技术要求。
- 数据安全管理制度健全
- 数据安全意识培训宣贯
- 建立数据分类分级方法论
- 敏感数据识别
- 数据脱敏
- 数据水印
- 数据库审计
- 数据接口管控
- 建设数据安全运营体系

2~3 年 中长期
完成重点加固，控制数据安全风险。落实数据安全相关制度，数据全生命周期各阶段的安全运营常态化，逐步引入先进的数据安全技术，开展数据安全策略统一管理。
- 数据资产目录
- 数据防勒索
- 数据防泄漏
- 数据内控安全
- 数据加密
- 入侵防御
- 数据安全管理平台

2~N 年 长期
全面优化，达到较高的数据安全管理能力水平，数据安全评估评测常态化。
- 安全检测与认证
- 安全评估

第一阶段体系初建
第二阶段体系完善
第三阶段体系深化

图 3-5 企业数据安全整体进度安排

3.2.2.3 工业企业数据安全管理办法制定

工业企业应制定企业层级的数据安全管理办法，作为公司数据处理各环节开展保护工作的基本遵循，管理办法需结合企业数据资产实际情况，在国家数据安全顶层设计的总体要求下，明确企业数据安全责任主体、数据全生命周期分级防护要求、数据安全监测预警等内容，可包括总则、数据安全分类分级、数据安全管理、数据安全运行、数据全生命周期安全、保障措施等章节，各部分具体内容可参考下述内容。

（1）总则。

主要阐述《工业和信息化领域数据安全管理办法（试行）》的制定背景和依据、适用范围、管理原则及相关术语定义。

（2）数据安全分类分级。

主要阐述数据安全分类分级的方法和流程，提出数据安全分类分级指标体系和判定依据。

（3）数据安全管理。

从组建数据安全管理部门、设置数据安全专职岗位、加强人员管理（包括内部人员、外部访问人员、第三方运维人员等）、系统设备安全管理、供应链数据安全管理等方面，提出数据安全管理要求。

（4）数据安全运行。

数据安全运行主要是从系统防护角度，针对数据安全层面，提出边界防护、入侵防范、身份鉴别、访问控制、安全监督考核、风险等具体要求。

（5）数据全生命周期安全。

数据收集安全：提出明确收集目的、范围、数量、频次等要求，需要在数据拥有者的明示同意下进行收集，并做好收集数据的质量控制。

数据存储安全：提出数据分区分域、分类分级安全存储要求，并对重要数据进行加密、备份，定期开展数据恢复测试，加强存储介质安全管控。

数据使用加工安全：提出应对数据使用目的、方式等进行安全确认，对数据使用处理的模型、工具、软件进行安全测试验证，保障数据使用过程安全。

数据传输安全：提出数据传输阶段的加密、认证、安全协议等传输安全要求。

数据提供安全：提出数据提供阶段的安全协议、监测、数据标注等安全要求。

数据公开安全：提出数据公开阶段的数据脱敏、数据审核等安全要求。

数据销毁安全：提出数据销毁阶段过程监督、介质损毁等安全要求。

数据出境安全：提出数据出境阶段安全、安全管理等安全要求。

数据转移安全：提出数据转移阶段转移方案、用户告知等安全要求。

数据委托处理安全：提出数据委托处理阶段责任落实、监督管理等安全要求。

（6）保障措施。

从组织机构、工作机制、资金投入、人才培养等方面提出保障措施要求。

3.2.2.4 工业企业数据安全标准指南编制

工业企业应在管理办法的要求基础上细化形成标准指南，便于企业数据安全工作人员及数据处理人员理解执行，数据安全标准指南应包括人员绩效管理、数据全生命周期防护要求、应急预案、合作方管理等方面内容，具体参考如下：

1. 人员绩效管理

为规范企业内部工作人员数据处理活动，防范因内部工作人员的职责不明确、审批不到位、安全意识缺乏等因素导致信息系统的数据安全事件，保障数据安全相关人员管理合规性，提高企业人员管理能力，制定人员管理制度，人员管理制度可包括目的、适用范围、岗位职责、人员调动、行为管理、安全培训等章节，旨在明确管理责任部门和人员职责，建立工作体系、内部登记和审批机制；配备管理人员，开展人员资格审查、教育宣传、技能培训，确定数据安全第一责任人和关键岗位人员，明确数据处理行为规范和安全保护责任。

2. 资产管理制度

为保障企业数据安全资产安全，围绕资产的获取、分类、使用和处置，制定资产管理制度，资产管理制度内容可包括适用范围、管理体系、使用和处置管理办法等章节，旨在明确企业数据资产的范畴、界定、数据资产范围；确定各级资产的主管部门，明确工控信息资产的责任人、使用人、管理人员的角色分工及义务；明确资产的类别、编号、所属部门、使用者、管理者等信息，制定资产编号的规则，形成资产清单；制定工控硬件、软件、电子数据、纸质文档等资产在购买、接收、使用、转移、保存、重用、销毁等环节所需遵循的安全管理要求。在保证工控安全设备自身安全的前提下，正确、规范使用，确保起到应有的防护效果。

3. 应急管理制度

为提高应对数据安全事件的组织协调和应急处置能力，企业应建立数据安全应急工作机制，预防和减少数据安全事件造成的损失和危害，保障业务正常运行，应急管理制度可包括总则、组织机构及职责、工作机制、监测通报、敏感时期应急管理、应急处置、保障措施等章节，明确企业负责数据安全应急管理工作的部门及其他相关部门、机构的组织关系，确立数据安全应急管理职责，提出责任制落实要求，明确数据安全事件分级原则、监测通报和应急处置要求、应急保障等内容。

4. 四方管理制度

为加强企业对数据供应方、合作方、系统集成方、外部支撑方的数据安全管理，保障供应链数据安全，制定四方管理制度，四方管理制度可包括安全责任、违约责任、处罚措施、数据安全保障措施配备要求、数据台账管理、合同要求、保密协议等章节。要求以合同、协议等方式规范服务商做好数据安全保护工作，明确数据安全保护要求和责任落实要求，防范敏感数据外泄。

5. 数据全生命周期管理制度

为明确数据处理者的主体责任，提高企业数据处理各阶段的安全防护能力，制定数据全生命周期管理制度，数据全生命周期管理制度可包括主体责任、跨主体处理数据、数据收集安全、数据存储安全、数据使用加工安全、数据传输安全、数据提供安全、数据公开安全、数据销毁安全、数据出境安全、数据转移安全、数据委托处理安全等章节。确立分级防护的原则，针对不同级别数据从全生命周期各个阶段提出分级保护要求。

6. 数据安全风险制度

为验证企业数据安全的保障能力，及时发现数据安全风险问题，制定数据安全风险制度。数据安全风险制度可包括原则、内容、流程、实施指南等章节，旨在明确数据安全评估流程和方法，根据数据处理活动的目的和方式、安全保障措施、风险影响等要素，指导企业从数据资产和数据处理活动梳理分析、合规性、安全风险分析三个步骤开展评估工作。

7. 数据分类分级指南

为梳理企业工业数据资产、实施分类分级管理，制定数据分类分级指南。数据分类分级指南可包括数据分类分级原则、数据分类框架、数据分级框架、数据定级标准等章节。明确数据识别方式方法，使数据更易于定位和检索；明确保护重点，指导企业有效开展重要数据安全保障工作，对数据资源进行精细化管理和保护。

3.2.2.5　工业企业数据安全操作表单设计

为保证企业数据安全管理办法及标准指南执行效果，规范企业数据安全管理办事流程，工业企业开展数据安全防护工作时应编制企业数据安全操作表单及协议文档，指导数据安全基层人员开展工作，常见表单包含数据安全责任书、数据授权书、数据分类分级表格等，可参考如下模板。

1. 数据安全责任书

工业企业应识别能够处理高敏感级别数据的岗位，将这些岗位的数据处理活动纳入重点监测对象，同时制定数据安全责任书，要求关键岗位人员签署，减少因内部人员意识不足或管理不善而引发的数据安全事件。作者在互联网搜索典型的数据安全责任模板如下。

关键岗位人员数据安全责任书（示例）

为强化对研发设计、生产制造、运营维护、销售营销等部门数据处理关键岗位的管理，明确数据处理行为规范和安全保护责任，避免因重要数据和核心数据泄露事件给××企业造成损失，针对能获知重要数据和核心数据等敏感信息的关键岗位人员，应遵守本责任书内容。

1. 数据安全保护范围

本书所示数据安全保护范围为关键岗位人员在进行数据处理活动中所接触的重要数据和核心数据、一般内部数据及一般敏感数据。包括但不限于：

（1）在研发设计过程中，收集和产生的与行业竞争力相关的数据，如关键零部件的设计图纸、高档智能型开放型数控系统的核心源代码等数据。

续表

（2）在生产制造过程中，收集和产生的与行业生产安全发展相关的先进基础工艺参数、控制信息、重要系统（平台）的账号密码等数据。

（3）在经营管理过程中，收集和产生的未公开的涉及军用飞机整体制造能力、发展战略等工作秘密（非密数据）。

（4）在运行维护、售后服务等过程中，收集和产生的关系行业发展的重要系统、平台的账号密码、重要物流信息、大批量采购销售订单、库存信息管理等敏感性数据。

（5）在应用服务过程中，收集和产生的来自其他组织、个人的重要数据，或通过加工分析等产生的能够影响行业发展或社会不良影响的用户画像等敏感性数据。

（6）经××企业确定的其他需要保护的数据。

2. 保护义务

关键岗位人员在开展数据处理活动过程中，应按照相关政策制度要求，履行全生命周期保护义务，包括但不限于：

（1）数据收集过程中，应当遵循合法、正当的原则，不得窃取或者以其他非法方式收集数据。

（2）数据存储过程中，应依据法律规定或与用户约定的方式和期限存储数据，并根据实际情况开展数据备份。

（3）数据传输过程中，应当采取校验技术、密码技术、安全传输通道或者安全传输协议等措施保证传输数据安全。

（4）数据使用加工过程中，应当按照规定的访问控制策略读取数据，禁止弱口令、越权访问等高危行为。

（5）数据交换共享过程中，未经同意，禁止向任何第三方提供××企业内部数据以及可以访问上述数据的手段，包括在公开场合展览、公开对外宣传、作为文章、讯息、参考数据发表或将设计文档等非结构化数据共享于第三方网盘中。

（6）数据公开过程中，只向项目相关人员为商讨合作项目而有需要知悉敏感数据信息的人士披露敏感数据；并保证，上述各相关人员的行为将会符合本守则的规定。

（7）数据委托处理过程中，在商讨合作项目的过程中，若需向第三方披露对方的敏感数据信息，应事先取得书面许可，并要求该第三方不得向任何其它人士泄露敏感数据信息。

（8）经××企业需要履行的其他保护义务。

责任人：

年　月　日

2. 数据授权协议书

若企业通过某平台为第三方用户提供服务，涉及收集第三方用户数据信息的情况，应与第三方签署数据授权协议，明确数据收集的类型级别及存储期限，避免合规风险。作者在互联网搜索数据授权协议可参考模板如下。

数据授权协议书（示例）

一、用户权利和义务

1. 现阶段，用户有权免费获取本平台所提供的所有公共数据资源，享有数据资源的非排他使用权。用户可以自由地复制、发布、利用、传播和分享信息，不受歧视。

2. 用户在使用本平台数据资源所产生的成果中应注明公共数据资源来源为"××"，及从平台下载的日期。

3. 用户基于本平台公共数据资源开发的各类应用和服务，应遵守有关法律、法规和规章的规定，不得用于任何可能危害国家安全和社会公共利益、侵犯商业秘密和个人隐私或其他不正当的用途。因与第三方产生纠纷或者违反法律法规等造成的后果，由用户自行承担。

4. 用户及时将应用情况通过网站进行备案，并应积极配合有关的用户需求调查和数据资源调查。

5. 用户基于本平台公共数据资源进行开发利用时，应清楚地表明所做的任何数据分析或应用是个人或公司的行为，不得歪曲篡改从本平台获取的公共数据资源。

6. 用户在基于本平台数据资源的应用程序或互联网服务中应清楚地声明：源于平台的相关数据受××企业数据收集相关协议、条款约束。以上义务同样需要得到您的再授权用户同意并认可。

7. 如果本平台数据服务内容由于法律法规或政策调整等原因进行调整，用户应立即在相关应用程序或互联网服务中作相应调整。

8. 用户应遵守中华人民共和国有关互联网管理的相关法律法规和规章，以及所有与本平台网络服务有关的网络协议、规定和程序。禁止对本平台进行技术性破坏，不得干扰或妨害××企业提供正常的互联网服务。用户发现任何非法使用用户账号或安全漏洞的情况，应当立即告知本平台运营管理方。

9. 用户义务是本许可的重要条件，如未遵守以上要求，则根据本许可授予的权利将自动终止，用户应立即删除相关数据并停止服务。

续表

> 二、平台权利及免责声明
>
> 1. 因国家法律法规和政策调整,或因多条数据关联后可能造成隐私泄露及其他原因不宜继续公开的数据,本平台有权随时将其下线,用户不得以任何理由继续保存或使用该数据,否则造成的后果由您自行承担。
>
> 2. 本平台所有数据资源均为公共管理和服务部门在履职过程中采集和获取,由于未采集新数据或其他原因可能造成数据质量波动,及更新推迟或中止。本平台对所提供数据的完整性、准确性、及时性和服务连续性不作任何承诺或担保,并且不对因使用本平台所提供的数据或服务可能造成的任何损失承担责任。用户应自行判断是否继续使用本平台提供的数据或服务。
>
> 3. 本平台不对由于操作或传播的延迟、通信失败,互联网接入设备的困难,硬件或软件故障而造成的直接或间接损失承担责任。
>
> 4. 任何由于黑客攻击、计算机病毒侵入或发作、政府管制而造成的暂时性关闭等影响网络正常经营及其他不可抗力原因而造成的资料泄露、丢失、被盗用或被篡改等,本平台将采取必要措施尽力减少用户的损失,但本平台对此不承担任何责任。
>
> 三、隐私保护声明
>
> 本平台尊重并保护所有用户的个人隐私权,未经用户许可或根据相关法律、法规或规章规定,以及维护××企业合法权益之外,本平台不会将用户个人信息提供给任何第三方,但是会根据工作需要与政府有关部门共同使用。
>
> 四、条款说明
>
> 本协议条款的最终解释权归××企业所有。

3.3 工业数据安全防护技术体系建设

数据安全技术是落地企业数据安全顶层设计,实现数据机密性、完整性、可用性保护的关键手段,工业企业在设计组织数据安全技术体系过程中,可从数据全生命周期着手,将已有数据处理业务抽象为收集、存储、使用、加工、传输、提供、公开等环节,把各环节存在的通用安全风险与业务独有安全风险相结合,制定形成企业数据安全技术防护方案,包括能力配备、部署位置、策略配置等内容,服务于企业的数据安全防护工作。

3.3.1 工业数据全生命周期防护方案

3.3.1.1 数据收集安全

工业数据收集是指通过设备采集、人工填写、系统生成、第三方交换共享等方式获取数据的行为。在工业企业中，工业互联网平台等上层应用系统通过网关、数采设备等收集车间现场的传感器、执行器、远程终端单元等设备的实时控制信息，例如 CPU 的温度、风扇的转速、门阀的位置等，进行生产态势分析、排产预测等功能。

攻击者常通过篡改源数据、劫持数据采集流量、扩大数据采集范围等手段对工业企业发起攻击窃取篡改数据，典型威胁包括：中间人攻击、PLC 控制逻辑注入攻击、传感器欺骗攻击、时序/实时数据库攻击等导致的采集数据错误、时序混乱等，具体攻击原理如下。

（1）中间人攻击。

对于自动化工程师而言，往往需要通过 PC 和 PLC 进行程序的上下载、程序的监控诊断、网络通信质量查看等工作，上位机软件也会同 PLC 进行数据交互，进行数据区的修改等操作。在该通讯交互的过程中，如果通信协议本身存在安全漏洞，当攻击者对该通讯的协议进行攻击，对传输的数据包进行修改、重放、欺骗两边的设备，将导致设备按照错误的参数而被损坏，或导致按照异常的工艺参数生产不合格的产品。

（2）PLC 控制逻辑注入攻击。

在工业控制系统中，PLC 通常用于直接与传感器和执行器交互，并执行局部自动控制。PLC 运行 2 种软件：固件（即操作系统）和控制逻辑（类似于应用程序）。现有的控制逻辑攻击侧重于通过网络向目标 PLC 注入恶意控制逻辑，攻击者通过网络或本地 USB 对在 PLC 固件上运行的逻辑进行修改。例如，攻击者可实施对单个 PLC 的虚假数据注入攻击，通过分析目标 PLC 的 I/O 轨迹，以产生一组输入来控制 PLC 输出，只需要子系统的部分信息，就可以达到想要的恶意结果。

（3）传感器欺骗攻击。

基于声学、射频、激光和其他物理模式的模拟干扰会诱发故障，甚至控制传感器的输出。一旦传感器输出的可用性和完整性受损，会给基于可靠传感器测量进行自动化决策的关键安全系统带来重大风险。攻击者可以拦截传感器测量值，通过读取和修改通信信道中传感器读数，诱导系统达到不安全状态，从而对系统造成破坏，导致数据采集错误。

根据数据收集环节普遍存在的安全风险点，工业企业需聚焦最小授权、双向认证、日志留存、数据源管理等四方面开展防护工作，具体如下：

（1）最小授权。

在数据收集前，组织需根据业务需要确定最小的数据收集范围，通过接口规范、技术文档、点表等方式明确数据的类型、收集期限以及数据的收集方式等内容。对于个人数据的收集，需确保经过个人同意，并明确告知个人数据的用途和共享范围，严禁通过已开通的数据收集接口超范围收集数据。

（2）双向认证。

在数据收集过程中，数据采集方需通过证书认证、白名单授权等方式对数据源身份进行验证，确保数据来源安全可靠；车间现场的PLC等工业控制系统在接受来自数据采集方下达的指令时，同样应通过证书、白名单等方式对指令来源进行校验，以防接受攻击者伪造的错误工控指令引发安全事故。数据库、文件服务器开通的数据收集接口需设置接口鉴权认证功能，对数据收集方身份进行校验，以免攻击者非法读取访问数据。

（3）数据源管理。

工业企业应加强对收集人员、设备、环境的管理，通过鉴权认证、网段划分等方法确保提工业企业现场供数据的SCADA、工业数采网关、PLC等数据采集系统及组件处于受保护状态，同时针对涉及工业通信协议的数据，应通过受保护的上位机或组态软件完成收集。

（4）日志留存。

源数据提供方及数据收集方需对数据收集时间、类型、数量、频度、流向等日志进行记录，定期进行日志审计，源数据提供方查看数据收集方是否存在超范围采集窃取数据情况，数据收集方查看数据源是否安全可靠，并按照法律法规约定时间留存日志记录，保证记录的完整性。

3.3.1.2 数据存储安全

工业数据存储是指将收集到的数据保存在物理或者逻辑存储介质中，供人员、应用等后续使用。根据数据来源不同，工业企业收集的结构化、半结构化、非结构化数据存储方式和存储载体存在差异性，主要存储载体包括：工业时序/实时数据库、通用数据库、云平台、大数据组件等。存储载体脆弱性将直接影响数据存储安全性。攻击者常利用数据载体存在的漏洞进行非法访问、数据窃取等攻击行为，典型攻击方式包括：基于载体漏洞的攻击、基于不安全的访问控制策略的攻击、勒索攻击、基于配置缺陷的攻击等，具体原理如下：

（1）基于载体漏洞的攻击。

常见的载体漏洞包括注入漏洞、输入验证错误漏洞、授权漏洞等。以MSSQL注入漏洞为例，当应用程序没有正确处理用户输入，并将其直接拼接到SQL查询中时，攻击者可以通过构造恶意输入来绕过应用程序的安全机制，执行未经授权的数据库操作。

（2）基于不安全的访问控制策略的攻击。

工控系统等载体的安全策略通常包括访问控制、身份认证等方面。然而，在实际应用中，这些安全策略往往不够完善，无法有效抵御各种网络攻击。例如，访问控制策略过于宽松，root权限设置不合理等，导致非法用户数据访问或合法用户超权限数据处理。

（3）基于配置缺陷的攻击。

管理员错误的配置可能导致用户在没有关键数据库访问权限的情况下，从具备一定访问权限的常规数据库进行多轮跳转，进入没有权限的关键数据库进行访问，该漏洞是攻击者在数据库攻击中提权常用的路径。

根据数据存储环节普遍存在的安全风险点，工业企业需聚焦载体访问控制、容灾备份、漏洞管理与修复共三方面开展防护工作，具体如下：

（1）访问控制。

对数据载体设定严格的访问权限，仅授权人员才能访问存储设备或特定数据，实施身份验证、授权和审计机制，记录所有对数据存储资源的访问行为，定期对载体的口令等鉴权认证信息进行修改，防止出现弱口令、默认口令、口令等情况，通过对登录次数限制、关键词过滤等方式避免口令爆破、SQL注入等攻击行为产生。

（2）容灾备份。

使用冗余备份策略，如全备、增量备和差异备份，以及异地备份或云备份等方式定期对关键业务数据进行备份，确保在发生意外删除、破坏或灾难事件时能够快速恢复数据，同时定期进行备份数据恢复性测试，确保数据安全事件发生后能够快速响应。

（3）漏洞管理与修复。

关注CVE、CNVD等知名漏洞库发布的漏洞信息，及时排查修复数据载体存在的漏洞，定期进行漏洞扫描、渗透测试等工作，排查数据载体是否存在漏洞，降低基于载体漏洞窃取存储数据等攻击行为发生的概率。

3.3.1.3 数据使用加工安全

数据使用加工是指将原始数据进行处理和分析，以提取有用的信息和知识的过程，是实现数据价值挖掘的关键阶段。工业企业通过对车间的温度、湿度、转速等传感器数值或工业设备运行状态进行实时采集及处理分析，优化已有制造流程，典型场景包括：

● 设备主动维修：生产制造系统往往在超负荷状态下运行，任何工作中断可能导致指数级增长的企业营收损失，因此绝大多数工业企业采用被动式设备维修策略，即不主动排查维修工业设备存在的故障漏洞，直至设备停机或发生安全事故后再解决，这种策略极大地增加了工业设备的损耗程度及安全事件消减成本。基于对车间现场的控制数据实时分析，工业企业能够提前预知工业设备的老旧损耗情况，在对业务正常运转产生最低影响情况下，实现设备的主动故障维修。

● 产品需求预测：许多工业企业难以平衡产量与销售订单间的关系，面临着供不应求与供大于求的情况，大多数工业企业基于前几年的历史数据进行经验分析形成的排产计划准确率不高，导致了营收损失。制造商可以将企业供销管理系统数据与预测分析相结合，结合现有订单涨幅、价格等多重因素预估购买趋势，实现产量的风险管理，减少企业生产浪费。

● 提高产品质量：为排查企业在生产过程中的疏漏，保证交付质量，工业企业大都通过质检对已经生产完成的产品功能、性能进行测试，检测出的残次品对企业来说都是损失，尤其在半导体等高端制造场景中对企业的损失更为严重。通过对产线状态数据进行加工分析能够帮助企业在产品产出之前预测产品质量，基于质量情况动态调整优化生产流程，避免产出残次品给企业造成经济损失。

工业数据的使用加工对工业企业降本增效、提高工业生产经营效率意义重大。一般通过人工智能算法模型训练的方式实现，包含设计、训练、执行三个阶段。随着数据使用加工场景的不断普及，针对这三个阶段的数据安全攻击行为也逐渐显现，包括数据偏见、投毒攻击、对抗抗击等。

（1）算法模型公平性缺失。

由于训练数据集本身携带社会不平等或者偏见，微小数据模式引发的模型噪音、模型开发人员本身的歧视偏见及 AI 可解释性缺失等问题导致数据处理者无法保证数据在使用加工过程中的透明度与公平合理。如 2020 年，Northpointe 公司开发的系统 Compas 在美国被广泛使用，通过预测再次犯罪的可能性来指导判刑。然而，经研究，非裔美国人被告相比于白人被告的再次犯罪几率更高，这说明人工智能算法模型对不同人种并不公平。应用于工业数据处理场景，算法模型公平性缺失可能影响工业企业供应商遴选、采购价格"杀熟"等情况，危害企业经营发展。

（2）数据投毒攻击。

数据投毒是一种通过在训练数据中植入恶意样本或修改数据以欺骗机器学习模型的方法。这种攻击旨在使模型在未来的预测或决策中产生错误结果。攻击者可能会植入具有误导性标签或特征的数据，以扭曲模型的学习过程，导致模型偏离真实数据的表征。数据投毒攻击可能在模型训练过程中不被察觉，但其影响可能在模型部署和运行时显现出来。

（3）后门攻击。

后门攻击是一种在模型训练过程中植入后门或隐藏功能的方式。这些后门可能是针对特定输入触发的，使得模型在遇到这些特定标记或输入时产生意外行为。后门攻击的目的是在模型表现正常的情况下，对特定情况下的预测或决策进行操控，可能导致安全隐患或隐私泄露。

（4）对抗样本攻击。

对抗样本攻击是通过对输入数据进行微小但有针对性的修改，使得机器学习模型产生错误分类或错误预测的样本。这些微小的变化对人类观察几乎不可察觉，但足以使模型做出错误的推断。对抗样本攻击是针对模型的鲁棒性和稳定性，即使在面对微小扰动时也能保持准确性。

（5）模型窃取。

模型窃取攻击是一种针对机器学习模型的攻击，旨在通过观察模型的输出并利用查询功能，从中重建或复制原始模型。攻击者可能使用额外的查询信息来近似或重建受攻击模型，从而破坏模型拥有者的知识产权或潜在商业势。

数据使用加工环节存在的安全风险点主要对算法的两大要素，即数据和模型发起攻击，工业企业在实际的安全防护过程中需聚焦两大风险展开防范，具体措施包括但不限于：

（1）保证AI数据采样公平性。

需要确保一小部分实体（包括IP或用户）不能占模型训练数据的大部分。特别是要注意不要过分重视那些伪装成正常样本的恶意样本。这可能通过限制每个用户可以贡献的示例数量，或者基于报告的示例数量使用衰减权重来实现。

（2）构建标准性能测试验证数据集。

构建标准数据集，分类器必须准确预测才能投入生产。在标准数据集里包含一组精心策划的攻击和系统的正常数据。只有当模型在这个标准数据集上的效果达标的情况下，才能上线该模型。从而避免数据投毒攻击直接对生产环境上的模型造成负面影响。

（3）提高人工智能模型的可解释性。

通过可视化、消融实验（Ablation study）和对输入输出的静态分析等可视化解释不仅能够帮助调试代码，发现黑盒子神经网络在做某种决策时所犯的明显错误，从而帮助改进模型，还可以寻找输入图片中对最终决策起至关重要的因素，实现知识发现。

3.3.1.4 数据传输安全

工业数据传输是指将数据从一个数字传输设备传输到另一个数字传输设备的过程，在工业数据处理场景中，数据传输既涉及工控网络内部数据传输、办公网络内部数据传输，也包括跨区跨域数据传输，部分点位数据安全风险可能存在跨域渗透等级联效应，存在网络/数据安全事件影响生产安全的可能性。其典型攻击方式包括：OT 网络协议攻击、传统 IT 数据传输攻击、云平台数据安全攻击、跨域攻击等方式。其中 OT 网络传输协议攻击、跨域攻击方式具有典型性，具体原理如下：

（1）OT 网络协议攻击。

利用 OT 网络各种专有、私有和通用协议漏洞，通过重放、嗅探、通信劫持等方式窃取或篡改传输中的通信数据，进而破坏数据机密性、完整性、可用性。例如，攻击者可通过记录网络通信报文，对认证过程进行重放绕过，进而根据攻击需要进行数据重放。如 Beresford 在 Black Hat 上指出，早期西门子公司的 S7-1200、S7-300 和 S7-400 的 PLC 在会话管理上存在严重的漏洞，在同型号设备上重放会话数据即可建立会话。类似地，重放特定报文还可以实现读内存、写内存等功能，甚至可对硬件配置进行修改，比如修改 IP 地址、管理密码和控制逻辑等。

（2）云平台-工控网络跨域攻击。

在传统的工业控制系统中，设备的控制和管理都是在本地进行的。近年来，工业控制系统逐渐从单片架构迁移到分布式云架构。用户只需投入少量的使用成本，即可得到与从前同功效、高质量的服务。攻击者如利用云平台不安全的 API 接口、内部攻击、数据泄露、服务劫持、账号盗用等安全问题进行攻击，有可能导致工业控制系统中关键数据的丢失和篡改，给工业企业用户带来不可估量的损失。

针对工业数据传输过程存在的安全风险点，工业企业需通过数据加密、协议加密、双向认证等方式保证数据在传输过程中的机密性、完整性及可用性。

（1）建立安全传输信道。

工业企业应根据工业应用场景、数据类型、数据级别和安全域等因素，制定数据传输安全策略；工业设备间通信、设备与平台通信时，应对通信端身份、安全策略、安全状态进行双向鉴别，并建立数据安全传输信道，保证工业网络通信的安全性。

（2）检测关键传输数据包流量。

工业企业应具备数据传输异常检测技术能力，对陌生 IP 地址、数据库异常连接等进行实时告警，在检测到数据遭破坏时及时采取恢复措施；应采取流量限速、阻断、违规外联监测等必要措施，对工控协议数据包进行深度解析，仅允许符合安全策略的数据通过安全域边界。

3.3.1.5 数据提供安全

数据提供是指让使用不同计算机、不同软件的第三方用户能够获取数据并进行各种操作运算和分析的行为。工业数据常见的提供场景大多为企业不具备数据使用加工能力，将采集到的数据提供至第三方进行统计分析，基于分析得出的衍生数据赋能自身业务。工业数据提供的方式基本通过开放 API 接口、数据库等数据载体直连、离线数据包发送三种方式进行实现。数据提供环节存在的主要风险点包括被提供数据的权责划分及数据再转移引起的数据泄露风险两大方面。

（1）数据权责划分。

许多工业企业在数据提供前未通过合同、协议等方式约定数据接收方的数据安全保护义务，数据接收方认为数据安全主体责任属于数据所有者，自身无需或者仅对接收的数据进行简单的安全防护工作，进而引发数据泄露。

（2）数据再转移引起的数据泄露。

数据具有快速复制、快速传递等特点，如没有安全防护，数据接收方可以在无人知晓且不留痕迹的情况下偷偷将自身接收到的数据共享给无权访问的第三方或者直接进行数据售卖，危害数据所有者个人隐私及商业秘密安全。

针对数据提供环节存在的安全风险，可以从数据提供前、提供中、提供后分阶段进行安全防护：

（1）数据提供前。

工业企业应明确数据提供的范围、数量、条件、程序、时间等，建立跨网、跨安全域的数据提供安全操作规范，保障数据提供安全。应与数据获取方签订数据安全协议，并对数据获取方的数据安全保护能力进行核验，如核实历史数据安全事件发生情况。

（2）数据提供中。

工业企业应在数据提供过程中采取必要防护措施，包括数据加密、数据标注、数据水印、数据脱敏等；应对数据提供行为进行监控，确保数据合理规范提供，未超出授权范围；

（3）数据提供后。

工业企业应采用数据标注、水印等溯源技术，对数据流经节点及流转过程中的篡改、泄露、滥用等行为进行溯源。

3.3.1.6　数据公开安全

数据公开是指使得任何人都能在一定条件下获取并使用数据的行为。工业数据公开场景主要为工业企业为提高自身影响力将企业介绍、产品信息、专利奖项等成就情况以及公司财报等经营数据通过官方网站进行披露。工业数据公开环节最大的隐患风险是数据篡改，一旦公司官网数据被修改为不利于公司发展的言论或被植入诈骗等黑灰产链接将导致极为恶劣的影响，公开数据的篡改行为基本通过技术手段上传了 webshell（网页木马）拿到控制权限后对网站的内容及页面进行删、增、改实现，典型的攻击手段原理如下：

（1）SQL 注入获取 webshell 权限。

黑客通过 Web 应用程序的漏洞，通过 SQL 语句提交非法的语句到数据库，通过系统以及第三方软件的漏洞获取 Web 的控制权限或者服务器权限上传恶意脚本。

（2）XSS 漏洞引入恶意 HTML 界面。

被动的跨站攻击可以在合法的地方引入非法的 HTML 或者 JS 代码,从而让访问者"正常"的改变页面内容。例如:校内网蠕虫。

(3)文件上传漏洞控制 web 服务器。

某些 web 网站没有在上传附件等操作环节进行文件上传类型过滤,攻击者可能通过此漏洞上传含有恶意代码的可执行文件,进而获取服务器权限、数据库管理权限进而修改页面内容。

针对数据公开环节存在的安全风险,工业企业应采取以下防护措施:

(1)数据公开评估。

应结合数据公开场景,明确数据公开范围、类别、条件、流程等数据公开安全策略;应在数据公开前对数据公开可能对国家安全、公共利益产生的影响进行分析研判,可能造成重大影响的数据不可公开。

(2)公开数据脱敏。

研判结果为可以公开的数据,应根据实际情况,采取数据脱敏、数据水印等必要措施保证数据公开安全。

(3)公开媒介防护。

对数据公开所使用的网站、公众号等载体进行安全防护,评估是否存在 xss、csrf、sql 注入等漏洞问题,优化网站的底层代码逻辑,杜绝因数据公开媒介而导致的公开数据被篡改行为。

3.3.2 工业数据安全防护能力应用

工业数据安全防护技术体系是数据加密、数据脱敏、隐私计算、数据销毁多个安全能力综合应用的过程,根据业务环境存在的安全风险点,以最低成本合理部署配备安全能力是企业数据安全相关人员需解决的复杂命题。经调研目前完全适配工业场景的数据安全产品尚不成熟,大都需要根据企业实际需求进行定制开发,本小节对通用基础典型数据安全技术产品的基本原理及应用场景进行详细阐述,供企业数据安全相关人员参考。

3.3.2.1 数据脱敏

1. 技术简介

数据脱敏又称为数据漂白或者数据遮蔽,是对敏感信息进行数据变形,实现敏感信息保护的过程。根据数据脱敏的实现方式,该技术分为静态数据脱敏与动态数据脱敏两种,如图3-6、图3-7所示,前者应用于非实时场景,即对生产环境中导出的数据进行大批量一次性处理,从而获得与原始数据相似但敏感程度又低的数据,脱敏后的数据可以依据用户的需求存储到不同的环境。后者应用于实时场景,指的是当外部申请访问敏感数据时,根据其身份和角色权限按照脱敏策略实时地对数据进行脱敏处理,并将脱敏后的数据立即返回到前台。

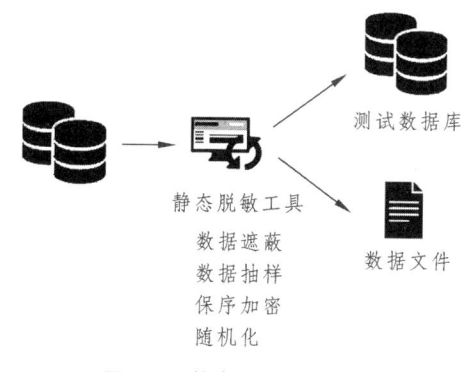

图3-6 静态脱敏业务流程

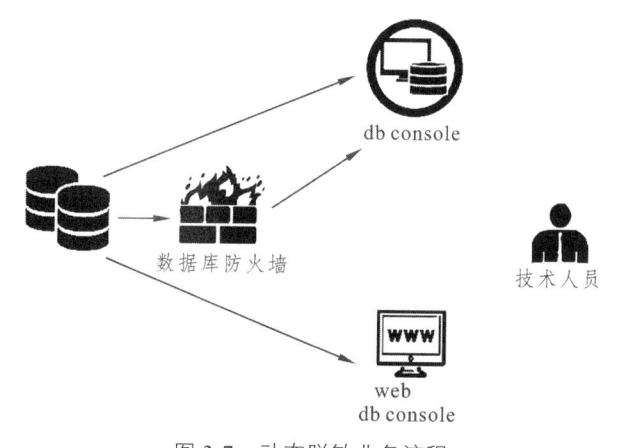

图3-7 动态脱敏业务流程

2. 应用场景

工业数据安全防护过程中使用数据脱敏技术的核心诉求是在保留数据格式、支持数据使用加工等业务需求的基础上最大限度地降低数据敏感程度,减小敏感数据泄露的风险,典型场景如下:

● 工业互联网平台等业务系统开发测试场景：业务系统的技术人员需使用传感器等边缘层设备采集的数据进行工业互联网平台等应用系统的开发及功能测试，为避免企业内部技术人员直接访问生产库，产生边缘层设备运行情况等生产制造数据泄露篡改风险，使用脱敏算法对实际的生产数据进行脱敏操作，形成开发测试人员专用的测试库，在保留数据完整格式的基础上降低数据敏感程度，保证企业系统平台开发的同时减少敏感数据泄露风险。

● 工业数据使用加工场景：工业数据使用加工环节直接将生产库数据作为训练集，进行模型训练等数据价值挖掘工作，存在因模型泄露、对抗样本攻击等导致的训练数据泄露风险。为保证训练数据质量，使用静态脱敏算法对生产库数据的关键字段内容进行脱敏后，作为算法模型的样本输入，减少数据泄露风险的同时保证数据质量，使数据分析预测结果的准确性满足要求。

● 工业企业系统平台运维场景：工业企业技术人员在车联网平台等业务系统的运营及维护环节存在未授权访问客户数据的情况，成为客户个人信息等敏感数据泄露的主要源头之一。为避免以上情况，工业企业可以使用动态数据脱敏技术产品对网站前台界面展示的敏感数据、通过数据库管理人员进行的SQL语句查询结果等进行脱敏处理，规避企业运维人员接触敏感数据发生数据安全事件的可能。

● 工业数据提供公开场景：工业企业在数据提供给第三方或面向公众公开数据前，需对数据的敏感程度进行评估，研判数据提供公开的风险隐患，针对关键敏感字段进行脱敏后，再进行数据提供或公开操作。根据数据提供公开方式的不同，工业企业可以选择相应的脱敏方法，如第三方通过业务系统API接口读取数据，则通过动态脱敏算法进行处理，若通过离线数据包方式提供，则使用静态脱敏算法对待提供数据进行脱敏。

3. 产品工作原理

目前主流的数据脱敏产品工作流程分为敏感数据发现、数据抽取、数据脱敏、数据加载四个步骤，其中敏感数据发现锁定数据脱敏对象、数据脱敏通过算法降低数据敏感程度是数据脱敏产品的两大核心能力，整体架构如图3-8所示。

图 3-8 数据脱敏产品工作原理图

（1）敏感数据发现。

敏感数据发现包括两种方法：第一种方法为自动识别，即通过语义识别、自然语言处理、OCR 等构建企业敏感数据识别模型，使用模型识别待脱敏的敏感数据。第二种方法为人工指定，即用户通过正则表达式、数据字典等方式编写敏感数据识别策略，指定敏感数据的格式等，通过规则匹配手段实现敏感数据发现。为提高效率，敏感数据发现过程通常会进行数据抽样，在无需扫描全量业务系统数据的情况下实现敏感数据的精准发现。

（2）数据脱敏。

在数据脱敏过程中，工业企业需根据数据的实际使用场景，选择相应的脱敏方法，常用的脱敏方法见表 3-2。

表 3-2 常用的脱敏方法

脱敏方法	定义	核心原理	典型应用场景
数据屏蔽（Masking）	用特定符号（如星号、X）替换敏感字段部分内容，保留格式和长度	通过固定字符覆盖敏感信息，仅暴露非敏感部分	银行卡号显示后 4 位（如--****-1234）、身份证号中间字段屏蔽
数据模糊（Blurring）	对敏感数据进行随机化或噪声添加，使其失去精确性但保留统计特征	引入随机误差或泛化处理，确保数据不可追溯但保持分布规律	医疗记录中的年龄（模糊为年龄段）、用户地址模糊至区域级别

续表

脱敏方法	定义	核心原理	典型应用场景
数据泛化（Generalization）	将敏感数据替换为更宽泛的类别或抽象值,降低数据粒度	通过层级化抽象(如将具体地址泛化为城市)减少个体标识性	统计报表中的用户年龄(用"青年""中年"替代具体数值)、地理位置泛化至省份
数据替换（Substitution）	用虚构的"伪数据"替换真实敏感数据,确保伪数据保持业务逻辑和格式一致性	建立真实数据与伪数据的映射关系(如用字典表或随机生成规则)	测试环境中的用户姓名(用"张三_测试"替代真实姓名)、电话号码替换为虚拟号段
数据删除（Deletion）	直接移除敏感字段或记录,适用于无需保留敏感信息的场景	物理删除或逻辑删除敏感数据,不可逆	匿名化场景中删除用户手机号、医疗数据中移除患者姓名
数据离散化（Discretization）	将连续型敏感数据转换为离散区间或类别,降低数据精确性	通过分箱(如等距分箱、等频分箱)将数值型数据转换为区间标签	收入数据划分为"低""中""高"区间、考试分数转换为等级(A/B/C/D)
数据加密（Encryption）	使用加密算法对敏感数据进行转换,需密钥解密才能还原	对称加密(如AES)或非对称加密(如RSA)确保数据机密性	存储或传输中的用户密码、金融交易数据加密
数据截断（Truncation）	保留敏感数据前若干位或后若干位,截断部分内容	按固定长度截取字段,丢弃剩余字符	邮箱地址截断为前3位(如user***@example.com)、长文本截断保留摘要
数据打乱（Shuffling）	对敏感数据的元素顺序进行随机重排,破坏数据间关联性	打乱字段内字符顺序或记录顺序,消除数据依赖关系	打乱姓名中的汉字顺序(如"张三"→"三张")、打乱用户操作日志顺序
差分隐私（Differential Privacy）	通过添加严格控制的噪声实现隐私保护,确保单个记录的存在与否不可推断	基于数学理论的隐私模型,通过差分隐私机制量化噪声添加量	政府公开数据统计、大数据聚合分析场景

常用的脱敏算法见表 3-3。

表 3-3 常用的脱敏算法实例

算法类型	具体算法	核心原理	典型应用场景
替换算法	固定映射替换	通过预定义字典表，将敏感值替换为伪值（如姓名映射为"测试_张三"）	测试环境用户数据脱敏、模拟数据生成
	随机替换	按规则随机生成伪值（如手机号前3位固定为"138"，后8位随机生成）	批量生成测试用虚拟手机号、邮箱地址
屏蔽算法	固定位置屏蔽	用特定符号（如*）替换敏感字段固定位置内容（如身份证号中间8位屏蔽）	展示银行卡号、身份证号时保留部分可见性
	动态长度屏蔽	根据字段长度动态决定屏蔽位数（如长文本保留前50字，剩余用*填充）	聊天记录预览、地址信息脱敏
泛化算法	层级泛化	将数据映射到更高层级的分类（如将出生日期泛化为"1990-2000年"年龄段）	统计报表中的年龄分布分析、人群画像
	区域泛化	将精确地理位置泛化为区域（如"北京市朝阳区"泛化为"北京市"）	用户地理位置统计、风险分析场景
加密算法	对称加密（AES/DES）	使用相同密钥进行加密和解密，计算效率高（如 AES-256 加密用户密码）	数据库存储加密、数据传输加密
	非对称加密（RSA）	使用公钥加密、私钥解密，安全性高但效率较低（如加密用户私钥文件）	敏感文件加密、数字签名场景
	哈希加密（MD5/SHA）	将数据转换为固定长度哈希值（不可逆），常用于密码存储（如 MD5 加盐加密密码）	用户密码验证、数据完整性校验
模糊算法	随机噪声添加	对数值型数据添加随机噪声（如工资数据±500元波动）	医疗数据中的血压值、金融交易金额脱敏
	舍入模糊	对数据进行四舍五入或取整处理（如将年龄28.7岁模糊为"约29岁"）	调查数据中的年龄、体重等连续值脱敏

续表

算法类型	具体算法	核心原理	典型应用场景
离散化算法	等距分箱	将连续数据按固定区间划分（如收入按每1万元为一个区间）	消费数据分段统计、用户分层分析
	等频分箱	将数据按频率均匀划分为若干区间（如按用户活跃度分为"高-中-低"三档）	用户行为分析、风险等级划分
差分隐私算法	拉普拉斯机制	向查询结果中添加拉普拉斯分布噪声，确保个体数据不可区分（如人口统计查询）	政府公开数据、大数据聚合分析
	指数机制	根据敏感程度对数据添加指数级噪声，优先保护高敏感值（如医疗记录隐私保护）	敏感统计数据发布、隐私计算场景
打乱算法	字符乱序	对字符串字符顺序随机重排（如将"abc123"打乱为"2c1ab3"）	用户名脱敏、日志数据去关联化
	记录洗牌	对数据集中的记录顺序随机打乱，破坏数据关联性（如用户操作日志重新排序）	数据分析前的去标识化处理、数据共享场景
截断算法	前缀截断	保留字段前N位（如邮箱保留前缀前3位，剩余用*替代）	展示用户登录名、用户名预览
	后缀截断	保留字段后N位（如银行卡号显示后4位）	支付场景中的卡号展示、证件号码脱敏

3.3.2.2 数据加密

1. 技术简介

数据加密是指通过加密算法和加密密钥将明文转变成密文的过程，使用加密处理可以保护数据不被窃取、篡改等，从而实现数据的机密性、完整性、可用性、不可抵赖性。数据加密是应用最广泛的数据安全防护技术，同时也是区块链、安全多方计算等多种其他安全技术的基础支撑,对数据安全保护意义重大。现代基于数学的密码体系分为:对称加密、非对称加密和消息摘要。其中对称加密中加解密使用相同密钥,加密效率高,原理简单。而非对称加密使用密钥对,包括公钥和私钥,公钥可以公开,私钥需秘密留存,加解密双方使用公钥对数据进行加密,用私钥对密文进行解密。非对称加密算法的出现有效解决了对称加密算法的密钥分发难题,但加解密效率不如对称加密算法。因此在实际应用中通信双方通常使用非对称加密算法对对称加密算法的密钥(即会话密钥)进行加密传递,双方得到会话密钥后,使用对称加密算法对传输数据进行加密。消息摘要不使用密钥,通过特定算法将不定长度的明文转换为定长密文,转换过程不可逆,且明文的一点点变化都会引起密文的较大变化,用于检验数据是否被篡改。非对称加密算法配合消息摘要算法可以实现数据签名和数据证书,实现数据的不可抵赖性,即将数据产生、修改的行为与数据处理者绑定,数据处理者不能否认自己的处理行为,常用于电子商务领域。

2. 应用场景

相较于传统网络数据,工业数据需在满足实时性、稳定性和可靠性等保证工业生产业务的情况下实现数据安全防护,现有的 RSA、ECC、AES 等国际主流加密算法及 SM2、SM4、SM7 等国密算法更注重于密文数据的不可破解,对计算资源、存储资源需求较大,且加解密耗时时间较长,无法满足工业实际业务场景需求,针对工业生产场景的轻量级加密算法业界仍在不断探索。工业数据安全防护的典型加密场景如下:

● 工业数据上云上平台链路传输安全需求:工业生产环境中,大量设备裸露在外部环境中,极大增加了其被仿冒的概率,容易引发数据伪造、泄漏等安全问题。此外,设备资源受限,计算机存储能力有限,工业生产场景对数据的实时性要求高,高实时、高可靠的轻量级数据加密、身份认证、完整性校验算法成为工业数据安全防护中密码应用迫切需要解决的难题。通过相应的密码算法,可以实现数据在源端到传输通道的安全性。

● 云端数据密文检索需求:许多工业企业将自身经营过程中产生的高价值数据通过加密的方式上传至云端数据库,云服务商会根据客户需求对部分关键数据或重要数据进行加密存储。但是当云服务客户利用云平台对数据进行建模分析时，又需要将密文解密后进行分析，这会极大消耗计算资源，造成资源浪费。利用密文检索和分析技术设计低时延、支持动态操作的分布式安全存储系统，在保证数据安全分析的同时降低云端资源损耗。

● 加密算法密钥管理需求：工业企业将大量业务系统、边缘设备接入云端，目前主要通过加密协议实现与云端的数据交互和互信互认。与 IT 域数据传输不同，OT 域工业系统和设备使用大量的工业专有协议，数据上云情况复杂，如可能通过接入网关进行协议转换实现数据上云、通过安全区域 DMZ 实现数据上云、通过业务系统数据库上云等。多种多样的数据上云方式产生了大量加解密密钥，云端的密钥管理成为实现数据加密传输、存储的关键能力，因此，需加强对密钥管理，有效提高数据上云的可操作性。

3. 产品工作原理

数据加密是通过特定算法对原始数据（明文）进行转换，使其成为不可读的密文，仅授权方通过密钥解密后恢复原文的过程。以下是其核心工作原理的分点解析：

（1）加密算法与密钥体系。

① 加密算法：基于数学函数的规则集合，将明文转换为密文。常见算法包括：

● 对称加密算法（如 AES、DES）：加密和解密使用同一密钥，速度快但密钥管理复杂。

● 非对称加密算法（如 RSA、ECC）：使用公钥（加密）和私钥（解密）配对，安全性高但效率较低。

● 哈希算法（如 SHA-256、MD5）：将数据转换为固定长度的摘要（不可逆），用于完整性校验而非加密。

② 密钥作用：密钥是加密算法的"钥匙"，其强度直接影响加密安全性。例如：

● 对称加密中，密钥需安全存储和传输，防止泄露。

● 非对称加密中，公钥可公开，私钥需严格保密。

(2)加密流程的核心步骤。

① 明文预处理。

- 对原始数据进行格式化处理(如分段、填充),确保符合算法输入要求。
- 示例：AES算法要求明文分组为128位,不足时需填充特定字节。

② 加密运算。

通过加密算法和密钥对预处理后的明文进行数学变换，常见操作包括：

- 替换：将明文字符替换为其他符号（如凯撒密码）。
- 置换：重新排列明文字符顺序（如DES的初始置换）。
- 混淆与扩散（香农提出的密码学原则）：

混淆：使密文与密钥的关系复杂化（如AES的字节替换）。

扩散:将明文的统计特性扩散到整个密文中(如AES的行移位和列混合)。

③ 生成密文。

处理后的结果即为不可读的密文，可安全存储或传输。

(3)解密流程的逆向操作。

① 密文接收与验证：接收方确认密文完整性（如通过哈希校验）。

② 解密运算：使用对应密钥和算法对密文执行逆向变换，还原为明文。

- 对称加密：需确保接收方持有相同密钥。
- 非对称加密：仅私钥持有者可解密公钥加密的数据。

(4)密钥管理的关键机制。

① 密钥生成：通过安全随机数生成器创建高强度密钥（如128位以上的AES密钥）。

② 密钥分发：

- 对称密钥：通过安全信道（如非对称加密传输）或密钥交换协议（如Diffie-Hellman）分发。
- 公钥：通过数字证书（CA）验证身份后公开分发。

③ 密钥存储：敏感密钥存储于硬件安全模块（HSM）或密钥管理系统（KMS），避免明文存储。

④ 密钥更新与销毁：定期更换密钥（如银行业务中的会话密钥），过期密钥需安全销毁（如物理粉碎或加密擦除）。

(5)数据加密的应用场景。
- 传输加密：保护网络中数据（如 HTTPS 使用 TLS 协议加密通信）。
- 存储加密：加密硬盘、数据库或云存储中的静态数据（如 BitLocker 全盘加密）。
- 应用层加密：在软件或业务系统中对敏感字段加密（如用户密码、医疗记录）。
- 区块链加密：通过哈希算法和非对称加密保障交易不可篡改和身份安全。

(6)加密强度与安全性。
- 密钥长度：密钥越长，暴力破解难度越大（如 AES-256 比 AES-128 更安全）。
- 算法抗攻击性：选择经国际标准认证的算法（如 NIST 推荐的 AES、SHA-3），避免使用已被破解的算法（如 DES、MD5）。
- 量子计算威胁：传统加密算法可能被量子计算机破解，需逐步过渡到抗量子加密算法（如 Shor 算法对应的后量子密码）。

3.3.2.3 数据防泄漏

数据防泄漏的英文缩写为 DLP（Data Leakage Prevention），也称为数据丢失防护（Data Loss Prevention，DLP），该技术通过识别企业结构化数据和非结构化等数据资产，根据预先设置的安全策略执行相关动作，以实现数据资产保护。根据部署位置及防护需求不同，数据防泄漏产品可分为终端数据防泄漏、网络数据防泄漏、云端数据防泄漏三种，每种防泄漏产品的功能具体如下：

(1)终端数据防泄漏。

终端环境是与工业企业内外部技术人员交互最多的地方，包含文件拷贝、邮件发送、即时通信软件交流、打印、截屏等多种数据处理行为，是企业发生数据泄露的高发地带，终端数据防泄漏对工程师站、移动工作站、手机等终端设备中的数据处理行为进行安全监控，解决大部分人为因素产生的数据安全风险，产品架构如图所示，包括部署在终端设备上的 DLP 软件及 DLP 统一管理平台两部分，统一管理平台负责配置安全基线策略，统计分析工业企业的数据处理行为，终端软件接收统一管理平台下发的安全策略，对设备上的数据处理行为进行实时监测并上传分析结果。

（2）网络数据防泄漏。

与终端数据防泄漏保护终端层面的静态数据与动态数据安全不同，网络数据防泄漏聚焦于传输链路层面的动态数据安全防护，产品架构如图所示，该产品通常部署在电子邮件、web应用、FTP等数据传输通道的核心交换机出口，通过流量牵引技术，对关键网络出入口的数据传输流量进行识别解析、文件还原等操作，发现异常数据流转行为，解决外包人员通过开通的API接口窃取数据、数据过度采集、高端装备后门回传数据等安全风险。网络数据防泄漏产品一般分为审计和阻断两种工作模式，前者只进行告警，后者对异常数据处理行为进行阻断，企业可根据自身实际需求选择性配置策略。

（3）云端数据防泄漏。

从云、管、端的安全理念看，终端数据防泄漏与网络数据防泄漏分别解决了数据在边缘层及管道层存在的数据泄露风险，但未覆盖云端的数据安全防护。为了更好挖掘数据要素价值，越来越多的工业企业将经营过程中收集的研发设计、生产制造等各类数据上传至云端，利用云端更强大的算法模型及计算资源进行数据分析，但云端数据访问不再受传统安全边界约束，成为了新的数据泄露的主要业务场景。云端数据防泄漏限制对数据的非法访问行为，按照"最小权限原则"要求用户只能访问其满足业务需求的最小数据集合。一般由统一管理平台、云端防泄漏设备和扫描插件组成，运维人员通过管理平台实现企业安全基线配置，实现对云端数据资产的统一管理及风险预警和事件处置；云端防泄漏设备部署在终端与云端通信的链路上，镜像采集传输流量识别异常访问行为；扫描插件部署在云端的存储、应用服务器中，对云端的数据资产进行实时扫描及及时更新。

3.3.2.4 数据安全审计

数据安全审计是为验证工业企业数据处理行为是否满足企业内部管理制度要求，或者发生数据安全事件后溯源数据安全攻击路径的一种常规性检查行为。工业数据的快速生成流转产生了大量的数据操作日志，传统的人工审计难以准确发现异常操作行为，数据安全审计产品解决了该问题。数据安全审计产品主要通过接入核心系统的日志、安全设备的告警信息等，识别数据违规操作行为，用于企业内部或者第三方的安全检查，或者数据安全事件的溯源，根据审计内容不同，数据安全审计产品包括数据库安全审计、数据流转审计、主机安全审计、业务安全审计等多种类型，具体实现原理如下。

1. 数据库安全审计

数据库安全审计是指通过对工业企业人员或者应用访问数据库行为进行记录、分析和汇报，来帮助企业进行日常合规检查或事故追根溯源，定位高危操作，提高数据库安全管理的行为。产品典型架构如图3-9所示，采用旁路部署的方式，通过镜像或探针的方式采集所有数据库的访问流量，并基于SQL语法、语义的解析技术，记录下数据库的所有访问和操作行为，与预先设置的安全基线进行比对，发现异常处理行为。适配于工业数据处理场景的数据库安全审计产品核心在于对PI、PHD等实时数据库、时序数据库等工业专用数据库协议的识别与解析。

2. 数据流转审计

数据流转审计是指检查数据收集、使用、加工、公开等环节的处理行为是否与规定的安全策略一致。典型的工业数据流转审计场景为检查数据收集方是否按照协议约定的字段、范围及时间收集数据，是否存在超范围收集数据情况。数据流转审计包括监测和审计两个核心步骤，前者在不影响业务的情况下获得数据流转行为，后者基于预定规则，或者训算法模型识别异常行为。

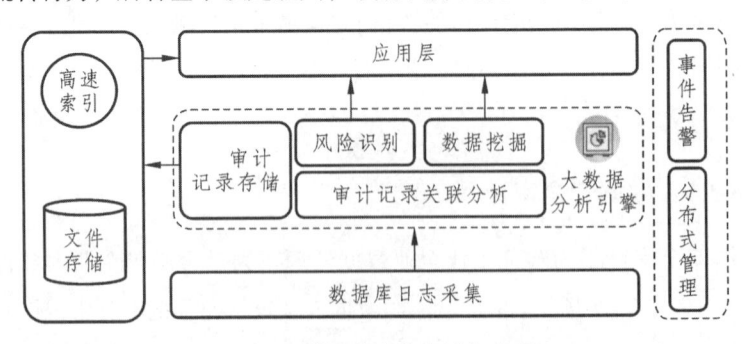

图3-9 数据库安全审计架构图

3. 主机安全审计

主机安全审计是指组织为确保主机及其存储信息的安全，对单台主机的访问控制、用户身份鉴别、入侵及恶意代码防范等保护措施进行检查的操作。主机安全审计主要通过在服务器、用户电脑或其他审计对象中安装客户端的方式来进行，可达到审计安全漏洞、审计非法入侵操作、监控上网行为以及向外拷贝文件等目的。主要模块包括主机日志审计、主机漏洞扫描、主机防火墙和主机IDS/IPS的安全审计、主机上网和上机行为监控等内容。

4. 业务安全审计

业务安全审计是指对业务系统交互状态和企业信息化相关的参与者（研发人员、外包人员、运维人员、审计人员和普通用户等所有能接触到业务系统的相关人员）进行业务操作行为审计的行为。全过程包括业务系统与用户交互信息收集、异常行为告警、敏感信息深度检测、实时告警及违规行为回溯等环节。业务安全审计大都采用机器学习技术、网络流量分析技术、业务关联审计技术、大数据技术实现对业务违规操作行为的预警，对非法操作事件追踪、定位，有效防范业务系统的敏感数据被合法人员非法使用。对业务违规行为、信息安全隐患进行全面细致的监测审计，能够为违规事件提供实时告警和事后溯源。

3.3.2.5 数据水印溯源

1. 技术简介

数据水印溯源是一种通过一定的规则与算法生成标识信息（应用场景不同，标识内容不同，包括版权信息、机构/员工ID等），并将标识信息与数据绑定，进而实现数据完整性、不可抵赖性保护的技术。该技术的核心在于根据数据动态流转行为及时准确更新标识信息，并在不影响业务的前提下保证数据标识嵌入、提取的鲁棒性。根据数据水印嵌入的载体不同，水印溯源技术可细分为图像水印、视频水印、音频水印、文本水印和软件水印等。

2. 应用场景

数据水印溯源最早用于版权保护，通过在图片、视频等非结构化数据中嵌入作者信息，实现开放网络环境下多媒体作品的原创保护。随着数据要素流转形态的不断变化，数据水印溯源技术不断更迭，目前已应用在内部员工管理、数据流转链路溯源、数据分类分级等多种场景，在工业数据安全保护过程中的应用场景具体如下：

终端显示数据保护：在工程师站、办公电脑等终端设备中添加显示或者隐形水印，防止员工通过截屏、拍照等形式将企业内部数据泄露至第三方，一旦数据发生泄露后通过对泄露的图片或者视频进行水印提取，反向追溯到数据泄露者的个人信息。

工业数据分类分级：许多工业企业的数据分类分级工作仅停留在制度或静态数据层面，根据自身数据处理活动特点制定数据分类分级规则，梳理数据资产，形成数据分类分级清单，但以上流程无法实现针对数据高速生成流转场景下的数据资产长效动态管理，使用数据标签是解决该问题的主流解决方案。工业企业针对新生成的数据类别、级别进行自动识别或者人工研判，将数据的类别、级别以标签形式与数据绑定，是后续数据分级防护等操作的基础。

工业数据全生命周期流转追溯：大部分工业企业为了保证企业自身的网络信息安全，除了在网络出口部署防火墙等硬件设备以外，还将内部网络区分为生产网和办公网。其中生产网是企业关键生产系统/业务系统/办公系统的服务器部署的网络区域；办公网是员工操作办公终端正常工作的网络。生产网和办公网之间一般是采用逻辑或者物理手段进行隔离的。在这种场景下提前在生产网对关键数据资产嵌入追溯标志信息，利用数字水印追溯技术可以将关键数据资产从生产网交换到办公网以及在办公网不同终端上操作使用的全生命流转周期进行详细的追溯审计。

工业数据完整性校验：为保证数据在存储和传输过程中不被篡改，工业企业可以在数据中添加水印信息，通过计算数据标识与已标注的水印是否相同，实现数据的完整性校验。

3. 产品工作原理

主流数据水印溯源产品工作原理如图 3-10 所示，大都包括水印嵌入和水印提取两个核心模块，水印嵌入端将特定的标记信息以微小的改动形式嵌入到数据中，这个过程需要保证水印的不可见性和鲁棒性。水印提取则是通过特定的检测算法从数据中提取出水印信息，以验证数据的来源和完整性。工业数据安全防护对数据水印溯源的鲁棒性要求更高，即数据水印需在数据经历一系列处理后仍能保持完整性和可识别性，包括数据的压缩、格式转换、噪声干扰等操作。

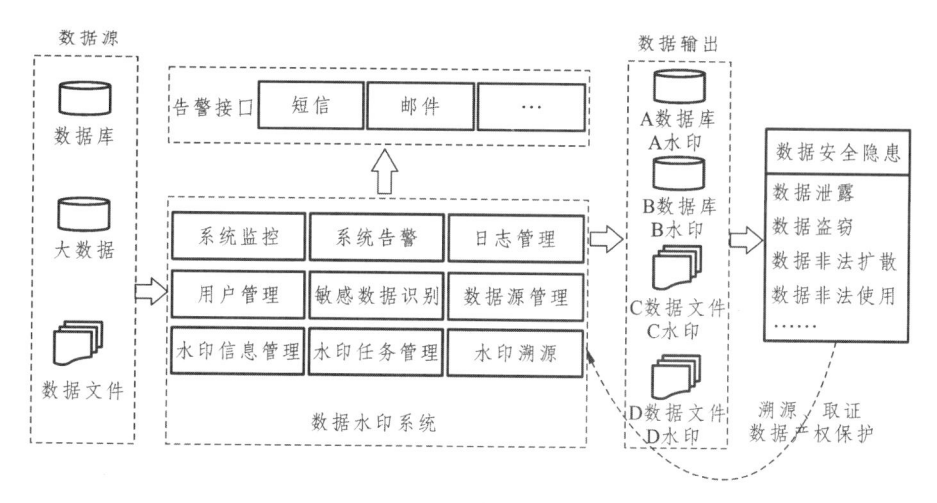

图 3-10 工业数据水印溯源

3.3.2.6 数据销毁

数据销毁作为信息安全的一个重要分支，早已引起各国的重视，早在 1985 年，美国国防部（DOD）就发布了数据销毁标准（5220.22M 标准）。我国针对数据销毁的概念最早来源于保密管理，在 2000 年《中共中央保密委员会办公室、国家保密局关于国家秘密载体保密管理的规定》第六章第三十四条中明确规定要销毁秘密载体，应当确保秘密信息无法还原。最新的国家保密标准《涉及国家秘密的载体销毁与信息消除安全保密要求》中详细地指出了数据销毁的技术要求。针对工业数据销毁，《工业和信息化领域数据安全管理办法(试行)》给出了企业开展数据销毁的相关要求，工业数据销毁方法主要包括消磁法、软件销毁等多种方法，具体如下：

（1）消磁法。

该方法仅适用于磁盘存储器，利用消磁机产生的强大磁场破坏存储器原有的磁性结构，导致磁盘失去数据存储能力，使得磁盘上原有的敏感数据也随之湮灭。

（2）化学腐蚀法。

该方法适用于磁盘存储器、闪存存储器。2005年美国Ensconce公司开发出了一款专门针对军方、银行、高度商业机密用途的自毁式硬盘，该硬盘使用化学腐蚀方法对数据进行销毁，即当传感器探知硬盘被拆卸或离开安全区域后，事先藏在硬盘盒内的容器会向磁盘喷射一种化学制剂，永久抹掉上面的数据。

（3）软件销毁。

由于物理销毁会造成存储器的永久性损坏，使其无法再继续使用，因此物理销毁只适用于对数据机密等级要求较高的特殊场合。对于普通用户，为了阻止个人敏感信息的泄露，应该使用软件销毁的方法来清除数据。软件销毁的核心思想是用垃圾数据来代替敏感数据，使得数据原先所携带的信息随着数据的改变而消失。对于磁盘存储器，数据销毁可以通过将垃圾数据反复写入敏感数据的存放区域来实现。由于硬盘上的数据都是以二进制的"1"和"0"形式存储的，一旦垃圾数据写入了敏感数据的存储区域，敏感数据中的二进制序列就会被垃圾数据代替，攻击者也就无法恢复出原先的敏感数据。

3.3.2.7 数据容灾备份

数据容灾备份是指通过备份和复制数据，保证系统和数据的持续可用性，防备自然灾害、设备故障等事件下数据丢失的技术手段。容灾、备份实际上是两个概念，数据容灾是指在相隔较远的异地，建立两套或多套功能相同的IT系统，互相之间可以进行健康状态监视和功能切换，当一处系统因意外（如火灾、安全事件）停止工作，整个应用系统可以切换到另一处，使得该系统可以继续正常工作的技术，该技术是系统高可用架构设计的一个重要内容。数据备份是指为防止系统出现操作失误或系统故障而导致数据丢失，将全部或部分数据集合,创建数据副本,从当下存储单位复制到其他存储介质的过程。在容灾备份一体化产品出现之前,容灾系统与备份系统是独立的。根据对系统的保护程度划分,容灾备份分为0~3级四个等级,各等级的实现原理如下:

● 第0级,没有备援中心:该等级下的容灾备份仅在本地进行数据备份,并且被备份的数据只在本地保存,没有送往异地,如本地机房发生火灾等安全事件,备份数据也无法访问,因此该等级下的数据容灾备份无灾难恢复能力。

● 第1级,本地磁带备份,异地保存:该等级下的容灾备份在本地将关键数据备份,然后送到异地保存。灾难发生后,按预定数据恢复程序恢复系统和数据。这种方案成本低、易于配置。但当数据量增大时,存在存储介质难管理的问题,并且当灾难发生时存在大量数据难以及时恢复的问题。针对这一问题,工业企业在灾难发生时,通常先恢复关键数据,后恢复非关键数据。

● 第2级,热备份+站点备份:该等级下的容灾备份在异地建立一个热备份点,通过网络以同步或异步方式,把主站点的数据备份到备份站点,备份站点一般只备份数据,不承担业务。当出现灾难时,备份站点接替主站点的业务,从而维护业务运行的连续性。

● 第3级,活动备援中心:该等级下的容灾备份在相隔较远的地方分别建立两个数据中心,它们都处于工作状态,并进行相互数据备份。当某个数据中心发生灾难时,另一个数据中心接替其工作任务。

3.3.2.8 隐私计算

供应链协同、定制化推送等智能制造的另一面,是工业数据处理者留下的大量数据"痕迹",如何在保护数据安全的前提下,实现跨主体、跨行业的大规模数据价值挖掘是当今炙手可热的话题。隐私计算是解决数据分析计算环节伴生的数据外泄等一系列安全风险,实现数据可用不可见的技术集合。经过全球专家学者的研究,该领域包含不同技术路径,它们采用不同的技术形式实现数据隐私安全的目标。根据数据是否流出、计算方式是否集中来划分,隐私计算包含四个不同的象限，分别是数据流出、集中计算；数据流出、协同计算；数据不流出、协同计算和数据不流出、集中计算。

1. 路径一：数据流出、集中计算

代表技术：数据脱敏、差分隐私、同态加密。

该技术路径的核心，是对数据进行变形、扰动、加密等操作，可保障数据流出时的隐私安全，主要有三种安全技术：数据脱敏、差分隐私、同态加密。

其中数据脱敏（Data Masking）是指使用脱敏规则对数据中某些敏感信息进行数据的变形，从而达到保护敏感隐私数据的目的。更具体来讲，我们可以采用删除可识别个人的信息的方式，让数据描述的人保持匿名，也可以采用对数据去标识化，让人们无法根据数据识别到具体的个人。

如果说数据脱敏是通过对敏感信息"做减法"的方式实现保护隐私，那么差分隐私（Differential Privacy）就是以"掺沙子"的方式，通过在数据或者计算结果上添加一定强度的噪声，来保证用户无法通过数据分析结果推断出是否包含某一特定的数据。而同态加密（Homomorphic Encryption）则是用技术方式，在不影响数据运算结果的前提下将数据变为密文，这也就不再涉及隐私的问题，而不同的加密技术允许不同的运算规则。

整体看，这些技术通过对数据操作来保障数据流出时的隐私安全，同时也存在一定的局限性：

① 数据脱敏容易遭受攻击，从技术恢复数据中的敏感信息较为容易。

② 差分隐私会降低机器学习准确率，较高强度的噪声虽然较好地保护隐私，但对数据分析的准确性也有较大的影响。

③ 同态加密运算效率低，也会影响使用该技术的意愿。

2. 路径二：数据流出、协同计算

代表技术：安全多方计算平台。

安全多方计算是密码学的一个子领域，其目标是为各参与方共同计算一个函数，这个函数的输入来自不同的参与方，同时保证这些输入内容不泄漏。目前，随着业界对安全多方计算技术的关注，其应用范围越来越广泛，国内外各大厂商也相继推出各自的安全多方计算平台或隐私计算平台。与此同时，开源的安全多方计算库也越来越多，如在 Google 公司 Tensorflow 基础上开源的 TF-Encrypted，开源社区 Openmined 基于微软 SEAL 开源的 TenSEAL，以及安全多方计算的协议实现 ABY3 与 MP-SPDZ 等。

这一路径下又有两种主流技术。一种是混淆电路（Garbled Circuit）。通过将两方参与的安全计算函数编译成布尔电路，并将电路的真值表进行加密、打乱，就能保证电路的正常输出而又不泄露参与计算的双方私有信息。另一种是秘密共享（Secret Sharing），类似于需要将所有的秘密拼在一起才能还原全貌的思路，这种技术在参与者之间分发秘密，每个参与者都被分配了一份秘密分割，只有当足够数量的、不同类型的秘密分割组合在一起时，才能将秘密恢复出来；单个的秘密分割本身是没有任何意义的。

安全多方计算技术实现了可证明的安全性，对于安全性要求较高的场景具有较好的应用价值。但在实际落地中，仍有一定的局限性：

① 性能低下：由于使用了很多密码学方法，一些复杂的任务很难在短时间内完成计算任务。

② 程序编写难度大：由于安全多方计算涉及密码学技术较多，且应用起来流程较其他技术相比非常复杂，通常需要通过借助额外的编程库进行实现，这大大增加了应用编写人员的学习成本和工作量，导致在实际落地过程中仍存在障碍。

③ 调试难度大：由于安全多方计算仅输出最终的执行结果，在面对复杂的分析问题时，使用者难以仅通过程序的最终执行结果获得反馈去优化整个数据分析过程。

3. 路径三：数据不流出、协同计算

代表技术：联邦学习平台。

联邦学习（Federated Learning）的概念于 2016 年由 Google 率先提出，用于解决安卓手机终端用户在手机端使用用户数据训练模型的问题，其本质上是一种分布式机器学习。这一技术的核心思路是，尽管有同一个中央服务器或服务协同商，但参与方的原始数据都只会在本地，而不会用于交换传输，真正参与聚合的完成训练的是经过模型转换的数据信息。

由于场景的区别，联邦学习还分为了横向联邦学习、纵向联邦学习和联邦迁移学习等形式。随着欧盟《通用数据保护条例》（GDPR）的推出，数据隐私保护越来越受到各国重视，联邦学习的应用范围也愈加广泛。例如，Google 公司开源了一个学习框架，用来完成分类、回归等机器学习任务；国内以杨强教授为代表的微众银行开源联邦学习框架 FATE，提供一站式联邦模型服务解决方案。

整体看，联邦学习可以在数据不流出本地前提下，联合多个参与方训练模型，对于打破数据孤岛具有重要意义。其局限主要在：

① 存在隐私泄露风险，联邦学习的训练模型是需要共享的，这就为攻击者根据模型信息倒推隐私数据提供可能。

② 机器学习算法兼容性较差，且目前支持的机器学习算法较少。

③ 机器学习任务调试困难，要想获得最优的模型和参数往往通过不断尝试和调试获得，一个标准机器学习工作流包括数据探索、特征工程、模型选择、超参数优化等步骤，再加上在联邦学习场景下，数据分散在各地，数据可用不可见，这些步骤很难在保证安全的前提下完成。

4. 路径四：数据不流出、集中计算

代表技术：可信计算平台。

可信计算平台就是通过隔离机制构建出一个安全可控区域，在这个足够安全的空间中，数据能够被集中训练且不流出，从而保证内部加载数据的机密性和完整性。

具体讲，可信计算平台又有两种技术。一种是可信执行环境（Trusted Execution Environment，TEE），该技术通过软硬件隔离安全机制建立一个安全隔离的执行环境，从而防止外部攻击者（包括系统管理员）窃取 TEE 内部运行的数据。硬件上，它依赖于将其预置在 CPU 等硬件，然后再通过应用程序的参与营造出一个安全世界。TEE 具备支持多层次、高复杂度的算法逻辑实现，运算效率高以及可信度量保证运行逻辑可信等特点。然而，TEE 由于依赖于

CPU 等硬件实现，必须确保芯片厂商可信。同时，TEE 对服务器型号限制较大，其功能性和性能等均受到硬件限制。

另一种技术为数据沙箱技术，该技术通过构建一个可信计算环境，使得外部程序可以在该平台上进行执行。这样，既可以使用外部程序对数据进行加工处理，也可以保障数据的安全。对于数据需求方人员，他们不能进入数据沙箱查看调阅真实的全量数据。对于数据分析师而言，由于数据沙箱将调试环境和运行环境隔离，所以他们也只能在调试环境中使用样本数据调试代码，然后将代码发送到运行环境中运行全量数据，从始至终都无法接触全量数据，这样，隐私安全的保护就得以实现。

3.2.2.9　AI 赋能技术

人工智能在工业数据安全领域的应用主要基于深度学习和联邦学习等先进技术，通过构建多层神经网络架构（如 LSTM、Transformer 等）对工业数据流进行实时分析和异常检测，结合强化学习算法持续优化安全策略，同时采用差分隐私和同态加密等隐私计算技术确保数据在训练和推理过程中的安全性。安全企业、科研机构等创新主体根据人工智能赋能工业数据安全的防护场景及不同防护目的涉及的多种相关产品模型，包括基于深度学习和条件随机场的实体识别模型、基于复合型指纹技术的数据分类分级策略模型、基于用户行为的数据安全异常检测、基于语义的敏感文档识别等，各产品模型的工作原理如下：

1. 基于深度学习和条件随机场的实体识别模型

使用目的：准确识别工业生产过程中的各类数据，实现工业数据的分类分级。

技术原理：该模型（图 3-11）是一种双层级联的混合识别框架。第一层采用深度学习与序列标注相结合的方法（BiLSTM-CRF）进行数据识别。具体而言，双向长短时记忆网络（BiLSTM）能够充分捕获输入序列的上下文依赖特征，其中前向 LSTM 层从左到右编码序列信息，后向 LSTM 层从右到左编码序列信息，两个方向的特征向量经过拼接后得到更丰富的语义表示。在

BiLSTM 的输出层之上，基于条件随机场（CRF）进行序列标注优化，通过建模标签之间的转移概率约束，提升针对设备运行数据、工艺参数、质量检测指标等工业实体的识别准确率。第二层基于正则表达式与 Luhn 算法的复合验证机制，识别和验证工业设备编号、生产计划等高价值信息。该机制首先使用针对性强的正则模式匹配潜在目标，随后通过改进的 Luhn 校验算法对匹配结果进行合法性验证。通过引入加权因子和模运算，该算法能够有效识别由于人为录入、数据传输等原因导致的错误，显著提升敏感信息识别的准确性与可靠性，能够精确识别工业设备、工业生产活动安排等敏感信息。

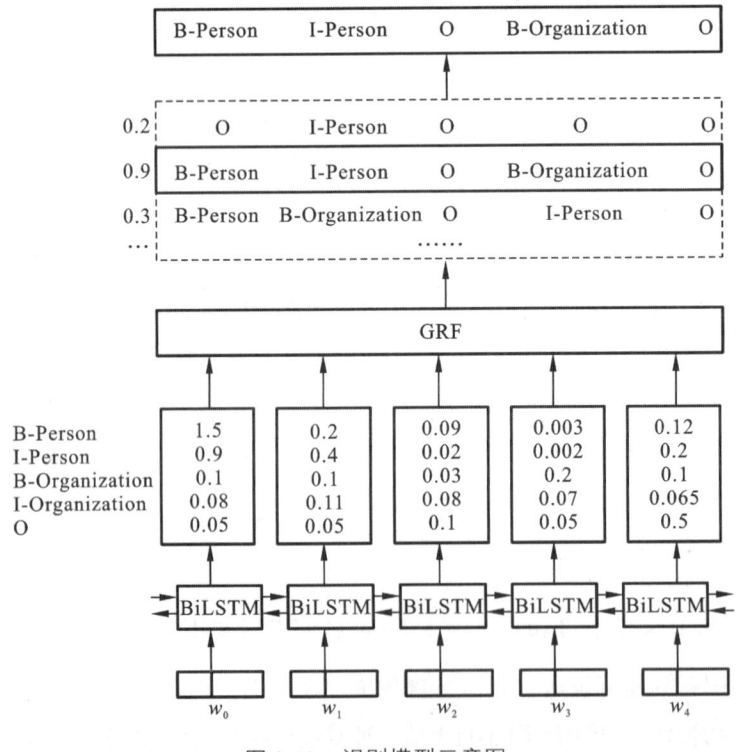

图 3-11 识别模型示意图

2. 基于复合型指纹技术的数据分类分级策略模型

使用目的：构建针对结构化和非结构化工业数据资产的动态分类分级模型。

技术原理：这是一种基于复合型指纹技术的数据资产安全防护模型。该模型通过多维度指纹特征提取算法,对结构化与非结构化数据进行全方位扫描,并基于数据的业务属性和语义特征构建分层分类体系。对于红头文件、战略规划、网络配置信息及核心业务数据等高价值工业数据资产,采用全量与片段双重指纹提取策略,确保数据资产的完整性监控。

在具体实现中,模型通过数字指纹映射机制对核心数据进行特征编码与存储,在保持数据密级属性不变的前提下,构建一个动态更新的指纹特征库。当检测到输入数据时,系统自动提取其特征向量,通过与指纹库中的特征模板进行相似度匹配,实现数据的精准分类分级,从而保障敏感数据的访问安全。

此外,该模型还具备指纹特征的动态感知能力。通过持续的数据分析与特征学习,系统能够实时捕获数据指纹的演变特征,并自适应更新指纹库,从而保证了数据安全防护的时效性与准确性。

3. 基于用户行为的数据安全异常检测

使用目的:通过建模分析用户的数据操作行为,发现数据泄露风险。

技术原理:基于机器学习技术,采用以用户为中心的分析方法,运用数据模型和规则,对用户和实体的行为描绘,形成了不同的模型,各模型介绍如下。

基线模型:以人、资产、数据之间的历史行为操作数据为输入,按照5W1H分析模式,利用自学习的行为基线算法,训练生成动态的数据行为基线模型;利用动态行为基线做检测,当数据行为发生改变或者偏离基线时发出告警。

时间序列模型:基于时间序列分解异常行为分析,从中发现和提取行为中序列突发成分;然后基于向量之间的欧几里得距离,用遍历和匹配方法提取周期子序列;最后将行为序列分解为突发成分、周期成分和随机成分,重点分析突发行为及周期行为,用以确定其是否为异常行为,如周期性的非核心时段超量下载文档,周期性超量上传核心文档到互联网,可以认定为内部人员窃取数据。

图谱分析模型:基于历史的可信访问行为提取访问规则,利用图连通性算法进行行为聚类,形成可划分的访问行为簇,从访问者的角度提取出可访问基线,从被访者角度提取被访问基线,并可视化呈现。让管理者对于敏感数据访问情况,由一无所知转变为可视可管。

4. 基于语义的敏感文档识别

使用目的：利用语义层次分析技术，能够识别出与指定敏感文档语义上相近的文档，从而识别出敏感文档，避免敏感数据的泄露和传播。

技术原理：该方法首先对目标检测数据集和敏感数据基准集进行文本预处理，包括文本抽取、分词等标准化处理步骤。随后，利用预训练语言模型将处理后的文本转化为高维词向量表示。比如可选取具有62亿参数的ChatGLM作为基础预训练模型，该模型结合量化技术可实现在消费级GPU上的高效部署，使用于工业领域的"少计算资源场景"。进一步地，该方法可在其他特定工业领域语料上进行迁移学习以优化模型表现。

在文本相似度计算阶段，采用基于词移距离（Word Mover's Distance，WMD）的无监督学习算法。这一算法首先通过Word2vec或GloVe等词嵌入技术将词语映射到语义向量空间，继而计算文本间词对之间的欧氏距离。为提高算法准确性，可通过基于词嵌入向量的权重机制，通过最优传输理论计算加权词移距离，作为文本语义相似度的量化指标。该方法能够有效捕捉文本间的深层语义关联，最终输出可靠的敏感性识别结果。

3.3.3 工业数据安全防护技术参考架构

3.3.3.1 传统工控场景技术架构

在传统工控场景（图3-12）中，数据安全问题呈现出多层次、多维度的复杂性。从底层感知层视角，物理设备和传感器面临着节点捕获、通信窃听和重放攻击等严峻威胁；在网络通信层，异构网络环境中的设备间数据传输尤其容易遭受拒绝服务（DoS）攻击和中间人（MITM）攻击。支撑层与应用层同样面临着未经授权访问、内部人员恶意威胁以及潜在的软件漏洞等安全挑战。更为关键的是，工业互联网基础设施普遍存在设备老化、系统过时和通信效率低下等固有问题，这些因素显著增加了安全防护的复杂性。考虑到工业生产的连续性特征，系统难以频繁中断进行安全更新，导致零日漏洞难以及时修复。随着网络互联程度的持续提升，社会工程学攻击和针对性钓鱼攻击等新型安全威胁层出不穷，为工业互联网数据安全带来前所未有的挑战。

第3章 工业领域数据安全防护

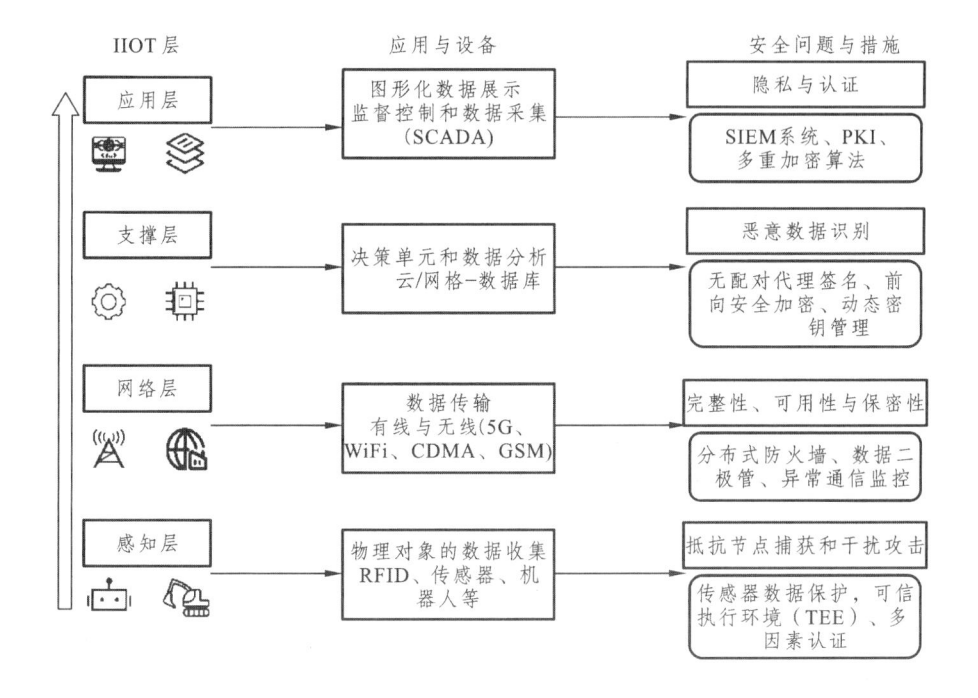

图 3-12 传统工控场景技术架构图

IIOT 层	应用与设备	安全问题与措施
应用层	图形化数据展示 监督控制和数据采集（SCADA）	隐私与认证；SIEM系统、PKI、多重加密算法
支撑层	决策单元和数据分析 云/网格-数据库	恶意数据识别；无配对代理签名、前向安全加密、动态密钥管理
网络层	数据传输 有线与无线(5G、WiFi、CDMA、GSM)	完整性、可用性与保密性；分布式防火墙、数据二极管、异常通信监控
感知层	物理对象的数据收集 RFID、传感器、机器人等	抵抗节点捕获和干扰攻击；传感器数据保护，可信执行环境（TEE）、多因素认证

基于上述工业互联网场景中多维度、多层次的安全问题，本节为读者提出了一个深度融合的安全防护参考框架。在感知层，可通过结合可信执行环境（TEE）的设备认证机制、软件防护扩展（SGX）技术，并辅以生物特征识别与智能卡多因素认证方案，有效防范设备仿冒和非法接入风险。网络层可采用分段式安全架构，构建包括分布式防火墙、数据二极管和 IT/OT 网关在内的纵深防御体系，同时部署网络行为监控系统，实现异常通信模式的实时识别与预警。在支撑层，可通过基于证书的无配对代理签名方案和具备前向安全性的可搜索公钥加密技术，配合细粒度访问控制和动态密钥管理机制，建立严格的身份认证与授权框架，确保数据存储的安全性。应用层则可依托安全信息与事件管理（SIEM）系统进行统一安全态势感知，整合公钥基础设施（PKI）和多重加密算法，全面保障数据传输安全。考虑到工业控制系统的特殊运行环境，框架采用轻量级加密算法（如 AES 和 SHA），并通过分层设计确保关键业务在遭受攻击时仍能维持基本运行。整体框架

基于OPC统一架构（OPC UA）实现各层间无缝集成，并依托SCADA系统进行统一监控和管理，在最大程度保障系统安全性的同时，把对系统性能的负面影响降至最低。

3.3.3.2 工业互联场景技术架构

在工业互联网计算场景（图3-13）中，终端设备通常部署于高度复杂且开放的物理环境，受限于计算资源、存储容量和能耗约束，导致整体系统面临多维度安全挑战。首要安全隐患是数据隐私泄露和信息安全风险，尤其是在数据传输至边缘服务器处理的关键环节；其次，系统面临恶意反馈、协作欺诈和内部攻击等严峻威胁，这些攻击不仅会损害协作设备的完整性，还会显著降低服务质量和系统可靠性；再者，不可信设备可能通过精心设计的恶意操作对边缘服务器基础架构造成潜在冲击，传统密码学安全解决方案难以有效防御此类内部攻击，某些设备甚至可能通过短期伪装正常行为来逐步提升系统信任度；此外，鉴于工业场景下设备间高频协作的特征，恶意终端可能在协作过程中传播并感染其他设备，进而破坏整体系统服务生态，构成了全局性安全隐患。

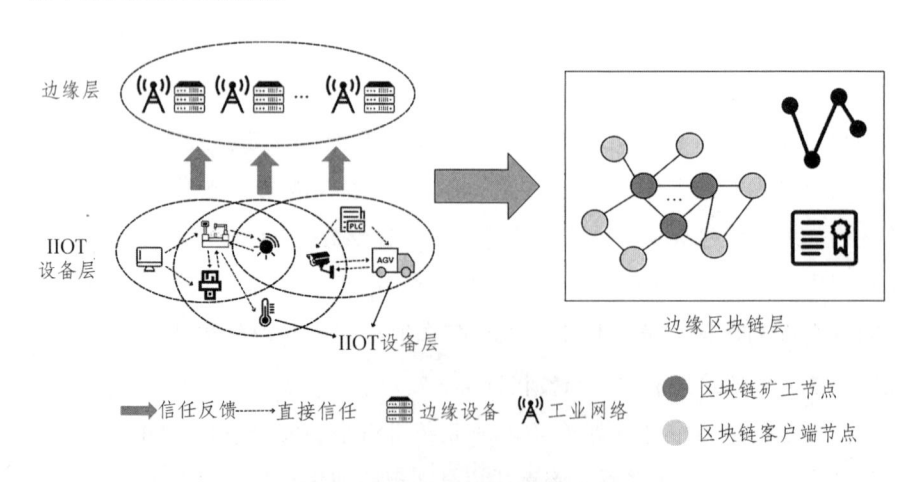

图3-13 工业互联场景技术架构图

基于上述工业互联网复杂安全生态系统中的多重风险，本节为读者提出了一种基于区块链的去中心化多层级信任度量治理参考框架。该框架采用三层立体架构设计：底层为工业物联网设备层，聚合各类工业传感器、智能控制器等终端设备；中间层为边缘计算层，由分布式部署的边缘服务器集群构成；顶层为基于区块链的信任管理与治理层。框架的核心技术体现在：一是通过区块链去中心化技术实现信任计算的一致性与可验证性；二是融合身份认证与多维度信任评估机制，从设备身份、行为特征、历史交互记录等多重维度构建动态、精准的可信度量模型；三是设计基于反馈相似度的信任过滤方法，基于K-means聚类算法精准过滤不可靠反馈，并通过自适应权重算法计算推荐信任值；四是依托智能合约技术实现信任值的可信计算、存储与验证。该框架能够有效应对恶意反馈、协作欺诈等安全威胁，显著提升工业物联网系统的安全性和可靠性，特别适用于高度依赖设备协作的复杂工业场景。

3.3.3.3 工业智能场景技术架构

随着5G和物联网设备的广泛应用，人工智能技术被大规模用于工业物联网环境下的改进分类和预测服务。然而，这种应用模式面临着严重的数据安全挑战：首先是数据层面，工业生产过程中的敏感数据（如位置信息、生产配方、仓库图像等）在传输和共享过程中存在泄露风险；其次是模型层面，即便解决了数据加密问题，训练好的模型本身也可能遭受模型反演攻击，导致攻击者通过模型参数重建原始数据。此外，工业场景下的一对多授权问题、与第三方分析机构共享数据时的安全风险、以及缺乏统一的端到端安全解决方案等，都给工业智能应用带来了严峻挑战。这种双重数据安全风险的存在，严重制约了人工智能技术在工业场景中的深入应用，迫切需要一个能够同时保护数据安全和模型隐私的系统化框架。

基于此，本节为读者提出了一个结合联邦学习和同态加密的私有AI框架（图3-14），该框架包含七个核心组件：数据生成、私有数据库、用于数据安全的私有AI、数据分析、用于模型安全的私有AI、AI云平台和IIoT服务。其中，在数据安全层面，通过加密、编码和噪声注入相结合的方式，确保数据在传输和共享过程中的安全性；在模型安全层面，将联邦学习与同态加密技术相结合，使得模型训练过程中的参数能够在加密状态下进行计算和聚合，有效防止模型反演攻击。

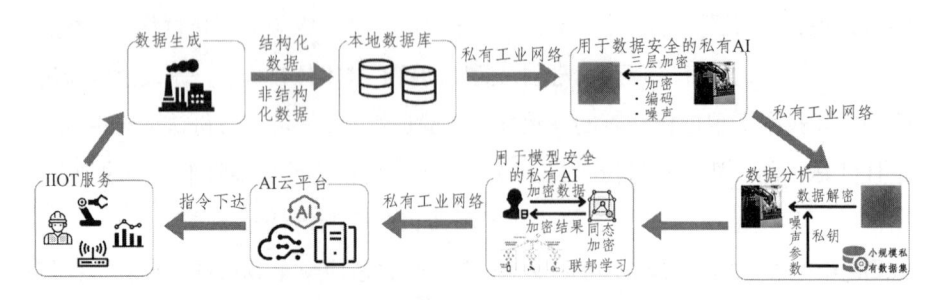

图 3-14 工业智能场景数据安全技术架构图

具体而言，该框架采用多层级的技术防护策略，主要包含数据安全和模型安全两大技术路线。在数据安全方面，使用三层加密架构：第一层采用子块混沌算法进行图像扰乱，通过计算矩阵宽度和长度来确定子块，并应用螺旋扫描变换来打乱子块中的像素，同时生成用于后续解密的组密钥；第二层运用离散小波变换进行数据编码，在增强安全性同时，还能实现数据压缩以提升传输效率；第三层使用高斯白噪声进行随机干扰，通过精心设计的均值和标准差参数注入噪声，为数据添加额外的保护层。在模型安全方面，将联邦学习与同态加密相结合：首先使用联邦学习技术实现去中心化的模型训练，避免原始数据离开本地；然后通过同态加密技术对模型参数进行加密，确保参数在加密状态下仍可进行必要的数学运算，从而实现安全的模型聚合。此外，整个框架还集成了基于虚拟网络的私有数据库、支持加密数据分析的降噪卷积神经网络（DCNN）等关键技术，形成了一个完整的端到端安全解决方案。

3.4 工业数据安全运营体系建设

数据安全运营是一个技术、流程和人有机结合的复杂的系统工程，通过对已有的安全产品、工具、服务产出的数据进行有效的分析，识别解决数据安全风险，迭代优化已有安全体系，从而帮助组织实现持续化数据安全能力的过程。工业企业在完成数据安全管理体系与技术体系建设工作后，需通过安全运营使得整个数据安全防护体系高效运转起来。按照数据安全事件发生的时间点，本书将安全运营划分为"事前"预防、"事中"监测、"事后"处置三个阶段，本章从工作机制设计及运营手段建设两个维度详细阐述各阶段的工作要点。

3.4.1 工业企业数据安全运营机制

工业企业数据安全运营需覆盖事前预防、事中监控与响应、事后复盘与改进全流程，结合技术手段、管理策略和制度建设，构建闭环防护体系。

3.4.1.1 事前预防：风险识别与防护体系构建

1. 数据资产梳理与分类分级

（1）数据资产盘点。

● 全面识别企业内数据类型（如生产数据、设备数据、供应链数据、客户数据），绘制数据资产地图，标注数据存储位置（数据库、工业云、边缘设备等）及流动路径（如 PLC→SCADA→MES 系统）。

● 工具：通过数据发现工具（如 IBM InfoSphere）扫描工业网络，识别 OT/IT 环境中的数据节点。

（2）分类分级管理。

按业务重要性和敏感度划分等级（如核心生产数据、一般运营数据、公开数据），制定差异化防护策略：

● 核心数据（如工艺参数、配方）：加密存储 + 访问控制 + 实时监控；

● 一般数据（如设备日志）：权限管控 + 定期审计。

2. 安全防护体系搭建

（1）边界防护。

● 在 OT/IT 网络边界部署工业防火墙，基于白名单规则（如 IP、端口、协议）限制非法通信，阻止 IT 侧攻击向 OT 渗透（如勒索软件通过 USB 或网络横向传播）。

● 案例：某汽车工厂在 PLC 与 SCADA 系统间部署工业防火墙，禁止非授权的 Modbus 协议访问。

（2）访问控制与身份管理。

● 实施最小权限原则（PoLP）：为工业控制系统（ICS）用户、设备分配仅完成任务所需的权限，如操作员仅能读取实时数据，工程师才有权修改控制参数。

● 采用双因素认证（2FA）：登录 ICS 系统需"用户名 + 密码 + 硬件令牌"，防止凭证泄露导致的越权操作。

（3）数据加密与脱敏。

● 传输加密：在工业网络（如 OPC UA 协议）中启用 TLS 加密，防止数据在传感器→控制器→服务器传输过程中被窃听。

● 存储加密：对核心生产数据使用 AES-256 加密存储，备份数据同步加密；研发数据在共享前进行脱敏处理（如替换敏感工艺参数为模拟值）。

3. 制度与人员能力建设

（1）安全管理制度。

制定《工业数据安全管理规范》，明确数据采集、使用、存储、销毁全生命周期流程，例如：

● 禁止员工通过个人 U 盘拷贝生产数据；

● 第三方厂商访问内部系统需签订保密协议并申请临时权限。

（2）安全培训与意识教育。

定期对员工（尤其是生产线操作人员）开展安全培训，内容包括：

● 识别钓鱼邮件（如伪装成设备供应商的恶意链接）；

● 异常数据上报流程（如发现传感器数据异常波动时及时通知安全团队）。

3.4.1.2 事中监控与响应：风险检测与应急处置

1. 实时监测与威胁预警

（1）工业网络流量分析。

部署工业协议分析工具（如 Tofino、Industrial Defender），解析 OPC UA、

Modbus 等工业协议，识别异常行为：
- 监测未经授权的设备接入（如陌生 IP 尝试连接 PLC）；
- 检测协议字段异常（如 Modbus 请求中出现非法功能码）。

（2）数据流动监控。

通过数据防泄漏（DLP）系统监控敏感数据流向，例如：
- 禁止生产数据向互联网传输（如阻止 MES 系统直接连接公网）；
- 审计研发数据通过邮件、云盘外发的行为，对含敏感关键词的文件自动拦截。

（3）态势感知平台。

整合 OT/IT 安全数据（如防火墙日志、ICS 操作日志、入侵检测系统（IDS）告警），构建工业数据安全态势感知大屏，实时展示风险等级、攻击来源、受影响资产等信息。

2. 应急响应机制

（1）应急预案制定。

针对数据泄露、勒索攻击等场景制定《数据安全事件应急预案》，明确：
- 应急响应小组职责（如技术组负责溯源，沟通组负责对外通报）；
- 处置流程：发现事件→隔离受影响系统→取证分析→数据恢复→溯源追责。

（2）模拟演练与工具准备。
- 定期开展应急演练（如模拟 PLC 数据被篡改后的恢复流程），验证预案有效性；
- 预先准备离线备份系统和加密传输通道，确保在断网环境下可快速恢复核心数据。

3. 动态策略调整

根据实时监测结果动态调整防护策略，例如：
- 发现某区域频繁遭受暴力破解攻击时，自动封禁攻击 IP 并增强该区域的访问认证强度；

● 当生产线进入调试阶段时,临时放宽工程师对控制参数的修改权限,并开启操作行为全记录。

3.4.1.3 事后复盘与改进:持续优化安全能力

1. 事件复盘与根因分析

(1)复盘会议与报告。

事件处置完成后,组织跨部门复盘会议,分析:

● 攻击路径(如漏洞利用、人员误操作);

● 现有防护体系的薄弱环节(如某老旧设备未启用固件更新导致漏洞被利用)。

(2)技术改进。

根据复盘结果修复安全漏洞:

● 对暴露的系统漏洞及时补丁(如 ICS 厂商发布的安全更新);

● 升级防护设备规则库(如工业防火墙新增针对新型勒索软件的拦截规则)。

2. 数据安全能力评估

(1)合规性审计。

对照国家标准(如《工业数据分类分级指南》《数据安全法》)开展自查,确保:

● 数据跨境传输符合要求(如通过安全评估或签订标准合同);

● 第三方合作的数据安全条款有效落实(如供应商访问日志留存期限达标)。

(2)攻防演练与渗透测试。

定期聘请专业团队对工业系统进行红蓝对抗演练,模拟真实攻击场景(如物理入侵工控机房、供应链攻击),检验防护体系的实战能力。

3. 长效机制建设

(1)安全绩效评估。

建立 KPI 指标评估数据安全运营效果,例如:

- 漏洞修复及时率（衡量事前预防有效性）；
- 应急响应平均耗时（衡量事中处置效率）。

（2）技术创新与生态合作。
- 跟踪工业数据安全新技术（如零信任架构、联邦学习在数据共享中的应用），试点部署以提升防护能力；
- 加入行业安全联盟（如工业互联网产业联盟），共享威胁情报（如新型工业病毒特征）。

总结：全流程闭环运营的核心逻辑。

工业企业数据安全运营需以"预防为主、监测为辅、响应迅速、持续改进"为原则，通过事前构建"识别-防护-制度"的立体防线，事中建立"监测-预警-处置"的快速响应机制，事后形成"复盘-优化-创新"的能力提升闭环，最终实现对生产数据、业务数据的全生命周期保护，保障工业系统安全稳定运行。

3.4.2 工业企业数据安全运营能力建设

在工业企业数据安全运营能力中，数据安全监测发挥着关键的作用，工业企业数据安全运营人员通过监测能力识别的风险，开展预警及响应处置工作，本小节详细阐述工业企业数据安全监测能力建设方法（图3-15）。

3.4.2.1 基本原理

工业领域数据安全监测重点需要解决"监测什么、如何监测、难点在哪、能否实现"等问题。数据安全监测旨在及时发现数据泄露、数据篡改、数据滥用、违规传输、非法访问、流量异常等数据安全风险，防范数据篡改、破坏、泄露或者非法获取、非法利用等安全事件。监测范围包括数据内容、数据承载载体以及数据操作行为，如图3-16所示，它们彼此联系、相互影响，并不是严格区分、互相孤立的。

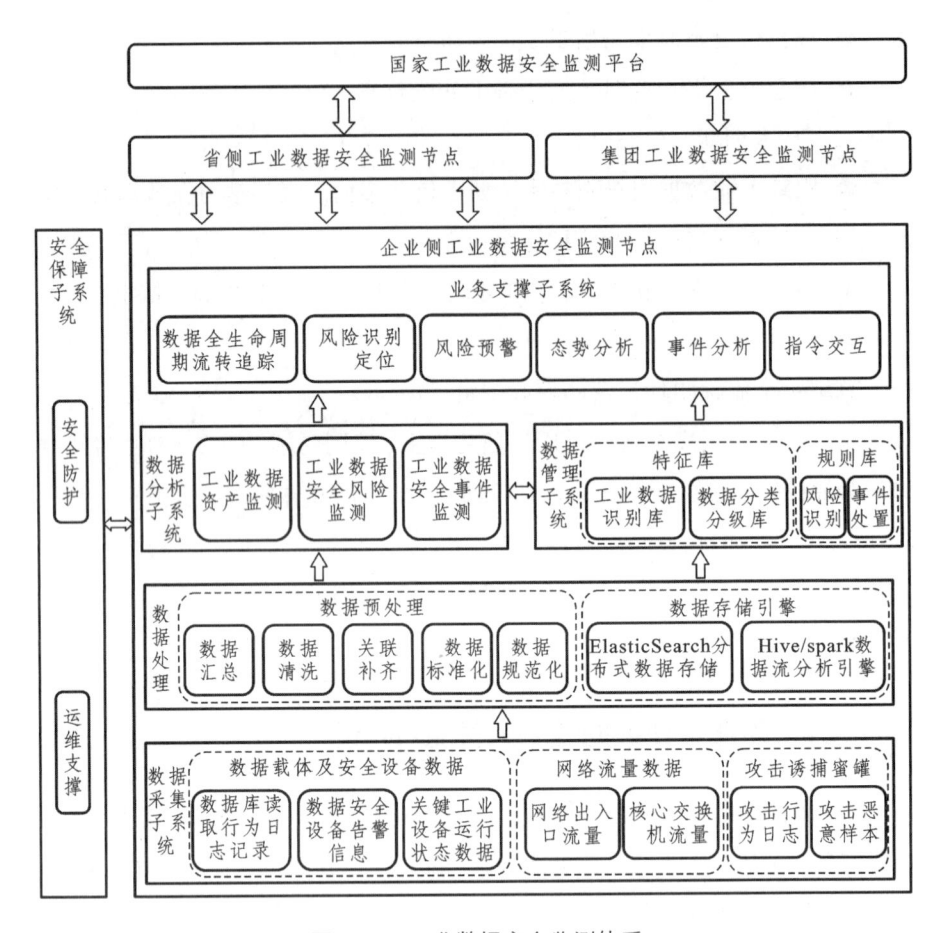

图 3-15 工业数据安全监测体系

图 3-16 工业数据安全监测范围

其中，工业数据承载载体主要包括工业控制系统、工业主机、工业数据服务器、工业软件、工业数据库、通用数据库（管理网）、工业云平台等。

3.4.2.2 主要技术手段

工业企业侧综合运用主动扫描、流量分析、日志审计等技术手段，汇集企业 OT+IT 网络数据安全监测信息，形成工业数据资产识别、风险分析、威胁预警、应急处置等能力，及时发现数据泄露、违规传输、流量异常等安全风险及安全事件（图 3-17）。

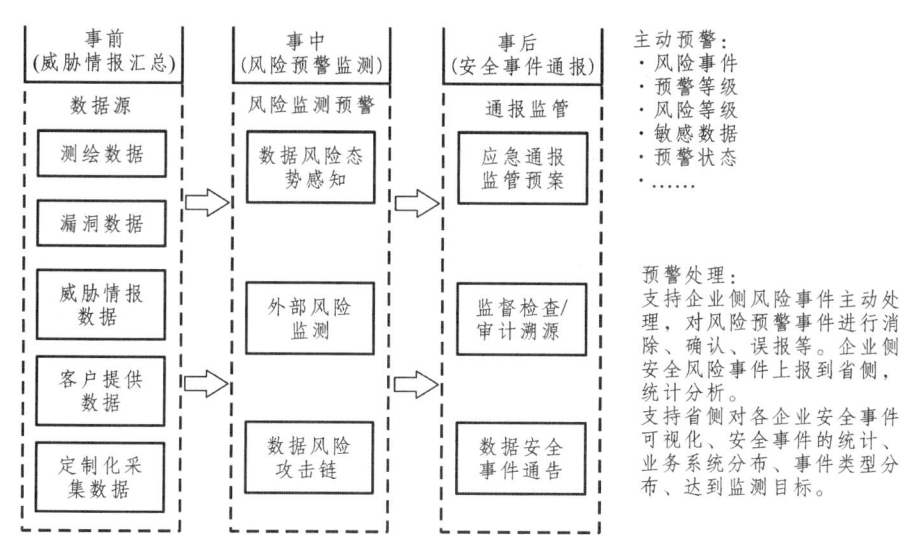

图 3-17 工业数据安全监测技术手段

1. 风险识别技术

在风险识别技术领域，结合数据流动性特性，可以分为网络流量分析、风险操作监测、交换策略监测、接口访问监测、用户实体行为分析、安全影响评估等。

（1）网络流量监测。

网络流量监测是指针对网络流量以及其他流量进行的检测分析。流量监测需要对网络中传输的实际数据进行分析，主要是对数据或者文件内容进行解析与识别。其中，文件解析与识别是指运用机器学习、深度学习等技术，进行智能化解析、审查、比对，对以数据或者文件内容信息进行分析、评估和审核的行为。工控网络典型流量监测模型包括：

- 基于自回归综合移动平均的流量预测模型：是典型的工控网络流量监测模型，该模型可对工业控制系统网络的短期流量进行预测，并根据流量模式的异常变化准确检测渗透攻击。此外，该异常检测模型采用单类支持向量机，能够通过分析以太网/IP 数据包中的关键字段来检测恶意控制指令。

- 基于行为模型的异常检测方法：该方法从工业控制网络流量中提取行为数据序列，建立控制器和工业控制系统受控过程的正常行为模型，并比较测试行为数据和预测行为数据，以检测异常。

（2）风险操作监测。

风险操作监测是指主要针对包括内部人员、运维人员、业务开发合作厂商等人员操作核心业务系统异常操作的监测行为。主要利用通用的已知审计监测模型，以及利用大数据机器学习模型，建立行为基线 AI 分析行为的能力。其中，AI 分析主要是在行为基线异常波动特征监测上，考虑时间序列、调用内容分布等多维特征，充分混洗用户访问数据及接口调用数据，利用动态主题模型进行标签训练，同时引入长短期记忆网络训练异常识别模型，通过容器封装实现模型的敏捷生产应用，快速提升发现效果。利用上述技术可以针对数据泄露类、账号权限类、操作违规类、流程违规类四类主要威胁场景进行发现异常操作和未知的风险。典型工控网络异常行为监测手段如下：

- 基于工业 PLC 的时序指纹识别技术检测方法：该方法通过对 PLC 的输入/输出作为请求/响应消息的函数进行建模，从而对扫描周期和控制逻辑之间的关系进行建模来检测重放攻击。

- 基于日志的异常检测方法：该方法以系统的监控控制和数据采集日志作为输入，利用数据驱动结构学习将系统的控制不变量抽象为控制图，监控图边缘的权值以检测异常。

（3）交换策略监测。

交换策略监测是指针对于数据信息的发送和接收需建立安全、可控、便捷的跨网数据交换通道及策略，实现事前可控、事中可查、事后可溯的跨网数据交换全生命周期策略监测管控的行为。

(4)接口访问监测。

接口访问预警,是指在业务系统之间流转或对外提供服务过程中对接口调用未授权或调用异常的检测预警。

(5)用户实体行为分析。

UEBA用户实体行为分析,是指提供画像及基于各种分析方法的异常检测,通常是基本分析方法(利用签名的规则、模式匹配、简单统计、阈值等)和高级分析方法(监督和无监督的机器学习等)用打包分析来评估用户和其他实体(主机、应用程序、网络、数据库等),发现与用户或实体标准画像或行为相异常的活动所相关的潜在事件。这些活动包括受信内部或第三方人员对系统的异常访问(用户异常),或外部攻击者绕过安全控制措施的入侵(异常用户)。UEBA可以识别历来无法基于日志或网络的解决方案识别的异常,是对安全信息与事件管理的有效补充。它是一个完整的系统,涉及到算法、工程等检测部分,以及用户实体风险评分排序、调查等用户交互、反馈。

(6)安全影响评估。

数据安全影响评估是指依据有关数据安全标准,对信息系统及由其处理、传输和存储的数据的保密性、完整性和可用性等安全属性进行科学评价的过程。它要评估系统数据所面临的威胁以及脆弱性被威胁源利用后安全事件发生的可能性,并结合资产的重要程度来识别信息系统的安全风险等级。

数据安全影响评估主要有自评估和委托评估两种形式。自评估是指数据拥有者、运营或使用单位发起的对本单位进行的数据安全风险评估。委托评估是指委托具有相应专业资质的第三方机构提供技术支持。由于数据安全影响评估的敏感性,涉及敏感信息和核心数据部分,参与评估工作的人员均应遵守国家有关保密法规,对涉及的保密事项,应采取相应措施,签订保密协议并承担相应责任。数据安全影响评估作为数据安全保障工作的基础性工作和重要环节,应贯穿于业务流程及数据使用全生命周期。

2. 态势感知技术

数据安全态势感知是以数据安全全生命周期管理为核心,通过采集分析来组织终端、网络、存储、结构化和非结构化的各类安全设备日志，通过人工智能算法，利用海量数据分析引擎及模型实现对数据风险的主动发现、精准定位、智能研判、快速处置、严格审计，完成对数据安全保护工作的闭环处置流程，并提供完整追溯取证证据链，全面保障客户数据安全。同时能将各个孤立的安全系统进行资源整合，达到数据集中和关联分析以揭示事件背后隐藏的逻辑关系从而全面监控数据安全状况，指导企业安全管理，有效预防、阻断或减少安全威胁事件的发生。主要包含溯源取证、风险感知与可视化安全态势等技术。

溯源取证：实现端到端精确溯源，识别各种主流传播方式，如邮件、微信等网络传播，U 盘、移动硬盘等介质传播，打印、刻录等物理形态传播。根据传播路径可自动生成溯源报告，并对相关的记录、日志、快照进行封存，支持取证工作。

风险感知：对核心业务对象进行建模，形成数据画像、设备画像、用户行为画像等，抽取对象关键管理特征向量，建立基线、发现异常行为，快速了解数据安全风险和态势。

3. 数据安全事件响应技术。

数据安全事件响应主要包括事件发现，事件处置，应急响应，事件溯源等四个技术。

（1）事件发现。

安全事件发现是数据安全事件响应的第一步，是指通过主动发现和被动发现，确认入侵检测机制或另外可信站点警告已入侵，以及主动监测数据可能泄露的点，第一时间定位和处理并实行紧急预案。数据安全事件发现依赖内/外部情报技术和互联网监测技术，采集足够安全检测和异常行为数据后，进行结合大数据分析和快照技术实现事件分析与事件留痕。

① 内/外部情报技术：内/外情报技术可以理解为：结合自身业务和信息系统建设，敏捷地获取可提供快速自检或周期性检查的情报信息，可以有效防范企业自身或合作伙伴引入的产品和服务的脆弱性。同时内/外情报技术还可以

结合企业的数据资产属性数据，如品牌、硬件、软件、固件、中间件、数据库及应用程序等，并关联整个 IT 供应链情报，在安全告警、安全通报发生第一时间形成企业的威胁分析报表。

② 互联网监测技术：利用爬虫技术，配置专用特征和策略，监测互联网数据安全事件，如敏感数据泄露，敏感文件共享，暗网数据买卖，数据安全用户投诉等。爬虫技术还可以利用数据被泄露、被滥用、被非法访问等操作行为特征，从互联网、暗网等网络空间里，监测代码泄露、文件泄露、黑产交易等。

③ 安全预警分析：在经过一定量级的安全产品及服务部署后，企业的安全运营类数据将会得到极大的累积，大量的安全日志、安全事件记录、业务访问日志等数据需要被进一步挖掘，考虑从全局角度和业务价值，分析潜在的未知攻击或未暴露攻击。

④ 系统快照：常规情况下，信息系统进程、账号、服务端口和关键文件签名等状态信息的记录。通过在系统初始化或发生重要状态改变后，在确保系统未被入侵的前提下，立即制作并保存系统快照，并在检测的时候将保存的快照与信息系统当前状态进行对比，是后续检测安全事件的一种重要途径。同时，通过态势感知、Net-Flow 技术等技术辅助发现。

（2）事件处置。

事件处置是指安全事件发生之后，采取常规的技术手段处理应急事件。在确认发生数据安全事件后，首要动作是对外通传。对外通传一般包含对监管单位事件上报和对用户事件通报。次之动作是执行抑制措施，根据事件发现中所发现的攻击特征，比如攻击利用的端口、服务、攻击源、攻击利用系统漏洞等，采取有针对性的安全补救工作，以防止攻击进一步加深和扩大。在整个处置技术中至少需要如下快速通报机制和事件还原两类技术支持。

快速通报机制技术为了配置监管合规和法律要求，企业需要配置快速通报机制或系统，在安全事件确认后，第一时间为监管、用户通传事件缘由、影响范围、已开展抑制措施等信息。通常是通过独立建立应急管理系统或公关平台进行通知，或把相关功能内置于特定业务模块进行通知。

事件还原技术是结合多段技术手段和留存数据,可部分还原或高度还原事件发生过程。为了还原完整事件,或通常,在组合日志分析技术和流量还原技术后,事件还原需要更多专家经验判断和分析。合理地,利用电子取证,可以确保整个事件还原更加客观,进而满足司法证据要求。

(3)应急响应。

应急响应是指一个组织为了应对各种意外事件的发生所做的准备以及在事件发生后所采取的措施。应急响应的主要实现方式为准备(预防:扫描、风险分析、打补丁)、检测(事件是否发生,事件产生的原因和性质)、遏制(隔离网络、修改防火墙或者路由器规则、删除攻击者登录账号、关闭被利用的服务器或者主机)、根除(分析原因、进行安全加固)、恢复(恢复系统备份)、跟踪(关注效果)等。主要采用应急响应案例库与应急响应工具包两种技术来支撑:

应急响应工具包是指导和支持应急响应工作开展的软件(未编译、已编译)、配置文件(快照、透传、最新备份等)、加固策略、操作指令、实施手册等合集。工具包通常由安全企业结合行业特征,开发的版本的软件或工具集或应用程序。工具包需要定期更新,包含运行环境、版本、参数,并独立于在网信息系统保存。

应急响应案例库与工具包相对应。案例库为历史发生的案例集锦。案例库主要包括分析企业过往安全事件或应急处理过程,并进行完整留痕,记录处理要点和关键生效动作。

(4)事件溯源。

安全事件溯源,是指通过综合利用各种手段主动地追踪攻击发起者、定位攻击源,结合取证和威胁情报,有针对性地减缓或反制网络攻击,争取在造成破坏之前消除隐患。

3.5 典型数据安全风险排查与防范

研究发现,绝大多数数据安全事件均由几种典型的安全风险引发,做好典型数据安全风险的防护和排查工作能规避80%以上的安全事件。据调研，工业高端装备等数据载体漏洞"后门"、数据暴露面、勒索病毒是工业企业遭受数据窃取等攻击行为主要原因，本节详细阐述了以上三种攻击行为的规避手段，供工业企业数据安全运营人员在日常工作中参考。

3.5.1 工业装备数据安全风险排查及防护方法

当前，工业装备逐渐向自动化、网络化、信息化和智能化方向发展，装备中存在的漏洞是引发装备数据安全事件的重要风险因素。然而，我国在数控机床、工业机器人、精密仪器仪表、医疗设备等重要工业行业大功率工业设备方面自主研发能力不足，国外品牌在市场份额中占据了统治地位，这些设备存在大量未知的后门程序和漏洞情况，是潜在数据安全威胁。此外，许多重要工业企业的系统集成和设备的运维和升级严重依赖过国外技术，国外厂商在远程运维环节会秘密开放端口，搭建通信链路，窃取数据，本节详细说明装备数据安全风险的排查与防护方法。

3.5.1.1 工业装备漏洞、后门程序排查及防护方法

1. 风险排查

● 梳理在CVE、CNVD等国内外知名漏洞库中公开的与数据安全风险强相关的工业装备漏洞及后门程序信息，研判组织内的工业装备是否存在数据安全风险隐患。

● 基于工业数据安全检测评估、漏洞扫描等工具开展自查，通过渗透测试等手段评估工业装备中是否存在漏洞及后门程序，及时补丁修复。

2. 风险防护

● 清点和梳理组织内的工业装备品牌、型号及安装的软件版本等信息，建立完整的工业装备台账。

● 完善数据安全相关制度，提升相关人员数据安全防护意识，及时修复

在风险排查环节发现的漏洞及后门程序。

3.5.1.2 工业装备非受控运维、远程运维排查及防护方法

1. 风险排查

基于工业装备台账,梳理组织内工业装备的全部远程运维、非受控运维场景,从装备类型、承载的数据类别、级别、开放的端口等方面评估存在的安全隐患,研判运维环节数据是否安全可控。

2. 风险防护

● 建设数据接口安全监测能力,重点对远程运维、非受控运维过程中对外开放的端口及数据接口的数据访问读取流转情况进行实时监测,掌握数据流动的整体态势,及时发现异常通信、数据回传等攻击行为。

● 依据远程运维、非受控运维场景评估结果,分析运维环节风险产生的原因,形成具体的风险处置措施清单并及时整改。

3.5.1.3 工业装备上云上平台数据安全风险排查及防护方法

1. 风险排查

(1) 平台企业排查要点。

密切关注 CVE、CNVD 等国内外知名漏洞库的漏洞风险信息,及时修复漏洞、加固平台,做好整改和反馈。

(2) 装备用户企业排查要点。

● 清点和梳理组织内的高端装备数据资源上云、高端装备连接云平台等场景,形成资源上云清单。在清单中列明上云数据名称、数据所属装备名称、工业云平台名称、所属厂商、版本等信息。

● 定期从高端装备数据托管平台的安全机制设计、安全设备配置、托管数据类别级别等方面评估云平台数据安全防护水平,排查风险隐患。

● 加强对第三方云平台的安全督导,及时发现云平台的安全隐患。

● 建设数据安全监测能力,监测是否存在云平台过度采集数据、下发恶

意指令等风险隐患，掌握总体安全态势。

2. 风险防护

（1）平台企业风险防护要点。

● 根据云服务相关政策标准、数据安全相关政策标准，做好数据分类分级防护与管理，定期进行平台数据安全风险评估。

● 一旦发现潜在数据安全隐患或收到工业和信息化领域数据安全风险信息报送与共享通报平台通报的漏洞信息、安全风险等，尽快通知用户企业，并及时进行整改。

（2）装备用户企业风险防护要点。

● 制定供应链数据安全管理方案，对合作方的资质条件、数据安全保护能力等进行核实，及时整改发现的问题。

● 制定应急响应预案，明确应急人员与职责，制定数据与系统服务的应急和恢复方案，并定期开展演练。

● 一旦发现或被告知云平台存在风险，及时切断数据传输，做好应急处置。

3.5.2 数据暴露面风险排查及防护方法

工业企业系统、设备、数据互联成为趋势，攻击路径增多，可从网络端攻击生产端，窃取工艺流程、研发设计文档等工业数据。监测发现，许多工业企业数据安全意识不足，将数据库、组态软件等内部敏感信息系统直接暴露在公共互联网中，利用信息系统中存在的漏洞窃取数据是常见的黑客攻击路径。该风险的具体排查与防范思路具体如下：

（1）梳理数据资产、数据载体及 API 接口清单。

● 按照《工业领域重要数据识别指南》对数据资产进行识别梳理，形成数据分类分级清单及重要数据和核心数据目录，明确数据存储位置及对应安全防护措施。

● 清点和梳理组织内的数据库、大数据组件、文件服务器、数据中台、信息系统等数据载体，建立完整的数据载体清单。

● 清点和梳理数据载体对外开放的端口及 API 接口信息，建立接口台账。

（2）排查数据暴露面情况。

● 依据接口台账识别内部系统与外部用户或第三方系统间的连接关系，梳理全部的数据暴露场景，从暴露数据的类型、级别、数量、所属行业、获取难度、安全防护措施等方面评估数据暴露风险，研判数据流动情况是否可控，数据鉴权、访问控制等防护手段是否完善。

● 使用 nmap、masscan 等扫描工具对企业网络出口 IP 进行嗅探测试，评估是否包含数据载体清单中的数据库、文件服务器等数据载体，排查数据暴露情况。

（3）处置数据暴露面风险。

● 建设 API 接口数据安全监测能力，对数据的访问读取流转情况进行实时监测，掌握数据流动的整体态势，及时发现异常通信、恶意探测、违规传输等攻击行为。

● 依据数据暴露场景评估结果，分析数据暴露风险产生的原因，形成具体的风险处置措施清单并及时整改。如因数据载体弱口令、默认口令等产生的风险要提高密码强度并定期更换，必要时可采用多因子认证方式；因数据库、数据采集系统直接暴露公网的，要加强边界防护，必要时可采用 VPN 传输数据、设置 IP 白名单等；因接口访问控制措施不足暴露公网采用鉴权、访问控制等方式增强接口安全管控。

● 完善数据资产及其载体安全相关管理机制，开展宣贯教育，提高员工口令管理等安全意识，避免因未授权、弱口令等数据安全防护意识不足所导致的资产暴露风险。

3.5.3 数据勒索风险排查及防护方法

近年来，工业领域勒索攻击事件频发，勒索病毒已成为最典型的工业数据安全攻击行为，导致多家工业企业停工停产、巨额经济损失等严重后果。勒索病毒正呈现出攻击技术定制化、精细化、APT 化等特点，甚至与网络战、政治博弈密切关联，本节根据勒索病毒的传播方式详细阐述勒索病毒的排查及防护方法。

3.5.3.1 勒索病毒典型传播方式及排查隐患分析

1. 传播方式1：利用弱口令传播

攻击者利用远程桌面弱口令、服务器消息块（SMB）弱口令、远程过程调用（RPC）弱口令、数据库管理系统（如Mysql、SQL Server、Oracle等）弱口令、Tomcat弱口令、phpMyadmin弱口令、VNC弱口令、FTP弱口令、组态软件弱口令等进行攻击，入侵目标系统后上传勒索病毒恶意脚本对系统中的数据进行窃取加密，破坏数据的机密性、完整性和可用性。

排查方法：一是密切关注工业和信息化领域数据安全风险信息报送与共享通报平台通报的弱口令等风险信息，及时对照排查风险。二是每月定期开展弱口令摸底排查。

2. 传播方式2：利用横向渗透传播

攻击者入侵目标主机后，利用端口扫描、存活主机探测等手段刺探内网情况，通过入侵企业域控服务器、安全软件控制台、终端管理软件控制中心、IT管理软件等方式进行横向渗透，篡改策略等配置信息后向域内系统设备下发勒索攻击脚本，导致内网中大量主机中毒瘫痪。

排查方法：每年定期进行数据安全自评估或委托第三方机构开展数据安全评估，排查网络隔离、边界防护等措施是否部署到位，访问控制策略配置是否合理有效，139、445等不必要开放的端口及服务是否关闭。

3. 传播方式3：利用系统与软件漏洞传播

攻击者利用远程代码执行等漏洞，攻击入侵用户内部网络，获取管理员权限后传播勒索病毒。勒索病毒家族更替与漏洞出现时间及修复情况密切相关，Locky、CryptXXX等大量勒索病毒使用RIG EK、Sundoen EK等漏洞利用工具进行传播。攻击者常利用永恒之蓝等流行漏洞利用工具入侵目标系统，上传勒索病毒恶意脚本，导致数据被恶意窃取加密。

排查方法：一是每月定期开展风险摸排，基于漏洞扫描、渗透测试等手段发现漏洞等潜在风险。二是密切关注 CVE、CNVD 等国内外漏洞库及工业和信息化领域数据安全风险信息报送与共享通报平台中的漏洞等风险信息，及时对照排查风险。

4. 传播方式4：利用钓鱼与网站挂马传播

攻击者常将钓鱼与网站挂马结合使用，在正常网站插入恶意代码或自行搭建恶意站点实施挂马，利用钓鱼邮件等社会工程学手段，诱骗用户访问点击恶意链接，主动下载执行病毒木马程序，安装病毒文件，使得系统数据被窃取加密，无法正常访问或使用。

排查方法：每月定期开展风险摸排，研判是否存在木马、钓鱼邮件、被攻击的网站或邮件等。

5. 传播方式5：利用破解软件与激活工具传播

激活工具、破解软件等程序开发管理不规范、开发人员背景复杂，是病毒木马传播渠道的高发区，也是国内个人用户感染勒索病毒的主要原因之一。攻击者通过在相关网站上传激活工具或破解软件诱惑用户下载运行带毒文件，使得系统被勒索病毒等感染。

排查方法：安装主机杀毒软件，设置应用程序黑名单及白名单等，定期查杀病毒。

6. 传播方式6：利用僵尸网络传播

攻击者利用各类木马、蠕虫、漏洞利用工具抓取"肉机"，构建僵尸网络，在攻击时向被控"肉机"发起指令，实施大规模扫描、软件推广及勒索病毒下发，可使大量主机感染病毒。

排查方法：每月定期开展风险自查，查看主机服务列表中是否有可疑进程服务、未连接网络时网卡是否闪烁等，排查是否存在受控"肉机"、是否存在恶意流量攻击等。

7. 传播方式 7：利用供应链传播

供应链攻击已成为高级可持续性威胁（APT）组织攻击的常用手段，攻击者利用漏洞下发勒索病毒程序，攻击使用软件工具组件、在云平台托管数据的供应链上下游企业，造成大范围企业数据遭到破坏，引发产线停摆、产能骤降。攻击者还会利用软件供应链分发、更新等机制，在合法软件正常传播、升级等过程中，对合法软件进行劫持或篡改，传播勒索病毒。

排查方法： 一是查看供应链相关数据安全管理方案、合作方的资质条件、数据安全保护能力等情况，研判是否存在勒索病毒感染风险。二是每月定期对合法软件进行木马病毒检测和查杀。

8. 传播方式 8：利用移动介质传播

攻击者将勒索病毒置于 U 盘、移动硬盘等移动介质中进行传播感染，或隐藏移动介质原有文件，创建与移动介质图标相同的快捷方式，一旦用户点击，自动运行勒索病毒，实施勒索攻击。

排查方法： 每月定期开展风险自查，排查是否存在移动存储介质非授权插拔现象，是否存在与移动介质图标相同的快捷方式等。

3.5.3.2 勒索病毒防护措施

1. 事前风险防范

● 做好系统设备资产情况梳理。清点信息系统设备和应用程序，建立完整的资产清单；梳理数据在不同信息系统设备或应用程序间的流动方向，摸清攻击者横向渗透的可能路径；识别组织内部系统与互联网及外部第三方系统间的连接关系，建立接口清单，加强接口安全和网络连接保护，降低勒索病毒从互联网或第三方系统入侵攻击的风险。

● 做好数据处理环境安全管理。采取网络隔离、边界防护、入侵检测、身份认证、访问控制等防护措施，确保数据处理相关系统设备安全。在所有网络远程接入点启用 MFA，在防火墙中设置 IP 白名单，关闭不必要常开放的端口（包括 3389、22 等远程访问服务端口，135、139、445 等局域网共享端口等)。使用高强度系统设备口令并定期更换,及时更新杀毒软件和排查修复漏洞。对软件、供应链合作方、外接设备等加强安全管理。

● 做好数据分类分级安全保护。识别梳理形成数据资产台账,形成重要数据和核心数据目录清单,开展数据全生命周期分级安全防护,加强重要数据和核心数据的备份管理和恢复测试。

● 做好数据安全风险评估。定期开展自评估或第三方评估,排查企业存在的数据安全风险并及时整改加固。

● 做好数据安全教育培训。为组织内人员和合作方提供数据安全意识教育及专业技能培训,引导相关人员不点击来源不明的链接及附件内容,不轻易打开可执行程序,不浏览不良信息网站,不从不明网站下载安装软件,不插拔来历不明的存储介质等。

● 做好勒索病毒应急响应预案。针对重要数据库、信息系统制定勒索病毒应急响应预案,明确应急人员、职责、措施与机制,制定数据与系统服务的应急恢复方案,定期开展应急演练。

2. 事中监测预警

● 做好勒索病毒攻击安全态势感知。建立数据安全监测能力,实时监测勒索病毒安全威胁态势,及时发现异常通讯、恶意探测等攻击行为。针对邮件系统和内部文件的合法性进行有效监测,一旦探测到邮件中包含恶意代码,能够及时发出预警;探测到文件类型被修改或文件被加密等勒索活动,能够及时阻断,以防受到勒索病毒的再次入侵。

● 做好网络与数据安全审计。定期对数据库等系统日志进行审计分析,及时发现异常数据访问及处理行为,减少勒索病毒潜伏行为。

3. 事后应急处置

● 做好网络隔离。采取断网、断电、关机等方式切断受感染机器的网络连接,阻止勒索病毒传播。

● 做好分类处置。当发现数据尚未被完全加密时,应立即终止勒索软件进程或关闭计算机,阻止病毒继续加密数据;当发现数据已被全部加密时,及时开展专业处置；当感染情况不明时，尽快进行磁盘备份、保护提前备份数据等。

● 做好信息报告。及时通知其他可能会受到勒索病毒影响的系统设备管理人员，若造成较大及以上影响，应及时向地方工信主管部门报告；重大及以上影响，及时向工信部报告。

● 做好排查加固。全面排查数据泄露、破坏以及业务影响、影响范围等情况。及时修改相关系统设备口令，扫描、修复漏洞，针对性更新加固网络与数据安全措施，严格控制勒索病毒植入感染路径，利用备份数据恢复业务运行。

● 做好设备复用。采取删除可疑文件和程序、磁盘格式化、清除病毒、系统重装等措施，确保不再发生二次勒索病毒感染的情况下，恢复设备正常使用。

● 做好总结分析。分析勒索攻击的原因、过程、后果、应急处置手段及溯源情况等，尝试破解勒索病毒，做好记录留存和经验总结。

第 4 章 工业领域数据安全评估

数据安全评估作为一种有效的数据安全管理体系建设指导和风险管理手段，对于保障工业领域的数据资产安全、维持工业生产的稳定运行以及推动工业的可持续发展具有至关重要的意义。通过本章内容，读者将了解到开展数据安全评估的必要性、各类数据安全评估的差异以及数据安全评估的通用实施流程。此外，本章还将以工业领域拥有重要数据的企业应履行的法定义务——开展数据安全风险评估为例，为读者详细介绍数据安全风险评估的实施流程、评估内容及评估实践案例。本章内容旨在帮助工业企业对于数据安全评估有较全面的理解，助力构建和优化数据安全管理体系，提升数据安全管理水平和防护水平。

4.1 数据安全评估概述

4.1.1 开展数据安全评估的必要性

近年来,为指导企业规范数据处理活动,加强数据安全管理,促进数据开发利用,推动数字经济的健康发展,我国陆续推出多种数据安全评估制度、标准。通过这些数据安全评估制度和标准,企业能够发现自身在数据安全管理和防护方面的不足和问题,更好地保护拥有的数据资产,具体包括:

(1)满足合规性要求:通过数据安全评估帮助企业符合国家和行业的数据安全相关法律法规,如《数据安全法》《网络安全法》《个人信息保护法》等,避免因数据安全问题而产生的法律风险和行政处罚。

(2)降低数据安全风险:通过数据安全评估帮助企业建立完善的数据安全管理体系,规范数据处理流程,提高数据安全防护能力,降低数据泄露、篡改等安全风险。

(3)增强市场竞争力:在日益激烈的市场竞争中,拥有可靠的数据安全保障体系能够提升企业的市场竞争力;通过数据安全评估可以向客户、合作伙伴和监管机构证明组织具备良好的数据安全管理能力,增强市场信任度,有助于企业在市场竞争中脱颖而出。

(4)优化企业内部管理:通过数据安全评估提高员工的数据安全意识和知识水平,促进企业内部各部门之间的协作和沟通,提高数据安全管理的效率和效果,同时也有助于发现和解决企业内部数据安全管理中的问题和不足。

4.1.2 主要数据安全评估类型

本节将介绍一些国内主要的数据安全评估类型,包括数据安全能力成熟度评估(DSMM)、数据管理能力成熟度评估(DCMM)、数据出境安全评估以及数据安全风险评估。企业可根据自身业务需求、行业标准和法律法规要求,选择合适的评估体系进行参与。同时,企业还需要持续关注数据安全领域的新技术、新威胁和新法规的要求,持续改进数据安全管理体系,提高数据安全保障水平。

4.1.2.1 数据安全能力成熟度评估（DSMM）

评估依据：《信息安全技术 数据安全能力成熟度模型》（GB/T 37988—2019）。

面向对象：数据安全能力成熟度评估（DSMM）适用于广泛的企业类型，特别是那些拥有大量用户数据、对数据安全有较高要求的企业，如中国银行等金融机构、阿里巴巴等互联网企业、比亚迪等制造业企业。

评估目的：数据安全能力成熟度评估（DSMM，Data Security Capability Maturity Model）是我国首个依据国家标准《信息安全技术 数据安全能力成熟度模型》（GB/T 37988—2019）开展的数据安全评估，于2019年8月30日发布，2020年3月1日正式实施。DSMM评估以组织为单位，以数据为中心，围绕数据生存周期安全过程和通用安全过程，从组织建设、制度流程、技术工具、人员能力4个能力维度，将数据安全能力划分为五个等级，级别越高，代表该企业数据安全能力管理方面越优秀，以评判组织的数据安全能力。DSMM评估旨在帮助组织全面了解自身数据安全管理水平，发现数据安全能力短板，并根据评估结果进行改进。

评估内容：依据《信息安全技术 数据安全能力成熟度模型》（GB/T 37988—2019），数据安全能力成熟度评估（DSMM）以组织为单位，以数据为中心，围绕数据生存周期安全过程和通用安全过程，从组织建设、制度流程、技术工具、人员能力4个能力维度，将数据安全能力划分为五个等级，级别越高，代表该企业数据安全能力管理方面越优秀（1级是非正式执行级，2级是计划跟踪级，3级是充分定义级，4级是量化控制级，5级是持续优化级）。

评估内容主要围绕以下几个方面：

（1）组织建设：评估组织的数据安全治理结构、管理体系和责任分配等。

（2）制度流程：评估组织在数据安全方面的政策、程序、标准和审计机制。

（3）技术工具：评估组织用于数据安全保护的技术措施和工具的有效性。

（4）人员能力：评估组织内部员工在数据安全方面的意识、技能和培训。

这些评估内容覆盖了数据的全生命周期，包括数据的采集、传输、存储、处理、交换和销毁等阶段。评估过程中，会涉及30个数据安全能力过程域和

576个基本实践，以确保组织在数据安全方面的全面性和系统性。通过 DSMM 评估，组织能够识别数据安全的优势和不足，制定改进措施，提升数据安全管理水平，并满足相关法律法规的要求。

评估有效期：DSMM 评估有效期为三年，不需要每年进行年度监督审核，评估到期前至少提前 6 个月申请再评估。

4.1.2.2 数据管理能力成熟度评估（DCMM）

评估依据：《数据管理能力成熟度评估模型》（GB/T36073—2018）。

面向对象：数据管理能力成熟度评估（DCMM）适用于广泛的企业类型，主要包括两类企业：一是数据拥有方，如：银行、能源、通信等大数据拥有和使用的企业；二是信息技术服务方，如数据管理中台技术提供商、数据管理技术解决方案提供商。

评估目的：数据管理能力成熟度评估（DCMM，Data Management Capability Maturity Assessment Model）是我国在数据管理领域首个正式发布的国家标准《数据管理能力成熟度评估模型》（GB/T 36073—2018）开展的数据管理评估，于 2018 年 3 月 15 日发布，2018 年 10 月 1 日正式实施。DCMM 评估模型定义了数据战略、数据治理、数据架构、数据应用、数据安全、数据质量、数据标准和数据生存周期 8 个核心能力域，其中数据安全域包括数据安全策略、数据安全管理、数据安全审计共三个能力项。DCMM 将数据管理能力成熟度划分为五个等级，等级越高，代表企业数据管理和应用的成熟度水平越出色。DCMM 评估旨在帮助企业利用先进的数据管理理念和方法，建立和评价自身数据管理能力，持续完善数据管理组织、程序和制度，充分发挥数据在促进企业向信息化、数字化、智能化发展方面的价值。

评估内容：依据《数据管理能力成熟度评估模型》（GB/T36073—2018），数据管理能力成熟度评估（DCMM）包括数据战略、数据治理、数据架构、数据应用、数据安全、数据质量、数据标准和数据生存周期 8 个数据管理能力域，每个能力域包括若干数据管理领域的能力项，共 29 个。DCMM 将数据管理能力成熟度划分为五个等级，自低向高依次为初始级（1 级）、受管理级（2 级）、稳健级（3 级）、量化管理级（4 级）和优化级（5 级）。其中，数据安全域是数据管理能力成熟度模型中的第五个数据管理职能，包括数据安全策略、数据安全管理、数据安全审计共三个能力项，从规划设计到具体实操为行业企业数据机密性、完整性、可用性的保持提供了全流程的指导，评估内容主要包括：

（1）数据安全策略：是否制定数据安全策略，明确数据安全的目标、原则和要求。

（2）数据安全管理：是否建立健全的数据安全管理体系，加强对数据的访问控制、加密、备份等安全管理措施。

（3）数据安全审计：是否定期对数据安全管理工作进行审计，发现和纠正安全隐患。

评估有效期：DCMM 评估有效期为三年，根据现行评估规则不需要每年进行年度监督审核。

4.1.2.3 数据出境安全评估

评估依据：《促进和规范数据跨境流动规定》《数据出境安全评估办法》。

面向对象：数据处理者向境外提供数据，符合下列条件之一的，应当通过所在地省级网信部门向国家网信部门申报数据出境安全评估：关键信息基础设施运营者向境外提供个人信息或者重要数据；或者关键信息基础设施运营者以外的数据处理者向境外提供重要数据，或者自当年 1 月 1 日起累计向境外提供 100 万人以上个人信息（不含敏感个人信息）或者 1 万人以上敏感个人信息。

评估目的：为了保障数据安全，保护个人信息权益，促进数据依法有序自由流动，根据《网络安全法》《数据安全法》《个人信息保护法》等法律法规，对于数据出境安全评估、个人信息出境标准合同、个人信息保护认证等数据出境制度的施行，国家互联网信息办公室于 2024 年 3 月发布《促进和规范数据跨境流动规定》。

评估内容：依据《促进和规范数据跨境流动规定》《数据出境安全评估办法》，数据处理者在申报数据出境安全评估前，应当开展数据出境风险自评估，重点评估以下事项：

（1）数据出境和境外接收方处理数据的目的、范围、方式等的合法性、正当性、必要性。

（2）出境数据的规模、范围、种类、敏感程度，数据出境可能对国家安全、公共利益、个人或者组织合法权益带来的风险。

（3）境外接收方承诺承担的责任义务，以及履行责任义务的管理和技术措施、能力等能否保障出境数据的安全。

（4）数据出境中和出境后遭到篡改、破坏、泄露、丢失、转移或者被非法获取、非法利用等的风险，个人信息权益维护的渠道是否通畅等。

（5）与境外接收方拟订立的数据出境相关合同或者其他具有法律效力的文件等（以下统称法律文件）是否充分约定了数据安全保护责任义务。

（6）其他可能影响数据出境安全的事项。

评估有效期： 通过数据出境安全评估的结果有效期为3年，自评估结果出具之日起计算。有效期届满，需要继续开展数据出境活动且未发生需要重新申报数据出境安全评估情形的，数据处理者可以在有效期届满前60个工作日内通过所在地省级网信部门向国家网信部门提出延长评估结果有效期申请。经国家网信部门批准，可以延长评估结果有效期3年。

4.1.2.4 数据安全风险评估

评估依据：《数据安全法》《工业和信息化领域数据安全管理办法（试行）》《工业和信息化领域数据安全风险评估实施细则（试行）》《工业领域数据安全风险评估规范》。

面向对象： 重要数据处理者、关键信息基础设施运营者、处理100万人以上个人信息的个人信息处理者、大型互联网平台运营者、赴境外上市的数据处理者、党政机关、网络安全等级保护三级及以上运营者，如中国石油等能源企业、拼多多等电商企业、华为等电子信息产品制造企业。

评估目的： 为了规范数据处理活动，保障数据安全，2021年9月1日施行的《数据安全法》明确提出建立数据安全风险评估机制要求，第三十条规定"重要数据的处理者应当按照规定对其数据处理活动定期开展风险评估，并向有关主管部门报送风险评估报告。风险评估报告应当包括处理的重要数据的种类、数量，开展数据处理活动的情况，面临的数据安全风险及其应对措施等"。数据安全风险评估，主要针对数据处理者的数据和数据处理活动进行风险评估，旨在掌握数据安全总体状况，发现存在的数据处理不合理、缺少有效的数据安全措施等风险隐患，为进一步健全数据安全管理制度和技术措施，提高数据安全治理能力奠定基础。

基于《数据安全法》在工业和信息化领域的推进实施，工业和信息部出台了细化的工业和信息化领域数据安全风险评估要求，包括：

（1）2023年1月1日施行的《工业和信息化领域数据安全管理办法（试行）》，提出"第三十一条 工业和信息化领域重要数据和核心数据处理者应当自行或委托第三方评估机构，每年对其数据处理活动至少开展一次风险评估，及时整改风险问题，并向本地区行业监管部门报送风险评估报告"。

（2）2024年6月1日施行的《工业和信息化领域数据安全风险评估实施细则（试行）》，提出"第六条 重要数据和核心数据处理者每年至少开展一次数据安全风险评估，评估结果有效期为一年，以评估报告首次出具日期计算。评估报告应当包括数据处理者基本情况、评估团队基本情况、重要数据的种类和数量、开展数据处理活动的情况、数据安全风险评估环境，以及数据处理活动分析、合规性评估、安全风险分析、评估结论及应对措施等。第七条 重要数据和核心数据处理者可以自行或者委托具有工业和信息化数据安全工作能力的第三方评估机构开展评估。评估过程应当建立至少包括组织管理、业务运营、技术保障、安全合规等人员的专业化评估团队，制定完备的评估工作方案，配备有效的技术评测工具。第十条 重要数据和核心数据处理者应当在评估工作完成后的10个工作日内，向本地区行业监管部门报送评估报告。地方行业监管部门将本地区本领域重要数据和核心数据处理者的评估结果报送工业和信息化部"。

评估内容：依据《数据安全技术 数据安全风险评估方法》（20230257-T-469）、《工业领域数据安全风险评估规范》，数据安全风险评估包括合规性评估和安全风险分析两部分内容，其中合规性评估由正当必要性评估、基础性安全评估、数据全生命周期安全评估三部分组成，重点分析数据处理活动及所对应的数据种类、数量、目的、方式、范围以及保障能力是否符合法律、行政法规、标准规范要求；安全风险分析由风险源识别、安全影响分析、综合风险研判三部分组成，通过综合分析数据处理活动面临的威胁、所采用的保障措施情况以及发生数据泄漏、损毁、丢失等安全事件后产生的影响范围、程度等因素，综合研判数据处理活动安全风险等级。

评估有效期：工业领域重要数据和核心数据处理者每年至少开展一次数据安全风险评估，评估结果有效期为一年，以评估报告首次出具日期计算。在有效期内出现以下情形之一的，重要数据和核心数据处理者应当及时对发生变化及其影响的部分开展风险评估：

（1）新增跨主体提供、委托处理、转移核心数据的。

（2）重要数据、核心数据安全状态发生变化对数据安全造成不利影响的，包括但不限于数据处理目的、方式、适用范围和安全制度策略等发生重大调整的。

（3）发生涉及重要数据、核心数据的安全事件的。

（4）重要数据和核心数据目录备案内容发生重大变化的。

（5）行业监管部门要求进行评估的其他情形。

因此，拥有重要数据或核心数据的工业领域数据处理者，应该严格按照上述要求开展数据安全风险评估，履行好相关法定义务。下文也会以工业领域数据安全风险评估为例，具体展开介绍评估的实施流程、评估内容、评估方法等。

4.2 数据安全评估实施流程

企业可根据不同数据安全评估要求，选择自行组织评估或者委托第三方评估机构开展评估。本节以企业委托第三方评估机构开展评估为例，介绍开展数据安全评估的通用实施流程，一般包括准备阶段、自查阶段、选择评估机构阶段、实施第三方评估阶段、整改阶段、确定评估结果阶段、维护阶段等步骤，如图4-1所示。如果企业选择自行组织评估，则无需选择评估机构，由企业内部组建具备评估能力的评估团队，开展对应的评估工作。

```
┌──────────┐
│ 准备阶段 │
└────┬─────┘
     ↓
┌──────────┐
│ 自查阶段 │
└────┬─────┘
     ↓
┌──────────────┐
│ 选择评估机构阶段 │
└──────┬───────┘
       ↓
┌──────────────┐
│ 实施评估阶段 │
└──────┬───────┘
       ↓
┌──────────┐
│ 整改阶段 │
└────┬─────┘
     ↓
┌──────────────┐
│ 确定评估结果阶段 │
└──────┬───────┘
       ↓
┌──────────┐
│ 维护阶段 │
└──────────┘
```

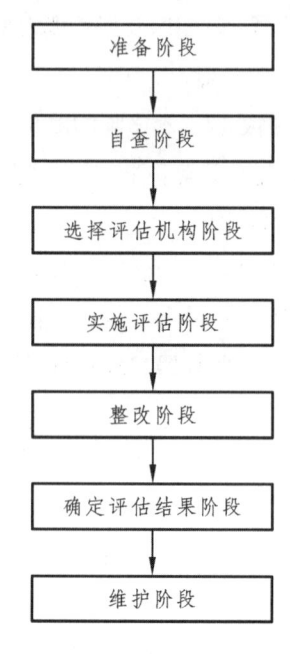

图 4-1　数据安全评估通用实施流程

4.2.1 准备阶段

（1）明确评估目标：确定企业进行数据安全评估的具体目标，例如满足法律法规要求、提升企业数据安全管理水平、增强客户信任等。

（2）组建团队：建立专门的数据安全评估工作小组，成员应包括企业内部的信息技术人员、安全管理人员、法务人员以及相关业务部门的代表，必要时可聘请外部专家顾问。

（3）收集相关资料：收集和整理企业现有的数据安全政策、制度、流程和操作规程等文档。了解企业的数据架构、系统架构、网络拓扑结构以及数据的存储、传输和处理方式。收集与数据安全相关的法律法规、行业标准和最佳实践。

（4）开展培训：对工作小组成员和相关员工进行数据安全评估知识培训，提高对数据安全的认识和理解，确保评估工作的顺利进行。

4.2.2 自查阶段

（1）制订自查计划：企业根据参与的数据安全评估要求，制定详细的自查表格，包括数据资产识别、数据分类分级、安全风险评估、安全措施评估等方面的内容。明确每个评估项的评估标准和分值，以便进行量化评估。

（2）逐项评估填写：按照自查表格的内容，对企业的数据安全状况进行逐项评估。根据实际情况，在评估表格中填写相应的分值和说明，客观反映企业数据安全的现状。

（3）结果汇总分析：自查工作小组对自评估表格中的数据进行汇总分析，计算总分和各部分的得分情况。分析评估结果，找出企业数据安全管理中的薄弱环节和存在的问题。通过以上自查阶段的工作，企业可以全面了解自身的数据安全状况，为后续的正式评估和整改提升提供依据。

4.2.3 选择评估机构阶段

（1）调研评估机构：企业可通过相关数据安全评估官网、行业主管部门推荐等方式了解市场上具有资质和良好声誉的数据安全评估机构，比较其评估范围、评估标准、服务质量和收费标准等。

（2）确定评估机构：根据企业的需求和评估，选择合适的评估机构，并与其取得联系，了解评估流程、时间安排和费用等具体信息。

（3）签订评估合同：企业与评估机构签订正式的评估合同，明确双方的权利和义务，包括评估的范围、标准、时间、费用、保密条款等。

4.2.4 实施评估阶段

（1）提交申请材料：企业按照评估机构的要求，准备并提交相关的申请材料，如企业基本信息、数据安全管理体系文件、自我前期评估报告等。

（2）现场评估：评估机构派遣评估员对企业进行现场评估，评估内容包括企业的数据安全管理制度、技术措施、人员培训、应急响应等方面。评估员会通过查阅文件、访谈人员、工具检测等方式收集证据，以验证企业数据安全管理体系的有效性。

（3）抽样测试：评估机构可能会对企业的系统和数据进行抽样测试，以检验数据安全技术措施的实际效果，如漏洞扫描、渗透测试等。

4.2.5 整改阶段

（1）接收评估结果：企业接收评估机构的评估结果和整改意见，了解存在的问题和不足之处。

（2）制定整改计划：企业根据评估结果和整改意见，制定详细的整改计划，明确整改的责任部门、责任人、时间节点和整改措施。

（3）实施整改措施：企业按照整改计划，组织实施整改措施，对存在的问题进行逐一整改，并确保整改措施的有效性。

4.2.6 确定评估结果阶段

（1）确认评估结果：评估机构对企业的整改情况进行再次审核，以确认企业是否已经按照要求完成了整改，最终判断此次企业数据安全评估的结果。

（2）出具评估报告：评估机构根据最终评估结果，出具盖章的数据安全评估报告，证明企业的数据安全管理能力达到了相应的标准和要求。

4.2.7 维护阶段

（1）内部审计：企业内部应建立数据安全审计机制，定期对数据安全管理体系进行内部审计，发现问题及时整改，不断完善数据安全管理体系。

（2）持续改进：企业应根据内部审计和外部监督审核的结果，以及数据安全领域的新技术、新威胁和新法规的要求，持续改进数据安全管理体系，提高数据安全保障水平。

（3）再次评估：企业应及时关注数据安全评估结果的有效期，在有效期届满前根据相关要求开展再次评估。

4.3 数据载体安全评估技术

工业数据的存储与传输高度依赖于各式各样的载体，如工控系统、传感器网络及智能设备等，这些载体的安全性直接关乎到工业数据的完整性、保密性以及整个生产流程的稳定运行。因此，对工业数据载体的全面评估显得尤为重要。本节将深入探讨针对工业环境的数据载体评估技术中的关键环节——工业数据载体的漏洞扫描、渗透测试以及基线核查，旨在构建一个针对工业场景的全方位、多层次的数据载体安全防护体系，确保工业数据的安全无忧。

4.3.1 漏洞扫描技术

漏洞扫描技术是一种专为提升工业系统安全性而设计的自动化工具，它通过全面扫描目标工业系统，如工控机、PLC（可编程逻辑控制器）、SCADA（监控与数据采集）系统等，来发现其存在的已知安全漏洞。这些专为工业环境定制的工具，基于广泛收集的工业漏洞数据库，对系统开放的服务、端口、工业通信协议（如 Modbus、OPC UA 等）进行深入检测，通过精确比对已知漏洞的特征，有效揭示出潜在的安全风险，为工业系统的安全防护提供有力支持。漏洞扫描技术操作流程如下所示。

1. 明确目标

确定扫描范围：首先，需要了解工业企业的业务需求和安全要求，以便根据这些要求来确定扫描的优先级和范围。明确扫描的目标范围，根据资产清单和网络拓扑结构，确定需要扫描的 IP 地址范围，可以是单个工业设备、一组工业控制系统（ICS）、整个网络基础设施或特定的应用程序。确保获得合法的授权，明确扫描的边界和限制。

定义扫描目标：具体说明扫描的目的时，需着重考虑工业环境中的特殊需求，如确保生产流程的稳定性和安全性。为此，确定需要扫描的服务端口应聚焦于那些支撑工业操作的关键端口。根据目标工业控制系统的特点和业务需求，选择可能开放的、与工业协议相关的服务端口进行扫描，例如

Modbus、OPC UA、DNP3 等工业通信协议端口。扫描的目的可能包括识别针对工业系统的已知漏洞、评估工业设备补丁管理的有效性、分析工业配置中的安全缺陷等。

如果扫描目标是特定的工业应用程序，如 PLC（可编程逻辑控制器）软件、SCADA（监控与数据采集）系统或工业物联网平台，需要明确该应用程序的名称、版本号以及已知或潜在存在的漏洞点。这些信息将指导扫描团队在扫描过程中重点关注这些关键区域，以确保能够及时发现并应对可能的安全威胁。

同时，在规划扫描范围时，应合理区分网络中的关键资产与非关键资产。对于工业网络中的非关键资产，如测试环境的模拟设备、已废弃但尚未移除的旧设备，可以基于风险管理的原则，将其排除在常规扫描范围之外，以减少扫描所需的时间和降低因非关键问题引发的误报率。这些精心设定的目标将直接指导后续的扫描策略制定，确保扫描活动既高效又针对性强，从而有效提升工业环境的整体安全水平。

2. 信息收集

网络扫描：在工业环境中，使用专门的网络扫描工具（如 Nmap、Shodan、特定的工业协议扫描器如 Modscan、Wireshark 的工业协议分析插件、FOFA、站长工具针对工业特定场景的子域名挖掘等）对目标工业网络进行深入扫描。这些工具不仅能够帮助识别存活主机、开放端口、子域名等基本网络信息，还能特别针对工业控制系统（ICS）识别特有的工业协议通信端口和服务，如 Modbus、OPC UA、Ethernet/IP 等。

资产识别：通过扫描结果和现有资产清单，识别目标系统中的工业控制设备、服务器、工作站等关键资产。

漏洞数据库查询：通过访问 CVE 官方网站或其他 CVE 兼容的数据库（如 NVD 国家漏洞数据库），输入已知针对特定资产和操作系统的版本信息进行查询。在查询结果中筛选出与目标资产和操作系统相关的漏洞信息，进一步分析漏洞的危害程度、影响范围、利用方式等。

3. 配置扫描工具

选择合适的扫描工具：根据扫描目标和资产类型，选择合适的漏洞扫描工具。市场上有多种商业和开源工具可供选择，如在 Web 应用程序的安全测试中可以使用 Burp Suite 工具，它提供了从扫描和爬行到攻击和利用的一系列工具，能够自动化地发现和评估 Web 应用中的安全漏洞；当需要对整个网络或系统环境进行全面扫描，发现各种类型的安全漏洞和风险时，可以使用 Nessus 漏洞扫描器、OpenVAS 等，Nessus 的直观报告和仪表板功能有助于操作人员快速了解系统安全状况，而 OpenVAS 漏洞扫描器，提供了更广泛的漏洞库和配置管理功能，Web 界面和报告功能使其易于使用和管理。

工具配置：按照工具的使用说明进行安装，并根据扫描需求配置扫描参数、扫描模板等，这可能包括设置扫描的端口范围、选择特定的漏洞数据库、选择主动或被动扫描、定义扫描深度等，这里需要遵循扫描范围最小化原则，避免不必要的网络流量和服务器负载。

策略制定：一些工具中有预定义的扫描模板，如 Nessus 提供了基本网络扫描、Web 应用程序扫描等预定义的扫描模板。根据扫描需求，选择一个合适的模板作为基础，对于有定制化要求的扫描任务可以选择"Advanced Scan"（高级扫描）来自定义策略，包括扫描时间、频率、优先级等。确保扫描策略符合组织的安全政策和合规性要求。

4. 执行扫描

启动扫描：根据配置好的扫描工具和策略，启动漏洞扫描过程。扫描器将自动对目标系统进行探测，识别潜在的漏洞和弱点。

监控扫描进度：在扫描过程中，密切关注扫描进度和结果。许多扫描工具提供实时进度更新和日志记录功能，有助于及时发现和解决扫描过程中出现的问题。

5. 漏洞验证

在漏洞扫描过程中，漏洞验证是一个关键步骤，它涉及确认扫描结果中标识的潜在漏洞是否真实存在，以及评估其可能的影响。漏洞验证可以通过手动验证和工具验证两种方式进行。

手动验证：对于扫描器发现的疑似漏洞，通过对目标系统的直接交互和测试使用确认漏洞的存在。如对扫描出的 sql 注入点，通过构造特殊的 SQL 语句作为输入，观察应用程序的响应是否包含数据库错误信息或异常行为，从而判断是否存在 SQL 注入漏洞；跨站脚本（XSS）漏洞，在应用程序的输入字段中输入恶意的 JavaScript 代码，观察该代码是否能在受害者的浏览器中执行，如能执行，则证明存在 XSS 漏洞。

工具验证：在漏洞测试中，工具漏洞验证是一个关键步骤，通过使用漏洞扫描和验证工具来确认扫描结果中标识的潜在漏洞是否真实存在，如对于工业环境中可能存在的 SQL 注入点，我们可以使用专门针对工业数据库（如 MySQL、PostgreSQL 等常用于工业应用的数据库）的漏洞验证工具，如 Sqlmap，来进行深入验证。只需在工具中输入目标工业系统的 URL 以及可能包含 SQL 注入点的参数，Sqlmap 便会自动发送一系列精心构造的 SQL 语句到目标工业网站，尝试触发 SQL 注入漏洞。根据返回的结果，Sqlmap 能够准确识别出工业数据库的类型、版本以及可能存在的具体漏洞，为后续的修复工作提供有力支持；对于跨站请求伪造（CSRF）漏洞，可以使用 Burp Suite 工具进行验证，在 Burp Suite 中，配置代理服务器以拦截目标站点的 HTTP 请求，然后，使用 Intruder 模块构造 CSRF 攻击请求，设置适当的攻击载荷和参数，Burp Suite 会发送构造的 CSRF 请求到目标站点，观察是否能够在未授权的情况下执行敏感操作（如转账、修改用户信息等）。如果操作成功执行，则表明存在 CSRF 漏洞。

6. 生成报告

分析扫描结果：对扫描报告进行详细分析，记录漏洞的类型、严重程度、影响范围以及提出修复措施。

编写漏洞报告：首先详细记录目标系统的名称、域名、IP 地址、服务器信息，包括所使用的工业控制器型号与配置、使用的技术平台及具体版本等，并根据深入分析结果编写一份详尽的漏洞报告。报告中需包含漏洞名称、漏洞的详细描述，明确指出漏洞在工业系统中的具体位置（如特定 PLC 模块、HMI 界面或通信协议中），以及该漏洞可能影响的范围，涵盖从生产效率下降到潜在的安全事故风险。

在修复建议中,应提供针对性的解决方案,包括但不限于固件升级、配置调整、访问控制加强及工业安全策略的实施,确保修复措施能够有效且高效地解决漏洞问题。此外,根据漏洞的严重性和紧迫性,对修复工作进行优先级排序,确保关键漏洞得到优先处理。

报告中还需详细提供漏洞的复现步骤,确保漏洞接收者,无论是工业安全专家还是系统维护人员,都能按照步骤准确复现漏洞。步骤应尽可能具体,涵盖从搭建测试环境到实施攻击的全过程,包括使用的安全测试工具、执行的命令、输入的参数等,以便复现者能够迅速定位并验证漏洞。并附上漏洞存在的直接证据材料,如漏洞触发时的系统截图、工业日志记录、异常请求响应包等,这些证据材料将极大地增强报告的可信度和说服力,促使相关方迅速采取行动,确保工业系统的安全稳定运行。

报告提交与反馈:将漏洞报告提交给安全团队和部门领导,并根据反馈进行必要的修订和补充。同时,跟踪漏洞修复进度并验证修复效果。

4.3.2 渗透测试技术

漏洞扫描和渗透测试都是网络安全领域的重要技术手段,它们在目的、方法、实施过程及结果应用等方面存在显著区别。渗透测试是一种模拟黑客攻击的方法,通过人工或自动化手段,尝试利用系统漏洞获取未授权访问权限,从而评估系统的安全防护能力。渗透测试不仅关注已知漏洞,还能发现未知的安全隐患。

4.3.2.1 渗透测试类型

黑盒测试:测试者在不了解系统内部结构的情况下进行测试,模拟外部攻击者的视角。

白盒测试:测试者拥有系统的完整信息,包括源代码、配置文档等,模拟内部人员的视角。

灰盒测试:介于黑盒和白盒之间,测试者仅拥有部分系统信息。

4.3.2.2 操作流程

1. 准备阶段

确定范围：明确渗透测试的目标范围、ip、域名、内外网、测试账户，包括具体的工业数据载体和业务系统。

确定规则：明确渗透测试的方式，包括渗透的类型（黑盒、白盒等）、渗透测试的时间（尽量在业务低峰时段进行测试，以减少对正常业务的影响。）、渗透测试的深度和广度（是否进行横向渗透或纵向渗透。）、渗透测试可利用的漏洞（文件上传、webshell、社工、反弹 shell、DDOS）等，确保渗透测试不会影响到正常业务。

确定需求：明确渗透测试的漏洞目标，避免非目标漏洞进行渗透测试，如 web 应用的漏洞、业务逻辑漏洞、人员权限管理漏洞等，一方面减轻渗透工作量，另一方面减少对正常业务的影响。

2. 执行阶段

信息收集：通过扫描工具和信息收集网站收集目标系统的相关信息，如网络扫描和端口扫描、IP 地址扫描、域名和子域名枚举、Whois 查询、DNS 查询、网络拓扑分析、社会工程学信息收集、服务指纹识别、敏感目录和文件收集等。

威胁建模：基于收集的信息，首先对渗透目标的组织资产进行分类和罗列，如系统中的关键组件和交互点，如 Web 服务器、数据库服务器、工业专用接口等，根据罗列的关键信息和资产构建数据流程图（DFD）、攻击树模型、STRIDE 威胁模型、风险矩阵模型等威胁模型，并预测可能的攻击路径。

漏洞探测和利用：基于已构建的威胁模型分析出的攻击路径对目标系统进行漏洞探测，寻找并利用安全漏洞，包括弱口令攻击、未授权访问、SQL 注入、XSS 攻击等，根据探测结果中发现的漏洞，从 Exploit-DB、Seebug 等漏洞平台获取相应的 EXP（漏洞利用代码），根据目标系统的实际情况，对 EXP 进行必要的配置和修改，以确保其能够成功利用目标系统上的漏洞，在安全的环境下执行 EXP，尝试对目标系统进行渗透攻击，获取目标系统的访问权限或敏感信息。

内网渗透和横向移动：一旦漏洞利用成功，确定进入内网的入口点，如已获取的 Webshell、VPN 访问权限等，获得初始访问权限，扫描内网中的 IP 地址，枚举开放端口和服务，识别操作系统版本和应用软件；尝试从系统中获取用户账户和密码信息，可能包括通过凭证窃取工具（如 Mimikatz）从内存中提取；尝试利用权限提升工具或脚本如 PowerUpSQL、PowerSploit 等 PowerShell 脚本库提升权限以获取更高级别的访问权限；在成功拿到更高权限（如 Administrator 等）后，尝试留下后门；在完成提权维持操作后清理相关日志和文件，以避免被检测到。

3. 生成报告阶段

信息整理：按照漏洞类型（如 SQL 注入、跨站脚本 XSS、弱口令等）、位置（如 Web 服务器、数据库、中间件等）和严重程度进行分类和归纳；分析每个漏洞可能导致的直接后果，如数据泄露、服务中断、权限提升等；根据漏洞的危害性和影响范围，结合通用的风险评估标准（如 CVSS 评分系统），为每个漏洞设定相应的风险等级。

编写报告：提供测试的简要总结，包括测试范围、主要发现、风险等级概述等；描述渗透测试所采用的方法、技术、工具、代码等，包括信息收集、漏洞扫描、漏洞利用等阶段的具体操作步骤和所用工具；对每个发现的漏洞进行详细描述，包括漏洞类型、位置、触发条件等，提供漏洞存在性的证明，如截图、日志记录、漏洞利用代码；根据前面的风险评估结果，列出每个漏洞的风险等级和对系统安全的具体影响程度；针对每个发现的漏洞，提出具体的修复建议和改进措施。修复建议应明确、可行，并考虑到系统的实际运行环境和业务需求。在编写报告时，需要注意准确性、客观性、可读性、保密性原则。

4.3.3 基线核查技术

基线核查技术是一种对目标系统（包括操作系统、数据库、中间件、网络设备等）的安全配置全面审查的技术，通过对操作系统、应用程序、网络设备等的设置进行检查，确保所有组件都符合既定的安全基线标准。这一技术对于维护数据安全和系统稳定性至关重要。基线核查技术操作流程如下。

1. 准备阶段

明确基线标准：根据工业行业标准、组织内部政策或法规要求，明确需要核查的基线标准。这些标准可能包括操作系统的安全配置、网络设备的配置、应用程序的安全设置等。

收集资产信息：对需要核查的工业资产进行详尽的统计和分类，这些资产包括但不限于工业服务器、网络设备（如交换机、路由器、防火墙）、工业应用程序（如 SCADA 系统、PLC 控制软件），以及各类工业传感器和执行器等。在收集过程中，特别关注这些资产的配置信息，如网络设置、安全策略、用户权限分配等，以确保对工业系统安全状况的全面掌握。

同时，详细记录每个资产的版本信息，包括操作系统版本、应用程序版本、固件版本等，这对于评估系统是否存在已知漏洞、是否需要升级补丁至关重要。此外，还需收集资产的使用情况，包括运行时长、负载情况、故障记录等，以分析资产的工作状态和潜在的安全风险。

针对工业系统的特殊性，还应重点关注与工业生产直接相关的资产，如生产线的控制系统、环境监测设备、安全联锁装置等，确保它们的配置、版本和使用情况均符合安全生产的要求。通过这一系列的统计和分类工作，为后续的工业安全评估、漏洞扫描和渗透测试奠定坚实的基础。

制定核查计划：根据基线标准和资产信息，制订详细的核查计划，包括核查的时间表、人员分工、核查方法等。

2. 核查阶段：

人工核查：对于某些关键配置项或无法通过自动化工具核查的项目，采用人工核查的方式进行。核查人员需根据基线标准逐项检查资产的配置情况，并记录核查结果。

自动化核查：利用自动化核查工具（如 SCAP、CIS Benchmarks 等）对资产进行批量核查。这些工具能够根据预设的基线标准自动检查资产的配置情况，并生成核查报告。自动化核查可以大大提高核查效率，减少人为错误。

报告生成与分析：根据核查结果生成详细的核查报告，包括核查对象、核查标准、核查结果、问题项及建议改进措施等。对报告中的问题进行深入分析，评估其对系统安全的影响程度。

3. 整改阶段

问题确认与分类：对核查报告中列出的问题项进行确认和分类，区分出高风险问题和低风险问题。对于高风险问题，应优先进行整改。

制定整改计划：针对每个问题项制定具体的整改计划，包括整改措施、责任方、整改期限等。确保整改计划具有可行性和可操作性。

实施整改：按照整改计划的要求实施整改措施。对于需要修改配置的问题项，应确保在不影响系统正常运行的前提下进行修改。对于无法立即解决的问题项，应制定临时缓解措施并跟踪解决进度。

验证整改效果：在整改完成后对系统进行再次核查，验证整改措施的有效性。确保所有问题项均得到妥善解决并符合基线标准。

4.4 工业企业数据安全评估典型实践

《数据安全法》明确要求"重要数据的处理者应当按照规定对其数据处理活动定期开展风险评估，并向有关主管部门报送风险评估报告"，因此，拥有重要数据的企业，应严格按照有关要求开展数据安全风险评估，履行好相关法定义务。本节以工业领域数据安全风险评估为例给出工业企业数据安全评估典型实践，帮助读者对数据安全评估流程有更深入的理解。

4.4.1 评估总体流程

工业领域数据安全风险评估的实施过程一般包括组建评估团队、确定评估范围、制定评估方案、实施风险评估、形成评估报告等内容，具体流程如图4-2所示。工业领域数据安全风险评估可由数据处理者自行组织，也可委托第三方评估机构开展。

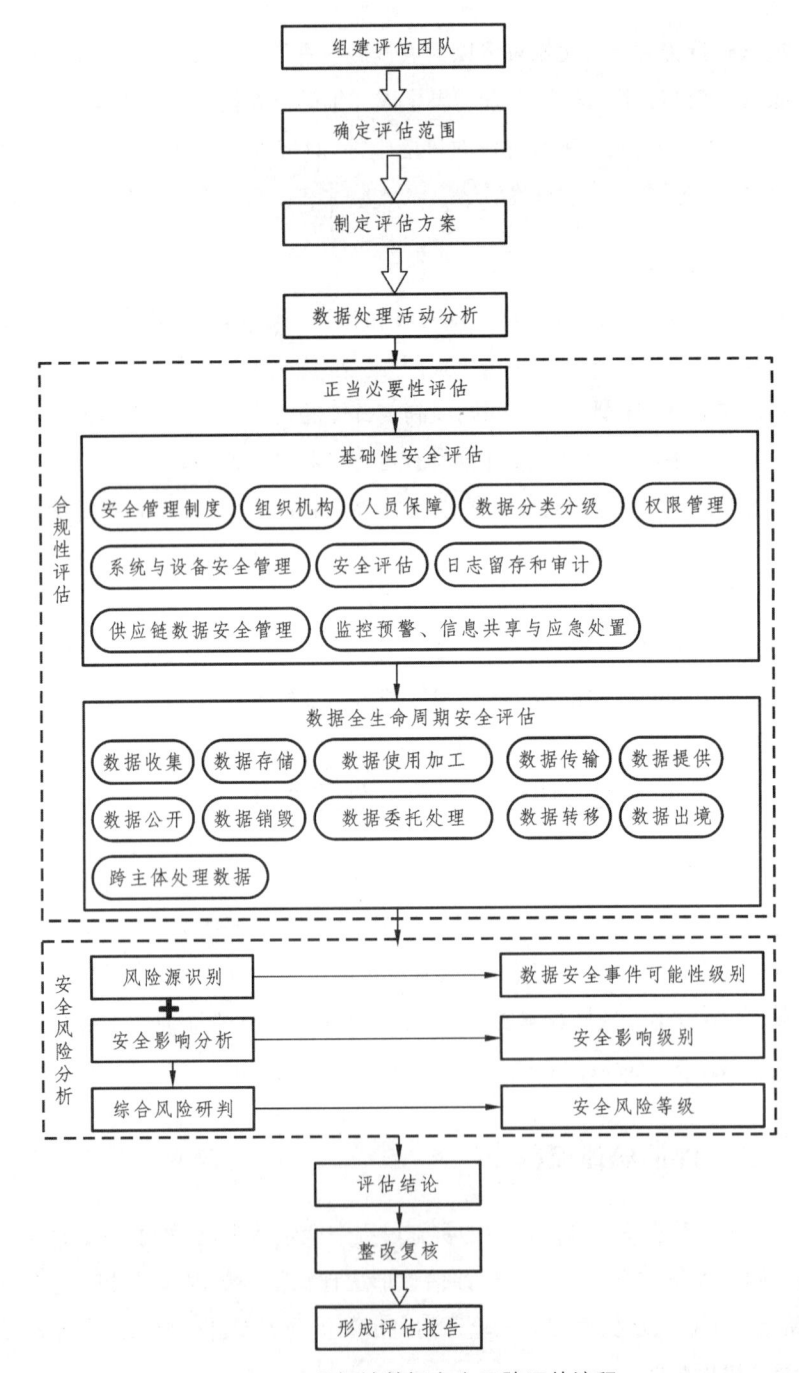

图 4-2　工业领域数据安全风险评估流程

4.4.2 组建评估团队

风险评估工作开展前,应综合考虑组织规模、业务种类、数据数量、种类、涉及数据载体的复杂程度等因素,组建至少包括组织管理、业务运营、技术保障、安全合规等人员组成的评估团队,必要时可聘请相关专业的技术专家和技术负责人组成专家小组。评估团队原则上应具备不少于5名专业评估人员,包括1名评估团队组长、4名评估团队成员,其中至少4人应熟悉数据安全风险评估的方法和流程,掌握依据数据安全风险评估相关标准规范开展风险评估的能力,并取得工业和信息化领域数据安全风险评估相关技能评价证书。评估团队组长负责统筹安排评估工作并推进评估工作开展,组织完成评估结论、编写评估报告等。

委托第三方评估机构开展评估工作时,数据处理者应与被委托机构共同组建评估团队,确定评估团队组长和团队成员。同时,数据处理者还应指定本单位至少1名数据安全专业人员为评估工作对接人,负责协调本单位相应资源、对第三方评估机构相应工作进行管理和监督。此外,在评估工作开展前,数据处理者还应及时与被委托机构沟通,签订书面评估委托协议或评估合同,规范开展评估工作,保障数据处理者的安全生产运行和数据安全。

根据中国计算机行业协会数据安全风险评估与检测认证分会2024年8月发布的第三方风险评估机构清单,包括国家工业信息安全发展研究中心、工业和信息化部电子第五研究所、中国信息通信研究院、山东省信息技术产业发展研究院、江苏省电子信息产品质量监督检验研究院、船舶信息研究中心、河北赛克普泰计算机咨询服务有限公司、工业互联网创新中心(上海)有限公司、北京通和实益电信科学技术研究所有限公司等,企业可以根据自身实际情况选择合适的评估机构。

4.4.3 确定评估范围

评估团队应首先制定《数据安全风险评估调研表》并提供给数据处理者,通过发放调查表格、电话沟通等远程指导方式,或现场调研、会议等线下方式指导数据处理者完整、准确填写,实现对数据处理者全部数据处理活动的充分调研，了解掌握数据种类、范围、处理方式以及相关数据载体的基本情况，进而确定评估范围。数据安全风险评估范围应覆盖数据处理者全部重要数据和核心数据，以及一定比例的一般数据。一般数据以抽样方式选取，应尽量保证评估数据范围覆盖全部数据类别（二级子类），且数据载体避免重复。调研了解的信息内容包括：

（1）数据的种类、数量。

（2）处理数据的目的、方式、范围以及业务场景。

（3）数据载体情况，包括功能、架构、数据库、表格、字段清单结构、可对外传输数据的接口清单、按组件和接口划分的数据流示意图、数据处理涉及的数据流示意图。

（4）数据安全保障措施情况，包括管理制度建设及落实情况、技术手段建设及应用情况、数据安全管理机构人员配置及履职情况等。

（5）数据处理实施情况，包括数据操作方式（现场运行、外部托管、云外包等）、可接触到数据的人员范围及权限分配情况、数据存储位置、备份与恢复、留存时限等。

（6）如涉及委托接收方处理或与接收方共享、转让数据的，应包括共享、转让的目的、方式、范围以及接收方身份、接收方数据安全保障情况、接收方接入信息系统描述、安全责任划分情况等。

4.4.4 制定评估方案

评估团队可根据实际需要制定风险评估工作方案。工作方案制定过程中，需与涉及数据处理活动的业务部门积极沟通，保障评估的可行性。评估方案包括评估范围、评估依据、评估团队基本信息、工作计划、使用的评估工具情况、保障条件等。

4.4.5 实施风险评估

评估团队首先进行数据处理活动分析，明确评估范围内数据处理活动及所对应的数据名称、类别、级别、规模，处理数据的目的和方式、使用范围、涉及的接收方及数据载体情况等。然后开展合规性评估，包括正当必要性评估、基础性安全评估和数据全生命周期安全评估，研判合规性评估结果。最后，进一步开展安全风险分析，通过风险源识别判断安全事件发生的可能性级别，结合安全影响分析结果，研判数据处理活动安全风险等级（分为极高、高、中、低四个等级）。合规性评估不通过的，可以直接判定安全风险分析中的风险源识别环节结果（可能性级别）为高。在形成评估结论后，数据处理者应依据评估结论开展风险整改与复核。

评估方法包括人员访谈、资料查验、人工核验以及工具测试。

1. 人员访谈

评估人员通过与被评估数据处理者相关人员进行交流、讨论、询问等活动，对数据的处理、保障措施设计和实施情况进行了解、分析和取证，以评估数据安全保障措施有效性。通常在评估过程中深入数据处理者实地核查时使用，数据处理者需要安排熟悉数据流转过程及数据载体的人员参加访谈。

2. 资料查验

评估人员查阅数据安全相关文件资料，如数据安全管理制度、安全策略和机制、合同协议、安全配置和设计文档、系统运行记录等相关文件，用以评估数据安全管理相关制度文件是否符合标准要求。通常在评估准备阶段以及开展数据安全现场评估时使用该方法，数据处理者需要事先完整准备上述文档以供评估人员查阅。

3. 人工核验

数据处理者安排相关人员进行现场演示，评估人员根据信息系统等载体演示情况进行查验，以评估数据安全保障措施有效性。通常在评估过程中深入数据处理者实地核查时使用，如系统存在高度保密性、可用性的要求，评估可通过事后提供日志列表或测试环境等方式进行。

4. 工具测试

评估人员通过使用适当的数据安全评估评测工具或通过技术手段实际测

试数据载体，查看、分析被测试响应输出结果，以评估数据安全保障措施有效性。通常是评估人员针对数据全生命周期涉及的相关技术指标进行验证时使用，评估人员需要事先进行业务注册、准备验证工具等以完成相关评估指标。工具测试前充分评估检测过程对数据载体等造成的影响，对于业务不可中断的系统、应用等，可考虑采用模拟系统验证、离线环境验证等方式。

4.4.6　形成评估报告

评估团队在完成实施风险评估后，经与数据处理者协商一致，根据评估结论形成评估报告，评估报告内容应包括：

（1）评估概述，包括评估目的及依据，评估对象和范围，评估结论等。

（2）评估工作情况，包括评估人员、评估时间安排、评估工具和环境情况等。

（3）信息调研情况，包括数据处理者、业务和信息系统、数据资产、数据处理活动、安全措施等情况，形成的数据资产清单、数据处理活动清单、数据流图等文件可视情放在报告正文或附件中。

（4）数据安全风险识别，包括数据安全管理、数据处理活动、数据安全技术、个人信息保护等方面识别的风险源情况。

（5）风险分析与评价，对数据安全问题可能带来的安全风险进行综合分析，视情对风险进行评价。

（6）整改建议，针对发现的数据安全问题或风险，提出整改措施或风险处置建议。

（7）数据安全风险源清单，列出完整的数据安全风险源清单，并附上关键记录和证据，若证据无法在附录中完整列出，应列出证据关键信息和序号，在提交评估报告时作为附件提交。

（8）涉及重要数据、个人信息、核心数据的，应当详细列出处理的数据种类、数量（不包括数据内容本身）、开展数据处理活动的情况，面临的数据安全风险及其应对措施等。

（8）委托第三方机构开展评估或检查评估的，评估报告应由评估组长、审核人签字，并加盖评估机构公章。

根据《工业和信息化领域数据安全风险评估实施细则（试行）》要求，拥有重要数据的企业应当在评估工作完成后的 10 个工作日内，向本地区行业监管部门（地方工业和信息化主管部门）报送评估报告。地方行业监管部门将本地区本领域评估结果报送工业和信息化部。

第 5 章
工业领域数据安全流通

2024年11月，国家数据局印发《可信数据空间发展行动计划（2024—2028年）》（以下简称《行动计划》）。旨在引导和支持可信数据空间发展，促进数据要素规模化流通共享使用，加快构建以数据为关键要素的数字经济。《行动计划》提到要实施可信数据空间能力建设行动，并将工业领域数据要素流通纳入重点培育的行业可信数据空间，提出在工业领域，以装备、新能源汽车、能源等行业应用为重点，促进工业数据资源高效对接、跨域共享、价值共创，提高产业生态整体竞争能力。本章旨在提出工业领域数据要素流通的现状、数据要素交易管理和技术体系，为读者参与建立可信数据空间安全管理体系提供思路和指引。

5.1 工业数据安全跨境流动体系

5.1.1 典型国家数据跨境流动机制

5.1.1.1 欧盟：数据跨境流动的严格监管与国际合作新动向

随着全球化的深入发展，数据跨境流动已成为工业企业运营中不可或缺的一环。欧盟作为全球数据保护领域的领头羊，其出台的一系列数据法规不仅影响着欧盟内部的企业运营，更对全球数据流动格局产生深远影响。

2020年11月，欧盟发布《数据治理法案》，标志着欧盟在数据跨境流动监管上迈出了重要一步，其意义在于为欧盟境内的非个人数据流动提供了明确的法律框架，增强了数据流动的可预测性和安全性。然而，该法案的严格性也限制了数据的自由流动，对工业企业的全球数据布局提出了挑战。

2023年11月，欧盟通过《数据法案》，进一步强化了对非个人数据跨境流动的监管。这一法案的出台，填补了欧盟数据跨境流动规则对非个人数据要求的空缺，使得欧盟在数据保护方面的法律体系更加完善。对于工业企业而言，这意味着需要投入更多的资源和精力来确保数据跨境流动的合规性，以避免可能的法律风险。同时，该法案也限制了非欧盟国家通过本土立法的"长臂管辖"权限获取欧盟境内非个人数据，从而保护了欧盟的数据主权和利益。然而，这种严格的监管也可能导致数据流动的僵化和效率的降低，对工业企业的全球运营产生不利影响。

面对数据跨境流动的挑战，欧盟并未闭关自守，而是积极寻求国际合作。2023年7月10日，欧盟委员会通过了《欧盟-美国数据隐私框架的充分性决定》（DPF），为恢复欧盟与美国之间的数据跨境流动提供了新的法律基础。DPF的出台，不仅解决了之前《欧盟-美国隐私盾框架》被欧盟法院裁定无效的问题，还引入了一系列新的约束性保障措施，如限制美国情报部门对欧盟数据的访问、设立独立的数据保护审查法院等。这些措施有助于增强欧盟与美国在数据保护方面的互信，促进双方数据的自由跨境流动。对于工业企业而言，DPF的出台无疑是一个利好消息，它将有助于降低数据跨境流动的成本和风险，促进全球数据的共享和利用。然而，DPF的实施效果还需时间验证，且其能否成为欧盟与其他国家开展数据合作的新模式也尚待观察。

综上所述，欧盟在数据跨境流动监管上的严格态度和国际合作的新动向，既体现了其对数据保护的重视和决心，也反映了其在全球化背景下寻求数据流动与保护平衡的努力。对于工业企业而言，这些法律法规的出台既带来了挑战也带来了机遇。企业需要密切关注欧盟数据法规的发展动态，加强合规管理，同时也要积极利用国际合作的新机遇，推动数据的全球流动和利用。然而，我们也应看到，任何法律法规都存在其不足之处和需要完善的地方。欧盟在数据跨境流动监管上的法律法规也不例外。未来，随着技术的不断发展和全球化的深入推进，欧盟需要不断完善其数据法规体系，以更好地适应时代的需求和挑战。

5.1.1.2 美国：数据跨境流动的复杂态势与国家安全考量

与欧盟的统一立法截然不同，美国没有像欧盟的 GDPR 那样统一的数据保护法律。相反，美国的数据跨境流动规则涉及多个法律法规和行业规定，这些规定可能存在于联邦法律、州法律和行业监管规定中，法律框架更为分散。一方面由于不同州可能制定不同的数据隐私法规，导致法规之间存在州际差异性。例如 2018 年加利福尼亚州通过了一项旨在加强消费者隐私和数据安全保护的法案《2018 加州消费者隐私权法》；2022 年康涅狄格州通过了《关于个人数据隐私和在线监测的法案》。另一方面区别于欧盟"人权至上"的价值取向，美国则遵循"市场本位"的价值取向，更加看重数据自由流动的价值，强调市场的自律和自由选择，鼓励企业自行管理数据隐私和安全，政府在一些情况下可能更倾向于监督而不是直接干预数据流动，因此美国倡导以行业主导数据跨境的市场规则以促进数据的高效流通，例如美国电子工业协会和美国银行等100 多家团体企业共同成立"在线隐私联盟"（online privacy alliances, OPA）。由于缺乏统一立法，对特殊和重要领域的数据美国进行了针对性立法，例如《儿童网络隐私保护法》（COPPA）、《医疗保险可移植性与责任法案》（HIPAA）等进行专门监管。

美国与数据跨境最直接相关的法案是 2018 年美国议会通过的《澄清境外数据的合法使用法案》（Clarifying Lawful Overseas Use of Data Act，以下简称 CLOUD 法案），它对此前《储备通讯法案》（Stored Communications Act）进行了修订，从而允许联邦政府强制获取科技公司的数据，无论这些数据是否储存在美国境内。CLOUD 法案否定了以数据位置认定数据主权的判断标准,确立了以网络服务提供者的控制权认定数据主权的新体系。通过适用"控制者原则",该法扩大了美国执法机关调取海外数据的权力,通过"长臂管辖"试图控制全球市场;同时依赖于美国在全球的经济和政治更强势的话语权与地位,其他国家如调取存储在美国的数据,则必须通过美国"适格外国政府"的审查,满足美国所设定的人权、法治和数据自由流动标准。

另外,欧盟与美国之间针对数据跨境流动进行了特殊安排。欧盟和美国曾先后达成《安全港协议》和《隐私盾协议》,尝试协调双方不同的规制模式。由于美国泄露用户隐私事件频发,《安全港协议》最终被《隐私盾协议》所取代。《隐私盾协议》将规制对象扩展至美国政府及国家安全部门,救济机制从简单的商业纠纷解决条款转变为企业申诉和强制性终局仲裁,并增加了数据主体权利等内容;同时进一步明确了数据转移前的问责制、增加了对数据使用目的的限制、资源可信度原则等。然而,由于美国方面缺乏实质性监督,欧洲法院判决隐私盾协议无效。2023 年 7 月,欧盟委员会通过对欧盟-美国数据隐私框架(EU-U.S. Data Privacy Framework,以下或称"DPF 框架")的充分性决定,认为美国在此框架下能够为欧洲经济区(EEA)至美国的数据传输提供与欧盟相当的充分保护水平。由此,美国企业可以通过承诺履行一揽子隐私义务加入 DPF 框架,在 DPF 框架下将数据从 EEA 境内的实体传输至美国,而无需其他数据保障措施。这也意味着,自 2020 年 7 月欧盟法院在 Schrems II 案中裁定"隐私盾"协议无效后,欧美之间新的数据跨境传输机制再一次得以建立。同年,美国与英国的共同声明及随后的《21 世纪美英经济伙伴关系行动计划》进一步彰显了美国在数据跨境流动方面的积极态度。双方承诺建立美英数据桥,以促进两国之间的数据流动,并确保强有力和有效的隐私保护。这一举措不仅有助于提升两国在数字经济领域的合作水平,也为全球数据跨境流动规则的制定提供了重要参考。2024 年,美国又发布了《关于防止受关注国家获取美国人大量敏感个人数据和美国政府相关数据的行政命令》,再次强化了对数据出境的管控。该命令明确限制了美国主体与特定国家及主体之间涉及敏感个人数据和政府数据的交易,进一步加固了数据安全的防线。这一举措虽然有助于保护美国的数据安全,但也可能对全球数据流动和经济合作产生一定影响。

综上所述，美国在数据跨境流动方面的策略既体现了对国家安全的深切关注，也展现了其对数据自由流动和数字经济合作的积极追求。然而，这种复杂多变的态势也给工业企业带来了不小的挑战。因此，工业企业需要密切关注美国及相关国家的数据跨境流动政策动态，以便及时调整自身的数据管理和合规策略，确保在保障数据安全的同时，也能充分利用数据跨境流动带来的机遇。

5.1.1.3　日本：构建个人信息保护框架下的高效数据跨境流动策略

日本作为数据保护立法较为完善的国家，其在个人信息保护框架下的数据跨境流动策略显得尤为重要。通过与欧盟等国际伙伴签订协议，并不断完善国内法律，日本正致力于构建一个既保护个人隐私又促进数据自由流动的环境。

2024 年 7 月，欧盟与日本正式生效的《欧盟—日本关于跨境数据流动的协议》标志着双方在数据跨境流动方面迈出了重要一步。该协议作为《欧盟—日本经济伙伴关系协定》的一部分，旨在奠定数字贸易的共同基础，反对不合理的数据流动限制，并促进双方共享繁荣。协议第 8.81 条明确了双方应确保电子方式跨境数据传输的畅通，且不能采取禁止或限制缔约双方进行数据跨境的相关措施，重点包括：对计算机设备位置的要求；数据存储或处理本地化；将跨境数据传输与计算机设备、数据本地化要求相联系；数据跨境传输前获得该方的批准等。同时，该条还设置了双方进行数据跨境流动的例外情形，可以为了合法、必要的公共政策目的而限制数据的自由跨境流动。此协议的生效，不仅促进了欧盟与日本之间的数据自由流动，也为双方企业在数字经济领域的合作奠定了坚实基础。

此外，日本个人信息保护规范框架的不断完善，也为个人信息跨境转移制度的建立提供了有力支撑。2015 年 APPI 的修改及 2017 年的正式实施，增设了个人信息保护委员会（PIPC）作为独立监管机构，并明确了跨境数据流动的一般性和例外性规定。一般情况下，处理个人信息的经营者在向国外第三方提供个人数据时，需要事先获得数据主体对该提供行为的同意。在某些例外情形下，处理个人信息的经营者可以不经数据主体同意，直接经过 PIPC 认可开展数据跨境传输。同时，在个人信息保护建立了白名单制度，即指外国第三方所在国家或地区为实施规则规定的、被认为在保护个人权利或利益上处于与日本同等水平的、已建立个人信息保护制度的国家或地区，可被视为与日本同等标准的第三方国家。2020 年的再次修订，进一步强化了个人信息跨境流动的要求，包括事先披露信息接收方所在国家的个人信息保护体系、采取必要措施确保境外第三方的保护水平等。通过这些修订，日本明确了"原则同意+例外事项"的监管思路，既严格保护了个人隐私，又未完全禁止个人信息的跨境流通，为数据跨境流动提供了灵活而有效的法律框架。

在国际层面，日本积极参与双边和多边协议，以推动数据跨境流动的规范化与自由化。自 2018 年以来，日本相继签署了 CPTTP 协定、《日美数字贸易协定》、RCEP 协定以及《欧盟—日本关于跨境数据流动的协议》等。这些协议中均包含个人信息跨境转移的条款，如 CPTPP 在第十四章中明确规定了缔约方应允许电子方式跨境传输数据，并可在实现合法公共政策目的时采取限制措施，但不得构成不合理歧视或超出所需限度。通过参与上述国际协议，日本不仅加强了与国际伙伴在数据跨境流动方面的合作，也推动了全球范围内数据自由流动的理念与实践，为工业企业提供了更加广阔的市场和发展机遇。

综上所述，日本在个人信息保护框架下构建起数据跨境流动策略，以促进非个人数据的自由流动与国际合作。通过不断完善国内法律并积极参与国际协议，日本正致力于创造一个更加安全、高效、数据自由流通的数字经济环境。

5.1.2 我国工业数据跨境现状分析

新一轮科技革命和产业数字化变革的进程不断加快，伴随智能化、数字化水平程度的不断提高，在促进行业快速发展的同时，面临重大数据安全风险挑战。工业领域当前存在数据跨境交易、企业海外上市、跨国业务往来等复杂多样的数据出境场景，但整体上数据泄露、数据截取等安全风险隐患依然突出，相关的安全防护技术手段尚不完善。国家通过出台《数据出境安全评估办法》《个人信息出境标准合同办法》等一系列政策法规，为工业企业数据跨境业务提供了明确的指导框架。这些政策不仅强化了数据出境的安全管理，还鼓励企业开展数据安全风险自评估，建立健全数据安全管理体系。对于工业企业而言，深入理解并遵循上述政策，是保障数据跨境流动合法合规、规避潜在风险的基础。因此，工业企业应积极响应政策要求，加强数据出境的安全管理，确保企业在全球竞争中的稳健发展。

为了更具体地指导工业企业数据出境实践，国家网信办等相关部门于2024年发布了《促进和规范数据跨境流动规定》及配套的申报、备案指南，为工业企业提供了更为细致的操作指引。主要规定了：（一）重要数据出境安全评估申报标准。文件规定数据处理者应当按照相关规定识别、申报重要数据。（二）免予申报数据出境安全评估等的数据出境活动条件。在国际贸易、跨境运输、学术合作、跨国生产制造和市场营销等活动中收集和产生的数据向境外提供，不包含个人信息或者重要数据的；在境外收集和产生的个人信息传输至境内处理后向境外提供，处理过程中没有引入境内个人信息或者重要数据的；为订立、履行个人作为一方当事人的合同，如跨境购物、跨境寄递、跨境汇款、跨境支付、跨境开户、机票酒店预订、签证办理、考试服务等，确需向境外提供个人信息；按照依法制定的劳动规章制度和依法签订的集体合同实施跨境人力资源管理，确需向境外提供员工个人信息的；紧急情况下为保护自然人的生命健康和财产安全，确需向境外提供个人信息的；关键信息基础设施运营者以外的数据处理者自当年1月1日起累计向境外提供不满10万人个人信息（不含敏感个人信息）的，可免予申报数据出境安全评估。（三）自由贸易试验区负面清单制度。自由贸易试验区在国家数据分类分级保护制度框架下，可以自行制定区内需要纳入数据出境安全评估、个人信息出境标准合同、个人信息保护认证管理范围的数据清单（以下简称负面清单），经省级网络安全和信息化委员会批准后，报国家网信部门、国家数据管理部门备案。自由贸易试验区内数据处理者向境外提供负面清单外的数据，可以免予申报数据出境安全评估、订立个人信息出境标准合同、通过个人信息保护认证。（四）数据出境安全评估等的数据出境活动条件。关键信息基础设施运营者向境外提供个人信息或者重要数据；关键信息基础设施运营者以外的数据处理者向境外提供重要数据，或者自当年1月1日起累计向境外提供100万人以上个人信息（不含敏感个人信息）或者1万人以上敏感个人信息。（五）需要订立个人信息出境标准合同或通过个人信息保护认证的数据出境活动条件。关键信息基础设施运营者以外的数据处理者自当年1月1日起累计向境外提供10万人以上、不满100万人个人信息（不含敏感个人信息）或者不满 1 万人敏感个人信息的，应当依法与境外接收方订立个人信息出境标准合同或者通过个人信息保护认证。这些文件明确了重要数据出境的安全评估申报标准，设立了自由贸易试验区的负面清单制度，并调整了数据出境活动的申报条件。特别是对于工业企业而言，明确规定了境内收集和产生的重要数据和核心数据的存储要求，以及向境外提供数据的安全评估流程。这些规定既体现了对数据安全的严格保护，也为企业提供了灵活的数据跨境流动空间。工业企业应充分利用上述政策工具，合理规划数据出境策略，确保数据跨境活动的合法合规性，同时提升企业在全球市场的竞争力。

5.1.2.1 工业数据出境场景

工业数据出境场景呈现复杂多样的发展趋势，涵盖企业跨国业务、工业装备数据跨境传输、企业海外上市、海外司法诉讼或执法调取数据、数据跨境交易流通等多种情况，涉及数据情况以及存在风险情况均有所差异。

1. 跨国业务数据出境

（1）出境场景描述：① 国内数据处理者在境外开设分支机构或国外数据处理者在境内开设分支机构，因业务需求开展研发设计图纸、工艺配方等业务数据跨境传输。② 数据处理者存在境外用户或境外上下游合作伙伴，因业务需求通过提供服务接口、邮件等方式进行数据跨境交互。③ 数据处理者跨国融资并购，因业务需求及国外政府安全审查要求等，导致财务报表、公司决策文件等管理类数据跨境传输。

（2）涉及出境的业务及相关数据：① 涉及研发图纸、设计文件、工艺配方等数据出境，如数据处理者在跨国生产经营期间需传输大量的施工图纸、配方、物料清单（BOM）等数据，供多地协同研发和生产运营。② 涉及运维数据出境，如数据处理者采购、管理海外云计算资源，导致大量云服务远程运维数据跨境传输。③ 涉及销售订单等业务服务类数据出境，数据处理者存在海外客户，将销售订单、物流信息等数据跨境同步至海外客户。④ 涉及 Ariba 系统、Partnet 系统中的生产类、管理类数据出境，如数据处理者需在跨国办公地间传输排产信息、生产进度信息等进行数字化协同管理。

（3）存在的出境风险情况：① 数据跨境传输过程存在数据泄露风险，部分工业数据处理者安全意识薄弱，跨境传输过程未采用数据加密、协议加密、专线传输等防护机制，易发生数据泄露等安全事件。② 存在数据再转移及敏感数据遭挖掘分析等风险，国外用户基于深度学习、数据挖掘等手段对其掌握的大量订单、物流数据等进行深入分析，可预测我战略动作、精准画像特定主体、绘制敏感地理位置等风险。③ 数据跨境交互中对外开放的服务接口或架设的 CDN 服务器暴露攻击路径，易成为黑客攻击国内网络系统及提权的跳板，进而引发数据安全风险事件。

2. 企业海外上市披露数据

（1）出境场景描述：数据处理者赴美等海外国家上市，美国证券交易委员会（SEC）等海外证券监管机构以保护投资者、维护市场公平等原因，要求数据处理者提供财务报告、审计底稿等管理类数据，并要求披露相关信息。

（2）涉及出境的业务及相关数据：涉及财务报表、审计底稿等海外证券监督管理机构所要求提供及披露的数据。

（3）存在的出境风险情况：部分赴海外上市的工业企业掌握较为全面的海量用户数据、特定主体信息等数据，海外机构基于深度学习、数据挖掘等手段对其掌握的海量数据进行深入分析，有预测敏感数据的风险。

3. 海外司法诉讼或执法调取数据

（1）出境场景描述：数据处理者因在境外发生专利侵权诉讼等司法纠纷，境外法院等司法、执法机构要求其提供与诉讼案件紧密相关的研发、生产、财务等数据。

（2）涉及出境的业务及相关数据：涉及财务报表、销售订单、研发设计、生产运行等国外司法、执法机构要求提供的数据。

（3）存在的出境风险情况：存在数据再转移及敏感数据遭挖掘分析等风险。

4. 数据跨境交易流通

（1）出境场景描述：国外采购商在数据交易所运营的数据交易平台发布采购数据产品需求，平台基于推荐算法、智能匹配等检索技术，推送相应的供应商至数据采购商，在供需双方议价达成交易后，通过数据包交付模式（数据供应商将源数据拷贝至双方约定的数据交付场所，数据需求方通过该交付场所直接购买源数据）、API 交付模式（数据供应商通过 API 接口向数据采购商交付数据）、数据托管模式（数据采购商在双方约定的交付环境内直接使用供应商所提供的数据）等方式交付数据。

（2）涉及出境的业务及相关数据：① 涉及数据交易平台运营数据出境，国外采购商在浏览访问交易平台所发布的商品信息时，导致供应商名称、地址、供应商介绍信息、数据产品信息、产品价格信息、交付方式、订单物流等业务服务数据出境。② 涉及供应商原始数据出境，数据交易所采用撮合交易模式时，不对数据进行任何预处理或深度信息挖掘分析，仅经过收集和整合数据资源后直接出售，导致国外采购商所购买的原始数据出境。③ 涉及供应商衍生数据出境，数据交易所采用增值服务模式时，根据不同用户需求，围绕大数据基础资源进行清洗、分析、建模、可视化等操作，形成定制化的数据产品再提供给国外采购商，导致采购方所购买的衍生数据出境。

（3）存在的出境风险情况：① 数据生产链条包括多个参与者，权责界定困难，导致数据安全风险事件难以溯源追责，数据交易后在境外的访问使用情况不受控。② 存在数据再次非法转移及敏感数据遭挖掘分析等风险。

5.1.2.2 特定场景困难和问题

数据跨境交易流通：现有出境安全评估及涉外数据安全管理制度不涉及交易后的离岸数据，数据"辗转交易"不受控。

跨国业务数据出境：部分工业企业业务及技术发展迅速，重要数据更新频繁，存在实际评估数据未在已报备的重要数据目录或涉外数据目录中等情况。

企业海外上市披露数据：工业企业赴美等海外国家上市需求日益增多，需研究既保障数据出境安全，又推动企业自身发展的相关机制。

海外司法诉讼或执法调取数据：涉外专利诉讼案件中，工业企业占比最高，需研究既保障企业数据安全，又维护企业知识产权合法权益的数据出境指导和支持机制。

5.1.3 工业数据出境防护思路

1. 完善企业内部数据合规制度与对外联通

企业数据的跨境流动已成为促进创新和拓展市场的重要手段，企业数据合规不仅是维持竞争力的要求，也是企业开展境外业务的必然选择。

首先，企业内部合规部门应加强关注数据跨境流动规则的区域差异性。不同国家和地区对于个人数据隐私的定义、范围和保护要求存在差异，这需要企业在数据跨境流动前进行详细的调研和了解。企业需结合自身的业务性质和业务分布情况，有针对性地对区域相关的法律法规、数据跨境流动规则进行调研，在此基础上进行比较研究。一方面，不同国家和地区的法规要求可能涉及数据存储、处理、访问、披露等多方面，企业需要针对性地制定合规政策和流程，以确保数据传输过程中不违反当地法规。另一方面，了解不同地区的法规变化和趋势，可以帮助企业做好长期规划，以应对可能的法规变更和合规挑战。同时，加强关注法律法规的区域差异性也有助于企业建立有效的合规文化。在全球范围内开展业务的企业需要将合规性纳入到企业文化中，使员工从高层到基层都意识到合规的重要性。同时定期培训和教育也可以帮助员工了解不同地区的法规要求，避免不必要的合规风险。

其次，针对全球数据跨境规则的多重性、冲突性，企业应加强外部联动，积极与同行业、跨行业之间建立数据合规联盟。通过同行业之间的信息共享与合规经验交流，不断提升数据合规水平，更好地应对数据跨境规则的复杂性。

2. 构建数据跨境流动双向合规体系

在充分了解业务所在国和地区的数据跨境法律法规的基础上，企业还应当构建双向合规体系。对于具有跨境业务需求的企业而言，在进行数据跨境的处理时，首先在考虑其营业地法律的要求前，应主动适用中国的相关法律规定，并根据数据跨境流通监管模式的配套制定相应的管理规定。在满足上述要求后，通过内部及外部尽职调查，关注数据跨境的流程，确认关键节点，例如出境地、入境地、境外存储地以及中转地等相关业务地点，同时考察企业是否遵守了这些业务相关地区的法律要求，以及如何设置符合当地数据安全要求的合规策略。

考虑到不同地区的规定可能存在不一致的地方,企业需要在兼顾地区差异性的同时,适度调整自己的合规标准及流程等,主动适用当地法律,以避免后续可能面对的多重法律风险。

另外,采用标准合同条款和企业内部规则(BCRs)是构建双向合规体系的有效手段。标准合同条款可以确保企业与数据接收方之间的法律关系明确,规定数据传输的条件和保护措施。而 BCRs 可以在企业内部制定一致的数据保护准则,以适应不同国家和地区的法律法规要求。

综上,构建数据跨境流动双向合规体系是企业确保数据跨境流动合规性的关键战略。通过了解不同国家和地区的法规差异,制定合适的合规策略,采用标准合同条款和 BCRs,以及持续更新合规措施,企业可以在全球范围内实现数据的安全流动,促进商业创新和可持续发展。

3. 完善重点行业和需求场景的数据跨境合规机制

不同行业和场景的数据跨境流动可能涉及不同类型的数据和隐私风险,如果采取一刀切的方式进行同等化保护,无疑会阻碍数据的流通从而影响企业甚至国家的竞争力,因此需要针对不同的数据类型、不同行业和不同的场景定制化合规措施。例如,医疗领域的数据跨境流动可能涉及敏感的医疗信息,需要更为严格的合规规定;而金融行业的数据跨境流动可能需要满足特定的金融监管要求。

数据分类分级是制定有针对性的合规措施的必要前提。企业应当根据自身的业务,在对企业产生的数据进行分类分级的基础上,根据各国和地区的不同要求采取不同层次的措施,数据的分类分级保护有助于平衡数据安全和数据的流通。同时,合规机制需要不断地监测和更新。随着法律法规和技术的不断变化,企业需要持续跟踪合规标准的更新,及时调整合规机制以适应新的情况。

综上所述,完善重点行业和需求场景的数据跨境合规机制是确保企业合规性的关键举措。通过定制化的合规措施、综合考虑国际标准和当地法律法规、保护数据主体权益,以及持续的监测和更新,企业可以在数据跨境流动中保持合规,促进业务创新和可持续发展。

当前,伴随着工业数据从内网流转逐渐转变,跨系统、跨地区、跨国境的复杂流动和多方利用情况日渐增多,为了有效防止数据违规出境、泄露等风险行为造成严重后果,加强工业数据出境安全管理刻不容缓。

5.2 工业数据要素共享交易体系

当前,数据已经成为数字经济时代的基础性资源、重要生产力和关键生产要素。习近平总书记强调,数据基础制度建设事关国家发展和安全大局,要统筹推进数据产权、流通交易、收益分配、安全治理,加快构建数据基础制度体系。本节详细阐述数据交易共享环节的主要风险点及安全防护措施,供工业数据交易共享双方参考。

5.2.1 工业数据共享交易概述

数据交易的具体方式分为两种,一种是将原数据直接由数据供方提供给数据需方,直接转移数据的所有权和使用权,例如某个厂区设备的所有设备生产数据脱敏后售出。关键的技术挑战在于数据确权;二是交易原数据的衍生产品,也就是数据服务的交易,将原数据处理过后的二次信息和特征进行交易,交易过程数据不可逆,仅交易数据的使用权,例如客户设备的使用行为等,核心挑战除了数据确权。两类数据交易流程具体如下:

1. 数据平台托管机制

数据供方将自身生产或者收集的工业数据,交给工业数据交易平台,由工业数据交易平台托管数据,平台利用自身的渠道将数据产品销售给数据需方使用,平台按照与数据供方达成的约定,将售卖数据产品获取的收入,分给数据供方(图5-1)。

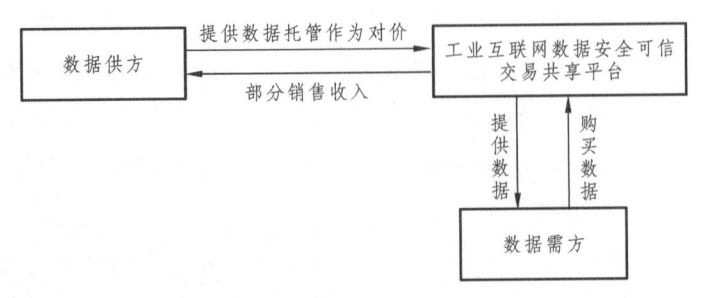

图 5-1 数据平台托管机制

2. 数据平台中介机制

数据平台作为提供服务的中间机构,提供数据交易的环境使数据供需双方在平台中进行交易,数据交易的整个过程由平台负责监管和审计,数据供方和数据需方双方确认数据产品交付后,数据交易平台根据规则和此次数据交易金额按比例收取服务费用(图5-2)。

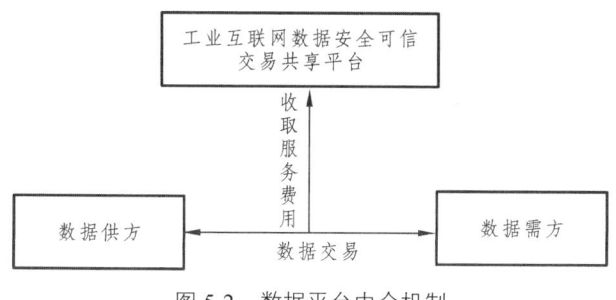

图 5-2 数据平台中介机制

3. 托管与中介混合模式

数据平台通过多种可公开的渠道获取数据,包含平台采购的数据,或数据供方托管的数据。数据平台根据属性将数据二次加工后,向数据需方销售数据产品或数据服务(图5-3)。

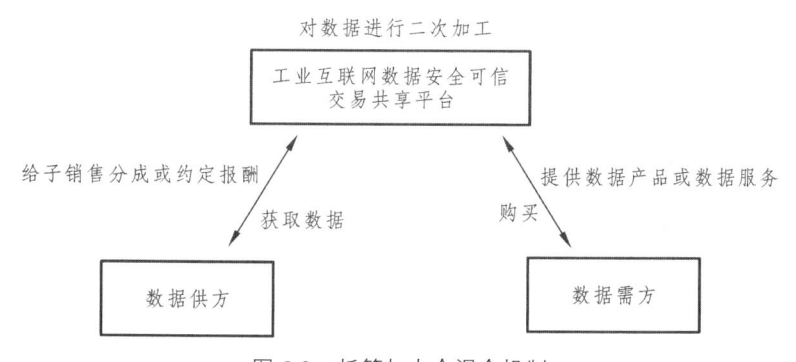

图 5-3 托管与中介混合机制

5.2.2 工业数据交易技术图谱

本小节按照工业数据交易"前—中—后"三个阶段,梳理工业数据安全可信交易共享关键技术,如图5-4所示。

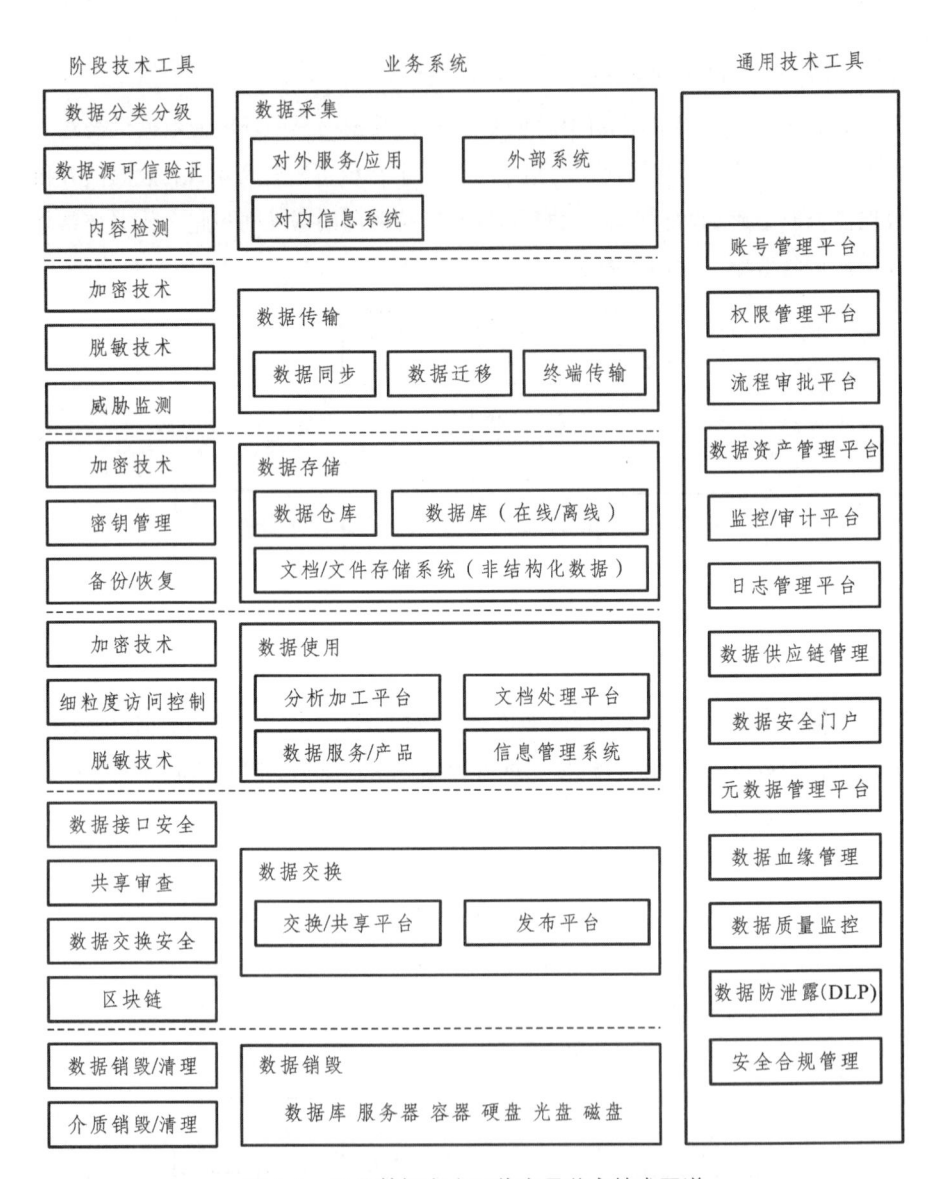

图 5-4 工业数据安全可信交易共享技术图谱

1. 数据采集

在工业数据采集阶段，数据的完整性、准确性和机密性紧密关联到数据的价值和企业的权益。数据类型多、格式和接口差异大，是海量工业数据的特征。在工业数据采集阶段，存在大量的数据泄露、伪造和篡改的风险，同时因为当下工业互联网设备网络协议多种多样,各个协议标准不统一,终端也存在外部感染病毒和恶意代码入侵的风险。因此必须在数据采集阶段使用技术手段如数据智能分级分类标注技术、数据源安全可信验证技术、内容安全监测技术来保障数据完整准确、机密有效。

2. 数据传输

在数据传输阶段,必须考虑传输主体及节点的身份鉴别和认证,对于工业互联网接入设备进行安全认证,建立身份基线并进行审批,从而实现防护对工业互联网设备的仿冒攻击,从网络层和应用层来实现工业互联网设备的通信协议管控。数据互通和网络安全隔离的双重需求存在于工业场景中,数据泄露和滥用的安全风险大量存在于工业数据交换过程中,需要对敏感、重要的工业数据的交换操作进行监控,提供文件格式检查、数据加密、交换审计等安全防护措施。

该领域技术较为成熟,工业数据存在传输速度快、流量大的特点,针对工业数据的特点,确保大流量数据能在数据动态流动的过程中安全传输,从而确保数据的完整性和机密性安全。主要包括高速网络传输加密技术、跨域安全交换、威胁监测技术等。

3. 数据存储

由于当前工业数据的存储架构,数据存储加密、数据备份和恢复等相关问题会大量出现在数据存储阶段,需要针对工业数据存储制定安全策略。工业云平台在汇聚海量数据资源的过程中存在大量工业数据丢失、篡改或者泄露风险,容易产生非授权数据访问或假冒合法用户访问的行为。因此工业互联网平台需建立统一的数据权限管理机制,为确保不同用户不可以直接访问不同安全域之间的数据,访问受到控制,避免存储节点出现非授权接入的问题,同时避免出现对虚拟化环境数据的非授权访问的问题,采用访问控制、用户身份认证和鉴别等手段实现工业数据存储的访问权限管理。根据数据的分类分级,采用分级加密存储措施,包括单、多密钥等多种加密方式。为确保当发生数据丢失时通过备份的数据进行恢复,保证工业应用系统的业务数据安全及系统服务的连续性，需要针对关键业务数据和用户个人信息等重要、敏感数据，不仅需要防篡改、泄漏和丢失，还要进行工业数据备份。

4. 数据使用

在数据处理使用阶段，要对重要、敏感的数据服务要进行可信数字证书、生物识别等多因素身份认证，以求对工业数据的访问用户进行访问控制和权限管理。在处理使用工业互联网中某些生产、运营、销售等敏感信息时，因为工业数据关联性较强，需要通过脱敏规则进行数据的变形，实现敏感隐私数据的可靠保护。同时，对工业数据操作日志进行记录，对数据滥用进行有效识别、监控和预警，实现数据处理使用过程的数据溯源和审计。因此在数据使用阶段要采取细粒度访问控制技术和数据脱敏技术，来实现对重要、敏感数据的保护。

5. 数据交换

在工业数据交换阶段，有大量的跨网跨域的数据交换，这个阶段存在大量的数据篡改、泄露的风险。跨网跨域数据之间的交换，需要对数据的交换过程、行为、内容做到可管、可视、可控。因此在数据交换阶段采取区块链技术、监控审计技术、可信多方计算技术、共享审查技术，支撑跨地域、跨领域、跨部门的多源异构海量数据安全共享交换能力，对数据交换中的异常事件、违规行为和业务运行情况等进行全面的了解和事后安全查漏补缺等处理，确保数据的安全共享和数据安全保护策略，支撑未来不同数据共享模式下的数据安全。

6. 数据销毁

在工业数据安全的保障体系中，存在大量的数据存储资源被冗余的工业数据占用的问题，数据的存储成本因此而提高同时工业应用的服务效率被大大降低，需要定期销毁数据。因此敏感工业数据信息销毁环节的安全保障工作非常重要。工业数据销毁需要采用包括数据存储介质的销毁、数据逻辑销毁等科学的销毁方式。此外，应当建立包括审批及记录等流程的完善的工业数据销毁的安全管理规范，防止工业数据销毁不当带来的数据丢失和泄露的风险。因此采用残留数据粉碎技术和销毁流程完整性技术来保证数据的科学销毁，防止数据泄露。

5.2.3 工业数据交易关键技术问题

工业数据交易包含数据价值评估、数据隐私保障、数据确权、数据定价等诸多关键技术难题。这些问题存在着紧密的联系，并且侧重于数据交易的不同环节。

数据定价的根基是数据价值评估，为了保证数据交易市场的安全、有效、数据自由流通，应根据数据价值评估的结果来进行数据定价。

数据确权是数据定价的前置条件，在数据交易中，数据作为财产进行转移，如被冒用或盗取，会直接侵犯相关权利人的权益，并影响到数据交易双方的意愿，危害数据交易市场。

数据隐私保护以数据确权作为前提，数据确权才能确认数据隐私保护的对象。因此需要相应的数据安全技术，来保障数据供方的权益与隐私，营造良好和谐的数据生态。

数据价值评估、数据定价、数据确权、数据隐私保护这四项技术是数据交易架构体系的基础，是数据交易机制设计的重要组成部分

四项问题之间的联系如图 5-5 所示。

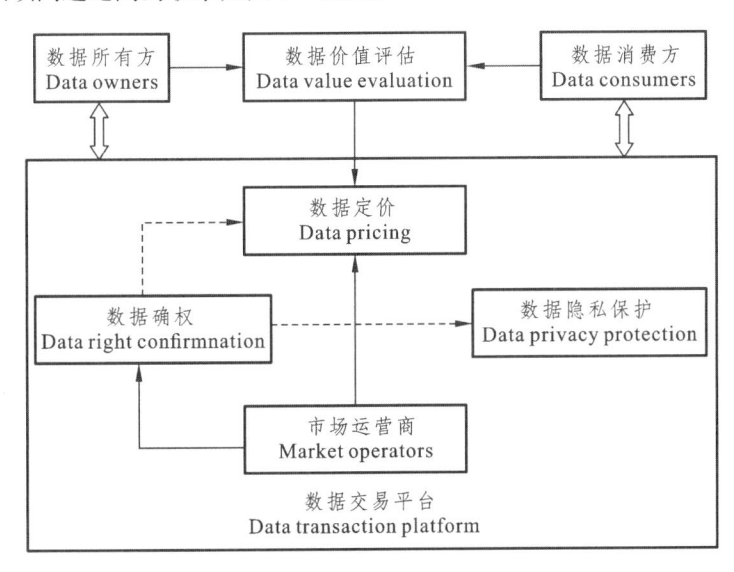

图 5-5 数据交易关键技术问题之间的联系

1. 数据价值评估

数据价值评估难题源自数据使用效果的不可确定性。数据作为以虚拟资产的形式存在的生产要素，对数据价值的评估在获取数据后的分析及使用阶段才进行，这种只在两个阶段进行评估的方式使得数据的效用具有极大的不确定性，这使得数据在交易时产生了数据的产权难以得到界定的问题，从而导致了数据的交易成本非常昂贵。

通过将数据信息消除不确定性的作用从原本所在的语法层面转移到语用层面，以经济价值进行表征，让数据信息消除不确定性的作用在效用中得到映射。因此，我们将从数据需方或数据消费方的经济利益层面入手，来讲述如何消除数据的不确定性。基于此，工业数据价值评估根据数据交易，分析数据对不确定性消除的作用（图5-6）。

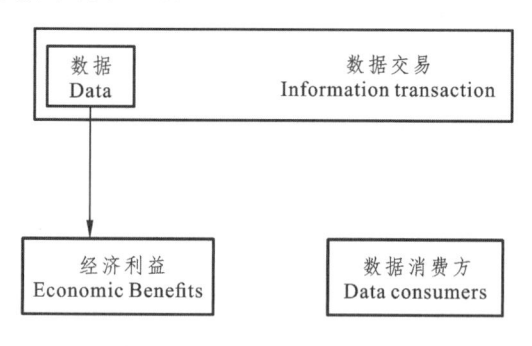

图5-6 数据价值评估流程图

通过对不确定性的测量方式和数据与不确定性之间的联系进行对不确定性的定量分析。这一阶段不依托于指定的特殊应用场景，不确定性的消除是数据的直接"语用"，主要依托工业互联网的应用情景，经济效益的增加是所买卖数据的数据价值。应该着重关注的是，有差别应用场景下的数据价值评估可以根据不同的决策模型实现，因此以上流程具有杰出的扩展性。

2. 数据定价

在数据定价方向，由于数据拥有不可叠加性、关联性和不易分离单位等不同于正常商品的特性，因此相应的定价设计将加倍庞杂。

在数据价值非常清楚确定的情景下，依据VCG机制的数据定价机制的优越性非常突出，非常有存在的价值，这种数据定价机制能够使数据所有方收益与数据的实际价值一致；在数据价值无法被准确评估、供需关系混乱的场景下，应该采取更适合的拍卖定价机制，在拍卖定价的模式下，数据的价格由数据消耗方的估值规定，由拍卖市场决定数据的价值。

此外，各个数据消费方消费不同数据的需求具有非常明显的差别，因此在数据交易市集中区别分离不同应用场景，让数据交易尽量发生在类似的应用场景中。对于跨越多个应用场景的数据交易，应该思考如何在场景转换下给数据带来额外的价值。

3. 数据确权

数据交易机制建设与成长的问题追本溯源是数据确权，规定数据关联权利人是其基点，以保护权利人的合法权益为本，保障数据交易程序的公平为根，必须确定数据所有权、使用权等权利的归属。

在工业互联网的数据交易环境下，尽管数据的传输和流动是由数据所有方和数据消费方之间的数据交易而促成的，数据的所有权不能因数据交易而变更，数据交易不能将数据的所有权在参与数据交易的参与方之间进行转移。

数据消费方在数据交易完成后将取得数据的使用权，也可以通过对数据进行分析和发掘出产更具价值的数据产物，但不可假冒数据所有方，将购买取得的数据直接用来参与另外的交易。

4. 数据隐私保护

从数据隐私安全保障的方面看，目前的数据交易架构可根据是不是在数据交易市集参加者之间互换数据或互换数据处理方式分为三类："转移计算、不转移数据""不转移计算、转移数据"和"转移计算、转移数据"。

"转移计算、转移数据"的数据交易架构适合用于存在多个数据供方参与的数据交易。此类数据交易具备突出的网络异构化特征，对数据的安全性、横向拓展性和动态性有较高标准的要求，也必须具备较高程度的数据分析性能。

采用虚构数据中心的模式是由于各个数据所有方对数据管理的需求，不适合直接进行数据汇集，数据信息必须集散因此需要转移计算，在数据所有方处对数据进行处理。

"不转移计算、转移数据"的数据交易架构在仅有单一数据供方与多个数据消费方的数据交易的场景下适用。"转移数据，不转移交易"具备数据所有权汇集的特征，需要高水平的数据分析性能，对安全性、横向拓展性和动态性没有较高的要求。

　　"转移数据，转移计算"的数据交易架构在多边利益方举行较为庞杂互动与计算的场景时适用。"转移数据转移计算"的数据交易架构对数据的安全性、横向拓展性和动态性提出了高水平的要求。典型的实现方法是使用多边安全计算框架。

附　录

附录A　国外数据安全相关政策情况

序号	地区	制定/印发国家	制定部门	政策名称	内容简介	印发/拟发时间
1	欧洲	欧盟	欧洲议会、欧盟理事会	《通用数据保护条例》(简称"GDPR")	该法案于2018年5月25日正式生效，被称为"史上最严隐私法案"。一方面，GDPR赋予了个体用户对于自身数据更多的自主权和选择权；另一方面，GDPR针对用户数据的控制主体和处理主体制定了十分严格的限制性规则，有力地推进欧盟数字单一市场的建立。	2016年4月14日

续表

序号	地区	制定/印发国家	制定部门	政策名称	内容简介	印发/拟发时间
2	欧洲	欧盟	欧洲议会、欧盟理事会	《网络安全法案》（EU Cybersecurity Act）	《法案》确立了第一份欧盟范围的网络安全认证计划，于2019年6月27日正式施行。《法案》包括序言、正文和附则三大部分。正文部分包含三个章节共计69个条款，涉及为ENISA（欧盟网络安全局）的职能和任务的重新定位、网络安全认证框架及认证计划、信息和通信技术（ICT）网络安全认证等事项的具体规定。附则部分是关于获得认证资格的评估机构，应当满足的具体要求。	2019年4月17日
3	欧洲	欧盟	欧盟委员会	《欧洲数据战略》（A European strategy for data）	《战略》概述了欧洲未来五年实现数据经济的政策举措和投资策略：(1)提出设立数据存取和使用的跨部门治理框架；(2)加大数据托管、处理、使用以及基础设施建设的投资；(3)授权个人使用数据、提高投资技能，帮助中小企业增强实力；(4)支持建立九个欧洲公共数据空间。	2020年2月19日
4	欧洲	欧盟	欧盟委员会	《数据法案（草案）》（Data Act）	该法案目前仍然处于草案阶段，其是对《数据治理法案》的补充，旨在促进企业之间以及企业与政府之间的数据共享，使得消费者和企业对其拥有的数据拥有更多的控制权，可以自主决定如何使用数据。	2022年2月23日

续表

序号	地区	制定/印发国家	制定部门	政策名称	内容简介	印发/拟发时间
5	欧洲	欧盟	欧洲议会、欧洲理事会和欧盟委员会	《数据市场法案》（Digital Markets Act）	《数字市场法案》侧重维护经济秩序，创新提出"守门人"概念，阻止"守门人"从事不合理的商业行为，从而确保重要数字服务市场的公平性和开放性。	2022年3月24日
6	欧洲	欧盟	欧盟成员国、欧洲议会	《数字服务法案》（Digital Services Act）	该法案对2000年的《电子商务法》进行了更新和澄清，同时针对在线平台的透明度要求和问责机制给出了规范，在打击非法内容方面，还强调各大在线平台需要承担一定的社会义务。此外补充了特定行业立法，包括《视听媒体服务指令》《数字单一市场版权指令》《消费者保护法》等。	2022年4月23日
7	欧洲	欧盟	欧盟委员会	《数据治理法案》（Data Governance Act）	该法案主要构建G2B、B2B商业模式下的数据共享及再利用的框架和模式	2022年5月16日
8	欧洲	欧盟	欧盟委员会	《数字服务法案》（Digital Services Act）	该法案从主体的角度出发，对网络空间中的平台、用户以及广告商进行区分，并分别设置不同的合规义务与应对特定情形的应对措施。1）要求平台接受审计，允许特定研究人员访问算法；2）禁止用户对于非法内容的重复发送行为，并要求相关互联网平台在其平台上设置对应的内部投诉机制；3）要求广告商正确开展自动化决策，精准投放广告。	2022年7月5日

235

续表

序号	地区	制定/印发国家	制定部门	政策名称	内容简介	印发/拟发时间
9	欧洲	欧盟	欧盟委员会	《网络安全弹性法案》（Cyber Resilience Act）	《网络弹性法案》将规制主体定义为经济运营者，包括制造商、授权代表、进口商、分销商或任何其他须履行该法案规定义务的自然人或法人，并针对不同类型的主体施加不同的义务。旨在加强欧盟数字产品的网络安全，要求所有在欧盟市场上销售的可联网数字化设备和软件在设计、生产、运营及维护等整个生命周期都必须满足欧盟设定的强制性网络安全标准。	2022年9月15日
10	欧洲	欧盟	欧盟委员会	《关于在欧盟全境实现高度统一网络安全措施的指令》（NIS 2指令）	NIS 2指令扩展了属于其范围的关键实体的部门和类型，包括公共电子通信网络和服务的供应商、数据中心服务、废水和废物管理、关键产品的制造、邮政和快递服务以及公共管理实体。该指令还加强了各实体的网络安全风险管理要求，并对安全事件的报告、内容和时限做出了更精确的规定。	2022年12月14日
11	欧洲	欧盟	欧盟委员会	《欧美数据隐私框架》	通过了基于《通用数据保护条例》的"充分性认定"，认可参与《欧美数据隐私框架》的美国商业组织能够提供与欧盟相当的数据保护水平。据此，欧盟的个人数据可以无需额外的保护措施而自由地传输至参与该框架的美国的商业实体。	2023年7月10日

续表

序号	地区	制定/印发国家	制定部门	政策名称	内容简介	印发/拟发时间
12	欧洲	欧盟	欧盟理事会	《关于公平访问和使用数据的统一规则的条例》(《数据法案》)	明确了数据访问、共享和使用的规则，规定了获取数据的主体和条件，在《通用数据保护条例》的基础上，提供了适用于所有数据的更广泛的规则。	2023年11月27日
13	欧洲	英国	英国政府	《国家网络安全战略2022-2030》(Government Cyber Security Strategy: 2022 to 2030)	该战略阐述了英国政府确保公共部门有效应对网络威胁的系列举措，设定了网络弹性方面需要考虑的维度，包括管理网络安全风险、防范网络攻击、检测网络安全事件、将网络安全事件的影响降至最低、培养正确的网络安全技能知识和文化等，旨在确保政府核心功能对网络攻击具有韧性。	2022年1月25日
14	欧洲	英国	英国政府	《数据改革法案》(Data Reform Bill)	旨在指导英国独立于欧盟隐私立法，用于改革英国现有的《通用数据保护条例》和《数据保护法案》，拟建立独立的英国数据保护框架，确保数据监管机构职能，并确保公民对其数据权利有更明确的认识。	2022年5月10日
15	欧洲	英国	英国下议院	《数据保护和数字信息法案》(The Data Protection and Digital Information Bill)	该法案在沿用欧盟《通用数据保护条例》优势的基础上为企业提供更大的灵活性，修订涉及：1)贯彻数据最小化原则，明确个人数据的访问和控制权，要求企业进行风险评估和合规检查；2)减轻数据跨境义务，完善国际数据传输机制；3)加强信息专员办公室(ICO)职能。	2023年3月8日

续表

序号	地区	制定/印发国家	制定部门	政策名称	内容简介	印发/拟发时间
16	欧洲	德国	德国政府	《联邦数据战略》	该战略旨在加强商业、科学、社会和行政管理领域中数据的收集和使用管理，增强数据能力，明确了四大行动领域，分别为：构建高效且可持续的数据基础设施；促进数据创新并安全地使用数据；提高数据能力并打造数据文化；强化数字政府能力。	2021年1月1日
17	欧洲	德国	德国联邦议院	《IT安全法》2.0版本	该法案旨在保护重要基础设施数据安全，通过弥补以往法律漏洞并扩大监管框架，以提高德国IT系统的安全性，并加强国家安全。	2021年5月28日
18	欧洲	德国	德国政府	《德国综合安全——国家安全战略》	该文件全面系统地分析了德国国家安全环境，并将"网络安全"作为国家安全的重点内容予以规制。	2023年6月14日
19	欧洲	法国	法国参议院	《个人数据保护法》（The "Data Protection" Act）	该法案系法国落实欧盟《通用数据保护条例》的立法举措，目的在于保护公民的个人数据信息安全。该法案针对数据处理的不同操作场景作出规定，并扩展了数据控制者和运营商的审查义务。	2018年11月7日
20	美洲	美国	美国政府	《关于加强国家网络安全的行政命令》	该命令旨在提升美国政府网络安全现代化、软件供应链安全、事件检测和响应以及对威胁的整体抵御能力，提出建立网络安全审查委员会，就影响联邦信息系统或非联邦系统的重大网络事件、威胁活动、漏洞等进行审核和评估	2021年5月12日

续表

序号	地区	制定/印发国家	制定部门	政策名称	内容简介	印发/拟发时间
21	美洲	美国	美国统一法律委员会（ULC）	《统一个人数据保护法》（Uniform Personal Data Protection Act, UPDPA）	该法案旨在统一各州隐私立法，适用于在该州范围内的由数据控制者或者数据处理者开展的活动，包括商务、生产产品或者是为本州居民提供服务。	2021年7月14日
22	美洲	美国	美国管理和预算办公室（OMB）	《联邦政府零信任战略》	该战略阐述了零信任实施的5大目标，提出整合身份系统、运营设备资产清单、加密进出流量等行动措施，要求联邦政府在未来两年内逐步采用零信任安全架构，以抵御现有威胁并增强整个联邦层面的网络防御能力。	2022年1月26日
23	美洲	美国	美国众议院和参议院	《美国数据隐私和保护法案》	该法案从数据处理自由和数据价值释放的理念出发，提出统一的美国数据隐私框架，通过建立消费者数据隐私控制权及执行机制，为美国消费者提供全面的数据保护。	2022年6月3日
24	美洲	美国	美国政府	《关于防止受关注国家访问美国人的大量敏感个人数据和美国政府相关数据的行政命令》	限制乃至禁止中国、俄罗斯、伊朗、朝鲜、古巴和委内瑞拉及符合条件的主体获取大量美国主体敏感个人数据及政府相关数据。	2024年2月28日
25	美洲	加拿大	加拿大政府	《国家网络安全行动计划（2019—2024）》	该行动计划提出将在五年内提供1030美金用于推进加拿大的网络安全建设。	2019年8月7日

续表

序号	地区	制定/印发国家	制定部门	政策名称	内容简介	印发/拟发时间
26	美洲	加拿大	加拿大创新、科学和工业部与司法部	《数字宪章实施案2020》	该实施案强调组织只能基于合法目的开展信息收集,重点保障个人信息的隐私权,此外该法案提出去标识化的定义,确保技术和防护目的的相称性。	2020年11月17日
27	美洲	巴西	巴西国家电信局	《网络安全条例》	该条例规定了金融和支付机构采取网络安全措施要求:1)法规要求机构必须任命一名负责实施和监督其网络安全政策的官员,并采取控制措施和程序来预防和应对网络安全事件;2)数据处理、存储和云计算包服务时,需要保护机构客户数据和信息的访问控制的质量。	2021年2月26日
28		巴西	巴西数据保护局	《个人数据国际传输条例》	是巴西针对个人数据保护的主要法规,明确了巴西个人数据跨境传输的法律机制。	2023年8月15日
29	亚洲	日本	日本内阁网络安全中心(NISC)	《网络安全战略》	该战略确定了规划和实施有关网络安全措施的五项基本原则:确保信息的自由流通、法治、开放性、自主性和多方合作。此外,还给出了三大推进方向:在数字化改革的基础上,同步推广数字化转型与网络安全;纵观整个网络空间,确保公共空间的互联互通和链条化;强化安全防护能力。	2022年2月1日

续表

序号	地区	制定/印发国家	制定部门	政策名称	内容简介	印发/拟发时间
30	亚洲	日本	日本国会	《关于通过实施整体经济政策措施推进确保安全保障的法律》	该法要求该等特定社会基础服务运营者将某些重要设备的引进及委托维护等计划列为事前审查的对象，明确强化网络防御方针，研究引入"主动网络防御"及实现其实施所需的措施。	2022年5月11日
31	亚洲	日本	日本个人信息保护委员会	《个人保护法》（APPI）	规定了国家和地方政府保护个人信息的责任和基本政策、个人信息处理企业、行政机关、独立行政法人等处理个人信息的义务，同时设置了个人信息保护委员会（PPC）对以上主体的行为进行统一监管。	2023年4月1日
32	大洋洲	澳大利亚	澳大利亚国防部	《网络安全战略》（Cyber Security Strategy 2020）	该战略旨在加强未来10年内澳大利亚的网络安全，强调要将打击网络犯罪、推进"数字身份"计划、扶持中小企业和扩大地区影响等方面作为今后国家网络安全战略的政策目标。	2020年8月6日
33	大洋洲	澳大利亚	澳大利亚内政部	《国家数据安全行动计划》（National Data Security Action Plan）	首个国家数据安全行动计划，形成国家数据安全框架：1）保护公民的数据（收集、处理和存储在数字系统和网络上的信息）免受侵害；2）为政府、企业和个人建立数据安全设置和要求，以安全、问责和控制为重点运作。	2022年4月6日

续表

序号	地区	制定/印发国家	制定部门	政策名称	内容简介	印发/拟发时间
34	大洋洲	澳大利亚	澳大利亚国防部	《国防网络安全战略》(2022)(Defence Cyber Security Strategy 2022)	该战略是澳大利亚第一份国防背景下的专门网络安全战略,不仅凸显了澳大利亚对国防网络安全的重视,也强调了面对不断变化的网络威胁环境和技术的快速迭代,澳建设国防网络安全的理念原则、战略目标和能力建设的优先领域,是该国未来十年国防网络安全建设的指导性战略。	2022年8月31日
35			澳大利亚国家档案馆	《2023—2025年数据战略》(National Archives' Data strategy 2023—2025)	该战略强调将数据作为战略资产,旨在改进当前澳大利亚收集、共享、管理数据的方式,提出四个战略目标：(1)数据价值最大化,即开发和提升数据分析能力；(2)数据受到保护和信任；(3)保障数据利用；(4)构建数据治理能力。	2022年12月1日
36	非洲	南非	南非政府	《个人信息保护法》	该法案通过规定处理个人信息的条件,确定处理个人信息的最低要求,明确数据主体的相关权利,以此来保护公共和私人机构处理的个人信息安全。	2020年7月1日
37		非盟	非盟委员会	《非盟数据政策框架》	创建统一的数据环境和协调的数字数据治理系统,使整个非洲大陆的数据能够自由、安全地流动。通过这一框架,非洲国家同意建立必要的机制和法规,以合作实现数据在非洲的流动,并为实现数字单一市场铺平道路。	2022年2月

附录 B 工业领域数据安全已发布和制定中标准明细

总序号	标准名称	标准号/计划号	状态
1	数据安全技术 数据分类分级规则	GB/T 43697-2024	正式实施
2	工业数据质量 通用技术规范	GB/T 39400-2020	已发布
3	信息安全技术 数据安全风险评估方法	20230257-T-469	制定中
4	信息安全技术 数据安全能力成熟度模型	GB/T 37988-2019	已发布
5	工业数据安全保护要求	YD/T 3865-2021	已发布
6	工业互联网企业网络安全第4部分：数据防护要求	20214469-T-339	制定中
7	汽车整车信息安全技术要求	20214422-Q-339	制定中
8	智能网联汽车 数据通用要求	20213606-T-339	制定中
9	无人机云系统数据规范	MH/T 2011-2019	已发布
10	可穿戴产品数据规范	GB/T 37037-2018	已发布
11	信息技术服务 数据资产 管理要求	GB/T 40685-2021	已发布
12	面向公有云服务的文件数据安全标记规范	YD/T 3470-2019	已发布
13	云服务用户数据保护能力评估方法 第1部分：公有云	YD/T 3797.1-2021	已发布
14	云服务用户数据保护能力评估方法 第2部分：私有云	YD/T 3797.2-2020	已发布
15	信息技术 安全技术 实体鉴别 第4部分：采用密码校验函数的机制	GB/T 15843.4-2024	即将实施
16	信息安全技术 网络安全专用产品安全技术要求	GB 42250-2022	已发布
17	信息安全技术 安全办公U盘安全技术要求	GB/T 37091-2018	已发布
18	信息技术 安全技术 网络安全 第4部分：使用安全网关的网间通信安全保护	GB/T 25068.4-2022	已发布

续表

总序号	标准名称	标准号/计划号	状态
19	信息安全技术 网络安全等级保护安全设计技术要求	GB/T 25070-2019	已发布
20	信息技术 安全技术 IT网络安全 第3部分：使用安全网关的网间通信安全保护	GB/T 25068.3-2022	已发布
21	信息安全技术 网络安全等级保护安全管理中心技术要求	GB/T 36958-2018	已发布
22	Web应用安全检测系统安全技术要求和测试评价方法	GB/T 37931-2019	已发布
23	信息安全技术 网络安全应急能力评估准则	GB/T 43269-2023	即将实施
24	信息安全技术 网络安全信息报送指南	GB/T 43557-2023	即将实施

附录 C　地方数据安全相关政策情况

序号	制定/印发部门	政策名称	内容简介	印发/拟发时间
一、数据安全专门文件				
1	广东省政务服务数据管理局	《广东省公共数据安全管理办法（二次征求意见稿）》	征求意见稿规定，公共管理和服务机构应当按照国家网络安全等级保护制度、商用密码应用要求，采取数据脱敏、加密保护、安全认证等安全保护措施，保障公共数据安全。	2022.2
2	福建省工业和信息化厅	《关于推进数据安全产业发展的通知》	明确要求各地市指导试点企业深入开展数据分类分级，提升数据安全管理能力，及时总结试点经验和典型案例，形成规范化制度、规程、标准，构建可复制、可推广的数据安全管理模式，推进省内工业领域数据安全管理体系建设。	2022.8
3	山西省工业和信息化厅	《山西省工业和信息化领域网络与数据安全2023年行动计划》	加快省内工信领域网络与数据安全保障体系建设，提升省内工业企业网络与数据安全防护能力。	2023.2
4	海南省工业和信息化厅	《关于落实工业数据安全管理要求的通知》	为规范全省工业领域数据处理活动，要求常态化开展政策宣贯培训、数据识别报告、工作联动机制等工作。	2023.3
5	山东省工业和信息化厅	《山东省工业和信息化领域数据安全管理实施细则》	规范全省工业和信息化领域数据处理活动，加强数据安全管理。	2023.4
6	山西省工业和信息化厅	《关于组织开展数据安全风险防控重点企业数据安全风险隐患排查的通知》	组织开展工业领域数据安全风险防控重点企业数据安全风险隐患排查工作，切实提高工业领域数据安全风险防范能力。	2023.4

续表

序号	制定/印发部门	政策名称	内容简介	印发/拟发时间
二、提及数据安全的相关文件					
7	上海市人民代表大会常务委员会	《上海市数据条例》	明确各级数据安全主体责任，建立健全数据安全风险评估、报告、信息共享、监测预警、应急处置等机制，保障数据安全，促进数据依法有序自由流动。	2021.11
8	天津市互联网信息办公室	《天津市数据交易管理暂行办法》	强调交易安全，要求数据交易服务机构建立健全全流程数据安全管理制度、设立数据安全服务人和管理机构、制定数据安全时间应急预案，赋予相关主管部门监督管理企业数据安全落实情况的权利。	2022.1
9	山东省工业和信息化厅	《山东省"十四五"大数据产业发展规划》	强调完善数据安全保障体系、推动数据安全产业发展，筑牢数据安全保障防线。	2022.1
10	深圳市人民代表大会常务委员会	《深圳经济特区数据条例》	提出数据处理者需要依据相关法律法规开展数据安全治理工作，建立相关数据安全保护制度；对于敏感个人数据和重要数据进行特别保护；主要对数据处理者在处理数据时，提出相关管理要求，涉及围绕数据生命周期采取的保护措施及建立风险评估、应急处置等制度流程，以及当涉及数据处境及委托关系时的审查评估及合同订立的要求。	2022.1
11	江苏省人民政府	《江苏省公共数据管理办法》	统筹数字化发展和安全，建立健全数据安全治理体系，强化公共数据安全全流程保护，提高数据安全保障能力。	2022.2
12	福建省人民代表大会常务委员会	《福建省大数据发展条例》	设置专门章节明确数据安全各级主体责任，统筹建立数据安全工作协调机制。	2022.2

续表

序号	制定/印发部门	政策名称	内容简介	印发/拟发时间
13	河南省人民政府	《河南省"十四五"新型基础设施建设规划》	强化数据安全保护。加强个人信息保护,强化个人信息收集、使用、共享等环节安全管理,严格规范运用个人信息开展大数据分析的行为。	2022.2
14	黑龙江省人大常委会	《黑龙江省促进大数据发展应用条例》	在安全保护方面,征求意见稿规定,从事数据处理活动的单位应当履行建立健全全流程数据安全管理制度;制定数据安全事件应急预案,定期开展风险评估和应急演练等活动;采取安全保护技术措施,防止数据丢失、毁损、泄露和篡改等义务。	2022.5
15	山东省人民政府	《山东省公共数据开放办法》	明确提出:公共数据提供单位应当建立本单位公共数据安全保护制度,落实有关公共数据安全的法律、法规和国家标准以及网络安全等级保护制度,采取相应的技术措施和其他必要措施,保障公共数据安全;对公民、法人和其他组织开发利用公共数据,明确要采取必要的防护措施,保障公共数据安全等要求。	2022.2
16	浙江省人民代表大会常务委员会	《浙江省公共数据条例》	公共数据安全实行谁收集谁负责、谁使用谁负责、谁运行谁负责的责任制。公共数据主管部门、公共管理和服务机构的主要负责人是本单位数据安全工作的第一责任人。加强公共数据全生命周期安全和合法利用管理,防止数据被非法获取、篡改、泄露、损毁或者不当利用。	2022.3

续表

序号	制定/印发部门	政策名称	内容简介	印发/拟发时间
17	河南省大数据管理局	《河南省数据条例（草案）》（征求意见稿）	要求建立健全流程数据安全管理制度和技术保护机制；组织开展数据安全教育培训；采取技术措施和其他必要措施；加强风险监测，发现数据安全缺陷、漏洞等风险时应当立即采取补救措施；发生数据安全事件时应当立即采取处置措施，按照规定及时告知用户并向有关主管部门报告等数据安全保护义务。	2022.3
18	上海市人民政府办公厅数据发展管理办公室	《上海市政务云管理暂行办法》	要求政务云服务商负责建立健全安全保护工作制度，提供安全可信的产品和服务，做好政务云的安全监测和防御工作，定期开展网络安全等级保护测评与密码应用安全性评估，保障政务云安全稳定运行。	2022.4
19	四川省第十三届人民代表大会常务委员会	《四川省大数据发展条例》	在数据安全方面，征求意见稿规定，1）全社会应当树立数据安全意识，提高数据安全保护能力，加强数据安全制度建设，维护数据安全；2）地方各级人民政府及其部门应当完善风险评估、监测预警以及应急处理机制，加强大数据环境下防攻击、防泄漏、防窃取的监测、预警、控制和应急处置、容灾备份能力建设，保障数据采集汇聚、共享应用和开放开发等环节的数据安全；3）网信部门统筹协调有关部门建立健全数据分类分级保护制度，推动数据安全治理工作；4）省大数据中心统筹推进、指导协调数据安全保障体系建设。	2022.12

续表

序号	制定/印发部门	政策名称	内容简介	印发/拟发时间
20	重庆市人民代表大会常务委员会	《重庆市数据条例》	在数据安全方面，条例完善数据处理规则，明确开展数据处理活动的禁止性行为和数据安全保护义务。条例规定建立数据安全责任制，明确数据处理者是数据安全责任主体，同时存在多个数据处理者的，分别承担各自安全责任。	2022.3
21	山东省工业和信息化厅、山东省委网信办、省发展改革委、山东省科技厅、山东省农业农村厅、山东省商务厅、山东省大数据局、山东省通信管理局等部门联合制定	《山东省2022年数字经济"重点突破"行动方案》	实施数据安全体系筑盾行动、制定山东省工业数据安全管理办法等制度规范、开展工业数据安全风险监测等。	2022.4
22	山东省工业和信息化厅、省委网信办、省发展改革委、省科技厅、省农业农村厅、省商务厅、省大数据局、省通信管理局等部门联合制定	《山东省2023年数字经济"全面提升"行动方案》	为贯彻国务院《"十四五"数字经济发展规划》，落实山东省《"十四五"数字强省建设规划》《关于深化改革创新促进数字经济高质量发展的若干措施》等文件要求，按照数字强省建设"一年全面起势、两年重点突破、五年跨越发展"战略目标，决定将2023年确定为我省数字经济发展"全面提升"年，结合我省实际制定本行动方案。	2023.4
23	广东省工业和信息化厅	《2022年广东省数字经济工作要点》	推进国家2022年工业领域数据安全试点省份建设，探索部分工业行业数据安全机制等。	2022.4

续表

序号	制定/印发部门	政策名称	内容简介	印发/拟发时间
24	广东省工业和信息化厅	《2023年广东省数字经济工作要点》	推进国家2023年工业领域数据安全试点省份建设，探索部分工业行业数据安全机制等。	2023.3
25	广东省工业和信息化厅	《2024年广东省数字经济工作要点》	推进国家2024年工业领域数据安全试点省份建设，探索部分工业行业数据安全机制等。	2024.4
26	江西省工业和信息化厅	《关于印发江西省工业信息安全提升工程2022年工作要点的通知》	做好全省数据安全管理试点工作，建立健全数据安全管理制度等。	2022.4
27	上海市人民政府	《上海城市数字化转型标准化建设实施方案》	在数字安全方面，《实施方案》将聚焦信息安全、链路安全、数据安全防护，研制实施数据资源全流程监测、生物特征及用户习惯采集和应用管理、数据跨境流通安全评估等标准，以标准化支撑构建城市数字化转型的大安全格局。	2022.4
28	江西省发展改革委	《江西省数据条例（征求意见稿）》	在征求意见稿第六章【数据安全】中规定：1）重要数据实行目录管理机制，对列入目录的数据进行重点保护。重要数据的具体目录由省网信会同省数据资源管理部门、省公安部门等编制，并按照规定报送国家有关部门。2）网信部门会同数据资源管理部门根据国家统一部署和法律、法规、规章的相关规定，建立集中统一、高效权威的数据安全风险评估、报告、信息共享、监测预警和应急机制，加强数据安全风险信息的获取、分析、研判、预警和处置。	2022.4

续表

序号	制定/印发部门	政策名称	内容简介	印发/拟发时间
29	河南省人民政府	《河南省政务数据安全管理暂行办法》	《办法》要求政务部门要全面贯彻落实总体国家安全观,坚持安全与发展并重,完善政务数据安全治理体系,不断提高政务数据安全保障能力,保障依法共享和安全利用政务数据。	2022.4
30	四川省经济和信息化厅、重庆市经济和信息化委员会联合制定	《2022年成渝地区工业互联网一体化发展示范区建设工作要点》	推进成渝地区工业领域数据安全管理试点,加强数据安全分类分级管理,提升数据安全防护能力等。	2022.5
31	四川省经济和信息化厅、重庆市经济和信息化委员会联合制定	《2023年成渝地区工业互联网一体化发展示范区建设工作要点》	推进成渝地区工业领域数据安全管理试点,加强数据安全分类分级管理,提升数据安全防护能力等。	2023.5
32	辽宁省人民代表大会常务委员会	《辽宁省大数据发展条例》	推动工业数据安全管理体系建设,加快工业数据安全产品研发。	2022.5
33	深圳市工信局	《深圳市2022年数字经济产业发展工作要点》	做好开展工业领域数据安全管理试点工作,探索建立工业领域数据安全体系,推动数据安全产业发展等	2022.5
34	北京经济和信息化局	《北京市数字经济促进条例(征求意见稿)》	设置"数字经济安全"章节,明确各主管部门、数据处理者数据安全保护责任。	2022.5
35	北京市人民代表大会常务委员会	《北京市数字经济促进条》	设置"数字经济安全"章节,明确各主管部门、数据处理者数据安全保护责任。	2022.11
36	陕西省人大常委会	《陕西省大数据发展应用条例》	强化数据资源安全监管,建立数据安全保障机制、数据安全监测预警体系,完善应急预案,有效平衡数据利用与数据保护,切实筑牢法治底线。	2022.5

续表

序号	制定/印发部门	政策名称	内容简介	印发/拟发时间
37	深圳市政务服务数据管理局和深圳市发展改革委	《深圳市数字政府和智慧城市"十四五"发展规划》	《规划》要求建立健全数据资产、数据共享协调机制、数据资源开发利用、数据安全保护与市场监管执法等方面的法律法规、标准规范和管理制度,创新社会治理模式,激活数据要素价值。	2022.5
38	江西省人民政府	《江西省"十四五"数字经济发展规划》	《规划》要求,强化协同治理和监管机制、增强政府数字化治理能力、完善多元共治新格局、健全网络安全保障体系、强化数据安全保护。	2022.5
39	河北省人大常委会	《河北省数字经济促进条例》	明确县级以上网信等部门,协调落实数据安全和相关监管职责;要求网络运营者应当依法建立健全内部数据安全管理制度,保障重要领域数据资源、重要网络、信息系统和硬件设备安全保障,采取必要技术措施保障数据安全。	2022.5
40	江苏省人大常委会	《江苏省数字经济促进条例》	明确县级以上人民政府应建立健全网络安全保障体系和数据安全治理体系,实施网络安全等级保护制度和数据安全审查制度,建立健全数据安全风险评估、报告、信息共享、监测预警、应急处置机制,推动建立政府监管、平台自治、行业自律、公众参与的多元共治体系。数据安全处理活动应确保符合数据安全保护职责。	2022.5
41	广州人民代表大会常务委员会	《广州市数字经济促进条例》	强调数据处理者在数据处理过程中,应当遵循安全可控的原则,建立数据安全管理制度、落实数据安全保护责任,依法保护国家秘密、商业秘密、个人信息和隐私。	2022.6

252

续表

序号	制定/印发部门	政策名称	内容简介	印发/拟发时间
42	四川省人大常委会	《四川省数据条例（草案）》	《条例》明确要加强数据安全管理和个人信息保护。（1）建立数据安全责任制；（2）建立分级分类保护、风险防范预警、应急处理机制和安全评估监管等制度；（3）严格落实上位法对个人信息保护的规定。	2022.6
43	山东省工业和信息化厅	《山东省数据治理创新综合试点建设方案》	切实激发工业数据资源要素潜力，实施数据安全能力提升行动等。	2022.6
44	广东省工业和信息化厅	《广东省数字经济发展指引1.0》	设立"数据安全"篇章，指导各级政府建设数据安全保障体系，加强数据安全防护，提升数据安全管理能力。	2022.7
45	厦门市人民代表大会常务委员会	《厦门经济特区数据条例（草案）》	数据安全方面，草案规定，市人民政府组织建立数据安全风险评估、报告、监测预警、应急处置和分类分级保护制度，加强本市数据安全风险信息的获取、分析、研判、预警工作。建立健全数据安全工作协调机制，统筹有关部门按照国家规定编制本市重要数据目录，对列入目录的数据进行重点保护；统筹市工信、网信、公安、国家安全等部门加强数据安全监督检查协作，依法处理数据安全事件。	2022.12
46	上海市人民政府	《上海市数字经济发展"十四五"规划》	规划要求，发展网络安全服务，推动电信企业、云服务提供商发挥资源优势，提供监测预警、攻击防护、应急保障等安全增值服务。发展支持企业整体数字化转型的规划咨询、检测认证、安全培训等高端定制安全服务，培育事前预防、事中防护、事后补偿的全周期安全保险服务。	2022.7

续表

序号	制定/印发部门	政策名称	内容简介	印发/拟发时间
47	福建省工信厅和福建省财政厅	《关于推进工业数字化转型的九条措施》	明确每年遴选一批工业领域数据安全标杆企业和数据安全优秀服务商,每家给予最高50万元奖励。	2022.8
48	广东省工业和信息化厅	《广东省企业首席数据官建设指南》	鼓励企业设立由分管数据的副总兼职或专职的企业首席数据官,规定首席数据官主要负责企业数据治理、数据增富、数字增值、数据安全、数据人才、数据文化共6项岗位职责,有效推动各级政府部门和企业更加重视数据要素建设和数据安全管理。	2022.8
49	深圳市人民代表大会常务委员会	《深圳经济特区智能网联汽车管理条例》	明确各级主体数据安全职责,重点强调智能网联汽车的网络安全和数据保护。	2022.8
50	湖北省人民政府	《湖北数字经济强省三年行动计划(2022—2024)》	加强重要数据安全保障,建立工业领域数据安全分类分级管理机制,督促重点企业依法建立相应网络安全和数据安全管理制度,增强企业安全防范能力。	2022.8
51	哈尔滨市工业和信息化局	《哈尔滨市公共数据开放管理办法(征求意见稿)》	《办法》强调市委网信办会同相关部门统筹推进本市公共数据开放安全体系建设,指导、监督各区县(市)政府、市级各公共管理和服务机构加强公共数据开放安全管理,保障数据安全。	2022.8
52	浙江省人民政府	《浙江省人民政府关于深化数字政府建设的实施意见》	通过强化安全管理责任、落实安全制度要求、提升安全保障能力,提高自主可控水平等方面,构建数字政府全方位安全保障体系。	2022.8

续表

序号	制定/印发部门	政策名称	内容简介	印发/拟发时间
53	陕西省人大常委会	《陕西省大数据条例》	《条例》第七十一条提出省大数据主管部门统筹建设全省政务数据灾备体系；设区的市人民政府应当按照统一部署，对政务数据进行安全备份。政务部门和大数据生产运营单位应当采取安全保护技术措施，防止数据丢失、毁损、泄露和篡改，确保数据安全。	2022.9
54	浙江省数字经济发展领导小组	《浙江省推进产业数据价值化改革试点方案》	强调提升产业数据安全化能力，包括实施产业数据分类分级安全防护、推进工业领域数据安全管理试点工作和加强数据产品流通交易合规监管等。	2022.10
55	上海市数字化办公室	《上海市制造业数字化转型实施方案》	围绕工业互联网安全监督检查、风险评估、数据保护、应急处置等方面建立安全管理制度和工作机制，推进工业互联网企业网络安全分类分级管理制度建设，支持专业机构、企业积极参与工业互联网设备、网络、平台、数据等重点领域安全标准的研究制定，指导督促工业互联网企业提升网络安全防护水平，制定本市重点联网工业企业清单和重要数据保护目录。	2022.10
56	山东省工业和信息化厅	《关于深化改革创新促进数字经济高质量发展的若干措施》	《措施》明确构建安全保障体系。健全网络安全产业、技术和人才支撑体系，制定完善网络和数据安全标准规范。强化自主可控信息产品和技术应用，提升信息安全水平。建立数据安全备案机制和数据市场安全风险预警机制，严控数据资本市场风险，强化关键领域数字基础设施安全保障，保护专利、数字版权、商业秘密，加强对收集使用个人信息的安全监管。	2022.10

续表

序号	制定/印发部门	政策名称	内容简介	印发/拟发时间
57	深圳市人民代表大会常务委	《深圳经济特区数字经济产业促进条例》	确立保障安全与发展数字经济并重的原则，建立健全网络安全、数据安全保障和个人信息保护体系。	2022.11
58	江西省人大常委会法制工作委员	《江西省数据应用条例（草案）》	立足于强化数据安全保障护航数据应用，设立"安全保护"章节，强调各级主体数据安全保护职责，鼓励数据安全检测评估、认证等专业机构依法开展数据安全服务活动。	2022.11
59	北京市人民代表大会常务委员会	《北京市数字经济促进条例》	《条例》提出要建立健全数据安全治理体系，完善数据分类分级保护制度，规范数据全生命周期管理，加强数据跨境流动安全管理，推动数据安全产业发展，加强个人信息保护，提升数据安全保障水平，提升防诈反诈技防水平，完善长效治理机制。	2022.11
60	广西壮族自治区人大常委会	《广西壮族自治区大数据发展条例》	关于数据安全保障，条例提出具体要求，包括实行数据安全责任制、明确对数据进行分级分类管理以及对公共数据进行安全监测、应急处置、安全备份、安全协作、安全销毁等体系建设等。	2022.11
61	四川省经济和信息化厅、四川省通信管理局联合	《四川省工业互联网标识解析行业节点试点管理办法（试行）》	行业节点试点承建单位按照工业和信息化部《工业和信息化领域数据安全管理办法（试行）》等要求落实数据安全主体责任。	2022.12
62	四川人民代表大会常务委员会	《四川省数据条例》	统筹推进全省数据安全管理工作，推动以数据为关键要素的数字经济发展。	2022.12
63	山西省人民代表大会常务委员会	《山西省数字经济促进条例》	强调建立健全数据安全治理体系，推动建立数据分类分级保护制度和数据目录管理制度。	2022.12

续表

序号	制定/印发部门	政策名称	内容简介	印发/拟发时间
64	湖北省经济和信息化厅	《关于调整2023年"双联双百"工作联系点的通知》	全面落实数据安全监管,把工业领域数据安全与工业经济运行、安全生产、重大项目建设等一并纳入工作内容。	2023.2
65	湖南省人民政府	《关于<湖南省"智赋万企"行动方案(2023—2025年)>的通知》	提出实施基础设施提升等十大工程,其中数字安全屏障工程以推进工业领域数据安全管理工作,加强网络安全和数据安全保护为目标,筑牢企业数字化转型安全屏障	2023.3
66	山东省工信厅	《山东省2023年数字经济"全面提升"行动方案》	部署深化数据安全管理体系、增强数据安全产业供给能力、强化数据安全保障能力等重点任务。	2023.4

附录 D 工业领域数据安全事件（2021—2024）案例

D1 2024 年典型工业数据安全事件

1. 澳大利亚电信公司 Tangerine 遭遇攻击，23 万人数据被泄密

2024 年 2 月 18 日，澳大利亚电信公司 Tangerine 遭受数据泄露，大约 23 万人的个人信息被泄露。此次安全事件发生于 2024 年 2 月 18 日（星期日），但 Tangerine 管理层在 2024 年 2 月 20 日（星期二）才意识到该事件。该电信公司通知了澳大利亚网络安全中心和澳大利亚信息专员办公室。攻击者访问了一个遗留客户数据库，其中包含大约 230 000 个当前和以前的客户账户的信息。泄露的个人信息包括姓名、地址、出生日期、电子邮件地址、手机号码和 Tangerine 账号。（来源：https://securityaffairs.com/159528/data-breach/telco-provider-tangerine-data-breach.html）

2. 索尼子公司 Insomniac Games 员工遭遇数据泄露

2024 年 2 月 23 日，索尼子公司 Insomniac Games 正在向 11 月发生 Rhysida 勒索软件攻击后个人信息被盗并在线泄露的员工发送数据泄露通知信。索尼表示他们正在调查 Rhysida 勒索软件团伙声称已经侵入 Insomniac Games 并从其网络中窃取了超过 130 万个文件的情况。公司已经向受影响员工提供了两年额外的免费信用监控和身份恢复服务。此外，他们还建立了一个专门的呼叫中心，以回答受影响员工可能有关 11 月份勒索软件攻击的任何问题。（来源：https://www.bleepingcomputer.com/news/security/insomniac-games-alerts-employees-hit-by-ransomware-data-breach/）

3. Tornado Cash 治理提案中隐藏恶意代码导致数据泄露

2024 年 2 月 27 日，安全研究人员 Gas404 发现并报告了这段恶意代码，敦促利益相关者否决这些恶意治理提案。一段恶意的 JavaScript 代码隐藏在 Tornado Cash 治理提案中，已经泄露存款备注和数据至私人服务器近两个月。这一泄漏威胁了通过 IPFS 部署（如 ipfs.io、cf-ipfs.com 和 eth.link 网关）进行

的所有资金交易的隐私和安全性。Gas404 表示，恶意函数对私人存款票据进行编码，使其看起来像常规的区块链交易调用数据，并隐藏了"window.fetch"函数的使用，以进一步混淆利用机制。Tornado Cash Developers 证实了这一妥协并警告了风险，建议用户撤回他们的旧钞票和可能暴露的钞票，并用新生成的钞票替换它们。（来源：https://www.bleepingcomputer.com/news/security/malicious-code-in-tornado-cash-governance-proposal-puts-user-funds-at-risk）

4. Golden Corral 披露数据泄露事件

2024 年 2 月 26 日，在确定可能受影响的文件中的信息范围后，Golden Corral 于 1 月 2 日找到了所有受影响个人的地址信息，并于 2 月 16 日开始发送违规通知函。尽管今天的新闻稿没有提供受此次数据泄露影响的人数，但 Golden Corral 在向缅因州总检察长提交的一份文件中透露，有 183 272 人的数据在攻击中被盗。Golden Corral 在调查事件时发现，被盗信息可能包括员工、受抚养人和受益人姓名、社会安全号码、金融账户信息、驾驶执照号码、医疗信息、用户名和密码以及健康保险信息。（来源：https://www.bleepingcomputer.com/news/security/golden-corral-restaurant-chain-data-breach-impacts-183-000-people/）

5. AI 服务 Cutout.Pro 遭遇数据泄露

2024 年 2 月 29 日，AI 服务 Cutout.Pro 遭遇数据泄露，泄露了 2000 万会员的个人信息，包括电子邮件地址、哈希和盐加密的密码、IP 地址和姓名。泄露的数据还包括用户 ID 和头像、API 访问密钥、账户创建日期、电子邮件地址、用户 IP 地址、手机号码、密码哈希值和盐、用户类型和账户状态等信息。泄露的数据在黑客论坛上被发布，并且在黑客的个人 Telegram 频道上广泛传播。虽然 Cutout.Pro 尚未通过官方声明证实安全事件，但已经有数据泄露监控和警报服务 Have I Been Pwned（HIBP）确认了此次泄露事件。（来源：https://www.bleepingcomputer.com/news/security/20-million-cutoutpro-user-records-leaked-on-data-breach-forum/）

6. Giant Tiger 数据泄露，在线泄露 2.8M 记录

2024 年 3 月，加拿大零售连锁店 Giant Tiger 于 2024 年 3 月披露了一起

数据泄露事件。一名威胁行为者现在公开声称对数据泄露负责，并在黑客论坛上泄露了 280 万条记录，他们声称这些记录是 Giant Tiger 的客户。数据泄露监控服务 HaveIBeenPwned 已将泄露的数据库添加到其网站，以便用户轻松检查其信息是否受到损害。该漏洞包括超过 280 万个唯一的电子邮件地址、姓名、电话号码和实际地址。（来源：https://www.bleepingcomputer.com/news/security/hacker-claims-giant-tiger-data-breach-leaks-28m-records-online/）

7. AT&T 表示，数据泄露影响了 5 100 万客户

2024 年 4 月 10 日，AT&T 通知 5 100 万前任和现任客户，警告他们数据泄露，在黑客论坛上暴露了他们的个人信息。但是，该公司仍未透露数据是如何获得的。这些通知与最近在 Breach 黑客论坛上泄露的大量 AT&T 客户数据有关，这些数据于 2021 年以 100 万美元的价格出售。当威胁行为者 ShinyHunters 于 2021 年首次将 AT&T 数据挂牌出售时，该公司告知 BleepingComputer，这些数据不属于他们，他们的系统没有被破坏。虽然泄漏包含超过 7 000 万人的信息，但 AT&T 现在表示，它总共影响了 51 226 382 名客户。暴露的信息因个人和账户而异，但可能包括全名、电子邮件地址、邮寄地址、电话号码、社会安全号码、出生日期、AT&T 账号和 AT&T 密码。（来源：https://www.bleepingcomputer.com/news/security/att-now-says-data-breach-impacted-51-million-customers/）

D2　2023 年典型工业数据安全事件

1. 日产汽车北美数据泄露事件

2023 年 1 月 16 日，日产汽车北美公司向客户发送数据泄露通知，告知第三方服务提供商发生泄露客户信息事件，约 17 998 名客户受到了影响。泄露的客户数据包括全名、出生日期和 NMAC 账号（日产金融账户）。据了解事件起因是该第三方供应商接收日产汽车客户数据，为其开发和测试软件解决方案，由于数据库配置不当造成数据泄露。（来源：公开渠道 freebuf 网站）

2. 电动汽车充电设施正成为网络攻击的新目标

2023 年 2 月，能源网络网络安全公司 Saiflow 在开放式充电点协议（OCPP）中发现存在严重的数据泄露的风险，可用于分布式拒绝服务（DDoS）攻击和

窃取敏感信息。该风险产生的原因是检查的每个电动汽车供应设备（EVSE）都运行过时的 Linux 版本，开通着不必要的服务，并允许许多服务以 root 身份运行。攻击者可利用数据泄露风险篡改电动汽车车主的身份验证和授权，造成安全系统的敏感数据泄露，会给车主造成电动汽车使用困扰，扰乱社会秩序。美国桑迪亚国家实验室（Sandia National Laboratories）建议采取一系列措施来加强网络数据安全，包括改善电动汽车车主的身份验证和授权，为充电基础设施的云组件增加更多安全性，以及加强实际充电单元以防止物理篡改。（来源：DARKReading）

3. 丰田、梅赛德斯、宝马 API 漏洞或有泄露车主个人信息风险

外媒披露有近 20 家汽车制造商和服务机构存在 API 安全漏洞，这些漏洞允许黑客进行远程解锁、启动车辆、跟踪汽车行踪，窃取车主个人信息的恶意攻击活动。受影响的企业包括：现代、创世纪、本田、奔驰、宝马等，其中宝马和奔驰中发现了较为严重的 API 漏洞，它们受到公司范围的 SSO（单点登录）漏洞的影响，这些漏洞使攻击者能够访问内部系统，如访问多个私有 GitHub 实例，Mattermost 上的内部聊天频道、服务器、Jenkins 和 AWS 实例、连接到客户汽车的 XENTRY 系统以及获取购车者的全部信息资料等等。（来源：Bleecomputer）

4. 俄罗斯 Gazprom 企业发生数据泄露和数据篡改事件

2023 年 2 月，俄罗斯能源巨头 Gazprom 的基础设施遭到了黑客攻击，造成了数据泄露风险，总共泄露俄罗斯天然气工业股份公司集团公司的 6000 多份文件，总计数据大小达 1.5 GB。该档案数据包含与金融和经济活动相关的信息、测试和钻井报告，以及 Koviktinsky 井（伊尔库茨克地区）自动化系统的实施和调整等数据情况。

5. 沃尔沃遭到黑客攻击，大量敏感数据被泄露

2023 年 1 月 3 日，法国安全机构 Anis Haboubi 发现黑客在某论坛上以 2500 美元的价格出售从沃尔沃窃取的数据。2022 年 12 月 31 日，论坛成员 IntelBroker 声称沃尔沃遭到了 Endurance 的勒索攻击，攻击者窃取了 200GB 的敏感数据，

这些数据现在正在出售。被盗数据包括数据库访问、CICD 访问、Atlassian 访问、域名访问、Wi-Fi 点和登录、授权承载、API、PAC 安全访问、员工名单、软件许可证以及密钥和系统文件。

6. 半导体设备制造商 MKS Instruments 成为勒索软件攻击的受害者

2023 年 2 月 13 日，半导体设备制造商万机仪器集团（MKS Instruments）声称其生产相关数据系统被勒索软件攻击。Burke 表示："这起事件影响了某些业务系统，包括与生产相关的数据系统。作为遏制这起事件的一项工作，本公司已决定暂停某些生产设施的运营。"万机仪器集团发现自己沦为了勒索软件事件的受害者，已立即采取行动，启动事件响应和业务连续性规程，以遏制这起事件。（来源：嘶吼网）

D3　2022 年典型工业数据安全事件

1. 世界最大管道公司俄罗斯管道巨头 Transneft 遭攻击 79GB 数据泄露

Transneft 的总部设在莫斯科，是世界上最大的管道公司，2022 年 3 月，发生了一连串的黑客攻击和数据泄露事件，本次攻击导致公司旗下研发部门 Omega 公司的 79GB 邮件信息被泄露，数据包括有员工邮件信息、发票、产品发货细节等。据了解事件起因是受到黑客组织"匿名者"（Anonymous）的攻击。随后黑客将窃取的数据信息于 2022 年 3 月 17 日在非盈利泄密组织 Distributed Denial of Secrets 的网站上进行了公开发布。（来源：公开渠道 博客网站）

2. 日本电装株式会社信息泄露

丰田汽车旗下零部件制造商日本电装株式会社（Denso）于 2022 年 3 月 13 日宣布其机密数据泄露。该事件是由于电装德国分部法人受到勒索软件攻击造成的，导致 1.4 TB 数据被泄露，其中包括 15.7 万份文件，分别为设计图纸、订购书扫描件、邮件和打印机的印刷数据等。（来源：安全客）

3. 三星数百份商业机密文件被拍，员工涉嫌窃取机密信息被捕

2022 年 3 月 24 日消息，据多家韩媒报道，三星电子最近发现其 DS 代工

部门一名员工涉嫌信息泄露，并对此案展开调查。据悉，这是一名计划离职的员工，在家办公时，疑似访问了公司的机密信息：与半导体相关的电子文件，并对文件内容进行了拍摄。而三星数据库系统禁止员工使用智能手机拍摄来获取机密信息。(https://www.laoyaoba.com/n/811981)

4. "匿名者"入侵俄罗斯最大石油公司，窃取 20TB 数据

"匿名者"声称入侵了俄罗斯能源巨头 Rosneft 德国子公司的系统，并窃取了 20TB 的数据。这一入侵的消息也得到了德国联邦信息安全局 BSI 的证实，BSI 表示支持调查安全漏洞，且已经向石油行业的其他利益相关者发出了安全警告。"匿名者"声称已经破坏了该公司的虚拟机、不间断电源等。这次入侵很可能是在 2022 年 3 月 10 日被发现的，且数据外流也被中断。"我们的计划是提取所有可用的数据，这通过简单的 FTP 连接相对容易实现，提取速度也在 5.5GB/s。然而，系统预期需要保持很长一段时间，因为人们总共可以访问近 25TB 的数据，除了备份和文件夹，还可以访问员工的 iPhone 和 iPad。"（来源：e 安全）

5. Claroty 利用 RCE 在西门子 PLC 中发现硬编码的加密密钥的非法事件

2022 年 11 月 7 日，西门子可编程逻辑计算机（PLC）系列 SIMATIC S7-1200/1500s 和西门子自动化工程软件平台 TIA Portal 中的严密防护、硬编码的密码密钥被纽约的工业网络安全公司 Claroty 的研究部门 Team82 非法访问。该团队针对 SIMATIC S7-1200 和 S7-1500 PLC 的 CPU 部署了一种新的远程代码执行（RCE）技术，为此他们使用了之前对 Siemens PLC 的研究中发现的漏洞（CVE-2020-15782）这使他们能够绕过 PLC 上的本机内存保护并获得读/写权限。他们不仅能够提取西门子产品线中使用的内部严密保护的私钥，还能够实施完整的协议栈，加密和解密受保护的通信和配置，使用西门子自动化工程软件的工业企业存在信息泄露和工业事故的风险。（来源：infosecurity）

6. 大部分石油和天然气企业存在的数据泄露风险

2022 年下半年，工业安全公司 Claroty 发布报告指出，石油和天然气组织

机构都在使用的一个系统中存在高危漏洞（CVE-2022-0902，CVSS 评分 8.1），可利用该漏洞在 ABB 流量计算机上获得根访问权限、读写文件，并远程执行代码阻止公司支付客户账单的能力，导致服务中断，类似于 2021 年 Colonial Pipeline 遭勒索攻击造成的后果。（来源：Pierluigi Paganini）

7. 亚洲航空公司遭到勒索软件攻击事件

2022 年 11 月 11 日和 12 日，亚洲航空集团遭到了 Daixin Team 团伙的勒索软件攻击。CISA 最近就这个团伙发出了警报；该团伙告诉 DataBreaches 网站，他们已获得了 500 万乘客和所有雇员的个人数据。如果不支付赎金，该团伙将会泄露或出售敏感数据。（来源：51CTO 网站）

8. 曼谷航空公司 200 GB 数据遭 LockBit 勒索软件窃取事件

2022 年 8 月 23 日，曼谷航空公司发现了安全漏洞。LockBit 勒索软件团队窃取了超过 200 GB 曼谷航空公司数据，调查显示，泄露的数据可能包括乘客姓名、姓氏、国籍、性别、电话号码、电子邮件、地址、联系信息、护照信息、历史旅行信息、部分信用卡信息和特殊膳食信息。为避免更大损失，对于近期乘坐此航空公司的旅客，公司强烈建议乘客联系银行或信用卡提供商，尽快更改任何可能泄露的密码。另外，曼谷航空公司提醒其客户保持警惕，并注意任何可疑或未经请求的电话或电子邮件，因为攻击者可能会尝试进行网络钓鱼攻击等恶意活动。（来源：公开渠道 51CTO 网站）

D4　2021 年典型工业数据安全事件

1. 日本跨国企业松下集团发生数据泄露事件

2021 年 11 月 11 日，松下公司已确认其网络数据被第三方进行非法访问，经过内部调查，确定攻击者在入侵过程中访问了文件服务器上的部分敏感数据，引发客户和员工隐私数据信息泄露，造成非必要的恐慌。据了解事件起因是未知的威胁行为者访问了其服务器。（来源：freebuf 网站）

参考文献

[1] 工业和信息化部. 工业和信息化领域数据安全管理办法（试行）[Z]. 2022.

[2] 全国信息技术标准化技术委员会. 信息技术词汇第 17 部分：数据库：GB/T 5271.17-2010[S]. 北京：中国标准出版社，2010.

[3] 全国人民代表大会常务委员会. 中华人民共和国网络安全法 [Z]. 2016.

[4] CHU T, GARCÍA-RECUERO Á, IORDANOU C, et al. Securing federated sensitive topic classification against poisoning attacks[C]. Proceedings of the 27th Annual Network and Distributed System Security Symposium (NDSS), San Diego, California, USA, Feb. 23-26, 2020.

[5] Belavadi V, Kantarcioglu M, Zhou Y, et al. Attack Some while Protecting Others: Selective Attack Strategies for Attacking and Protecting Multiple Concepts[C]//Proceedings of the 2023 ACM SIGSAC Conference on Computer and Communications Security (CCS 23), Copenhagen, November 2023.

[6] Miao C Q, Feng J A, You W, et al. A Good Fishman Knows All the Angles: A Critical Evaluation of Google's Phishing Page Classifier[C]//Proceedings of

the 2023 ACM SIGSAC Conference on Computer and Communications Security（CCS 23）, Copenhagen, November 26–30, 2023.

[7] Sha Z Y, Li Z, Yu N, et al. DE-FAKE: Detection and Attribution of Fake Images Generated by Text-to-Image Generation Models[C]//International Conference on Machine Learning, July 2023: 14.

[8] Dambra S, Han Y F, Aonzo S, et al. Decoding the Secrets of Machine Learning in Windows Malware Classification: A Deep Dive into Datasets, Features, and Model Performance[C]//CCS Conference, New York, October, 2023: 1-17.

[9] Wei C K, Zhao M H, Zhang Z K, et al. DPMLBench: Holistic Evaluation of Differentially Private Machine Learning[C]//ACM SIGSAC Conference on Computer and Communications Security, November, 2023: 1-22.

[10] Ghasemisharif M, Polakis J. Read Between the Lines: Detecting Tracking JavaScript with Bytecode Classification[C]//Proceedings of the 2023 ACM SIGSAC Conference on Computer and Communications Security, Copenhagen, November 26–30, 2023.

[11] Cong K L, Das D, Park J, et al. SortingHat: Efficient Private Decision Tree Evaluation via Homomorphic Encryption and Transciphering[C]// Proceedings of the 29th Annual Computer and Communications Security(CCS), Los Angeles, CA, USA, Nov. 7-11, 2022.

[12] Kolluri A, Baluta T, Hooi B, et al. LPGNet: Link Private Graph Networks for Node Classification[C]//Proceedings of the 29th Annual Computer and Communications Security (CCS), Los Angeles, CA, USA, Nov. 7-11, 2022.

[13] Xiang C, Mittal P. DetectorGuard: Provably Securing Object Detectors against Localized Patch Hiding Attacks[C]//ACM SIGSAC Conference on Computer and Communications Security, Virtual Event, Republic of Korea, Nov. 15 - 19, 2021.

[14] 冯云山. 基于卷积网络的大数据分类研究[J]. 科学与信息化, 2023 (10): 87-89.

[15] 韩啸, 谷宗运, 赵士博, 等. 基于图像分类技术在医学影像数据治理过

程中的研究与应用[J]. 中国医疗设备，2023, 38 (4): 78-83.

[16] 罗丹，马军生. 关于视觉特征与 CapsNet 的图像大数据分类研究[J]. 计算机仿真，2022, 39 (1): 181-185.

[17] 李青，赵唱，鞠永慧，等. 基于深度学习的不均衡网络数据分类技术研究[J]. 信息工程大学学报，2021, 22 (2): 215-221.

[18] 董瑞，周睿，唐庄生，等. 基于高光谱数据的高寒草甸主要毒草分类技术研究[J]. 草原与草坪，2021, 41 (6): 1-8.

[19] 张帅. 基于张量 R-Tucker 分解的 BCI 数据分类研究[J]. 现代信息科技，2023, 7 (2): 1-7.

[20] 汪洋. 基于大数据分析技术的船舶航行环境感知信息实时分类研究[J]. 舰船科学技术，2022, 44 (21): 144-147.

[21] 刘舸舸. 结合 MacBERT 和多尺度融合网络的档案数据分类研究[J]. 电子设计工程，2022, 30 (19): 65-68, 73.

[22] 秦喜文，王芮，张斯琪. 基于深度级联森林的乳腺癌基因数据分类研究[J]. 中国生物医学工程学报，2022, 41 (2): 177-185.

[23] 刘文昌，魏赟，袁浩轩，等. 基于 SMOTE 和 gcForest 的医疗小样本数据分类研究[J]. 物联网学报，2023, 7 (2): 77-87.

[24] Chandler J, Wick A, Fisher K. BinaryInferno: A Semantic - Driven Approach to Field Inference for Binary Message Formats[C]//Network and Distributed System Security (NDSS) Symposium. San Diego, CA, USA, February, 2023.

[25] Folkerts L W, Gouert C, Tsoutsos N G. REDsec: Running Encrypted Discretized Neural Networks in Seconds[C]//Network and Distributed System Security (NDSS) Symposium. San Diego, CA, USA, February, 2023.

[26] Köhler S, Baker R, Strohmeier M, Martinovic I. BROKENWIRE: Wireless Disruption of CCS Electric Vehicle Charging[C]//Network and Distributed System Security (NDSS) Symposium. San Diego, CA, USA, February, 2023.

[27] Dong C Q, Weng J, Liu J N, et al. Fusion: Efficient and Secure Inference Resilient to Malicious Servers[C]//Network and Distributed System Security (NDSS) Symposium. San Diego, CA, USA, February, 2023.

[28] Nomoto K, Watanabe T, Shioji E, et al. Browser Permission Mechanisms Demystified[C]// Network and Distributed System Security (NDSS) Symposium. San Diego, CA, February 27 - March 3, 2023.

[29] Fiterau - Broştean P, Jonsson B, Sagonas K, Tåquist F. Automata - Based Automated Detection of State Machine Bugs in Protocol Implementations[C]// Proceedings of the Network and Distributed System Security (NDSS) Symposium. San Diego, CA, USA, February 2023.

[30] Chu T Y, Garcia - Recuero A, Smaragdakis G, Laoutaris N. Securing Federated Sensitive Topic Classification against Poisoning Attacks[C]// Network and Distributed System Security (NDSS) Symposium. San Diego, CA, USA, February 27 - March 3, 2023.

[31] Groß S, Koch S, Bernhard L, et al. FUZZILLI: Fuzzing for JavaScript JIT Compiler Vulnerabilities[C]//Network and Distributed Systems Security (NDSS) Symposium. San Diego, CA, USA, February 2023.

[32] Malavolta G, Moreno - Sanchez P. Cryptographic Oracle - Based Conditional Payments[C]//Network and Distributed System Security (NDSS)Symposium. San Diego, CA, USA, 27 February - March 2023.

[33] Fang C Z, Nazari N, Omidi B, et al. HeteroScore: Evaluating and Mitigating Cloud Security Threats Brought by Heterogeneity[C]//Network and Distributed System Security (NDSS) Symposium. San Diego, CA, USA, February, 2023.

[34] 万钧, 郭磊. 审计电子数据脱敏方法研究与应用[J]. 审计观察, 2024 (2): 72-76.

[35] 郑祥. 数据脱敏在数据中台产品的研究与应用[J]. 现代计算机, 2024, 30 (1): 92-95.

[36] 桂韬, 奚志恒, 郑锐, 等. 基于深度学习的自然语言处理鲁棒性研究综述[J]. 计算机学报, 2024, 47 (1): 90-112.

[37] 潘建宏, 王磊, 张俊茹, 等. 能源大数据中心数据脱敏关键技术研究[J]. 自动化技术与应用, 2023, 42 (6): 94-97.

[38] 先兴平，吴涛，乔少杰，等. 图学习隐私与安全问题研究综述[J]. 计算机学报，2023, 46 (6): 1184-1212.

[39] 肖雄，唐卓，肖斌，等. 联邦学习的隐私保护与安全防御研究综述[J]. 计算机学报，2023, 46 (5): 1019-1044.

[40] 熊能，王玉林. 基于数据脱敏技术的电子病历隐私保护应用与研究[J]. 中国高新科技，2023 (6): 122-124, 130.

[41] 欧自立. 物联网环境下的数据脱敏与可用性研究[D]. 成都：电子科技大学，2023.

[42] 沈传年，徐彦婷. 数据脱敏技术研究及展望[J]. 信息安全与通信保密，2023 (2): 105-116.

[43] 庞文迪，南乐，蔡苏平，等. 基于数据加密脱敏的数据安全管控平台功能设计[J]. 长江信息通信，2023, 36 (1): 154-156.

[44] Nomoto K, Watanabe T, Shioji E, et al. Browser Permission Mechanisms Demystified[C]//Proceedings of the 27th Annual Network and Distributed System Security Symposium (NDSS). San Diego, California, USA, Feb. 27 - Mar. 3, 2023.

[45] Warnecke A, Pirch L, Wressnegger C, Rieck K. Machine Unlearning of Features and Labels[C]//Proceedings of the 27th Annual Network and Distributed System Security Symposium (NDSS). San Diego, California, USA, Feb. 27 - Mar. 3, 2023.

[46] Meng M H, Zhang Q, Xia G, et al. Post - GDPR Threat Hunting on Android Phones: Dissecting OS - level Safeguards of User - unresettable Identifiers[C]//Proceedings of the 27th Annual Network and Distributed System Security Symposium (NDSS). San Diego, California, USA, Feb. 27 - Mar. 3, 2023.

[47] Jordan S, Nakatsuka Y, Ozturk E, et al. VICEROY: GDPR - /CCPA - compliant Enforcement of Verifiable Accountless Consumer Requests[C]//Proceedings of the 27th Annual Network and Distributed System Security Symposium (NDSS). San Diego, California, USA, Feb. 27 - Mar. 3, 2023.

[48] Shezan F H, Zihao S, Kang M, et al. CHKPLUG: Checking GDPR

[49] Schiller N, Chlosta M, Schloegel M, et al. Drone Security and the Mysterious Case of DJI's DroneID[C]//Proceedings of the 27th Annual Network and Distributed System Security Symposium (NDSS). San Diego, California, USA, Feb. 27 - Mar. 3, 2023.

Compliance of WordPress Plugins via Cross - language Code Property Graph[C]//Proceedings of the 27th Annual Network and Distributed System Security Symposium (NDSS). San Diego, California, USA, Feb. 27 - Mar. 3, 2023.

[49] Schiller N, Chlosta M, Schloegel M, et al. Drone Security and the Mysterious Case of DJI's DroneID[C]//Proceedings of the 27th Annual Network and Distributed System Security Symposium (NDSS). San Diego, California, USA, Feb. 27 - Mar. 3, 2023.

[50] Budykho K, Bourean I, Wesemeyer S, et al. Fine - Grained Trackability in Protocol Executions[C]//Proceedings of the 27th Annual Network and Distributed System Security Symposium (NDSS). San Diego, California, USA, Feb. 27 - Mar. 3, 2023.

[51] Tagliaro C, Hahn F, Sepe R, et al. I Still Know What You Watched Last Sunday: Privacy of the HbbTV Protocol in the European Smart TV Landscape[C]//Proceedings of the 27th Annual Network and Distributed System Security Symposium (NDSS). San Diego, California, USA, Feb. 27 - Mar. 3, 2023.

[52] Bell J H, Bonawitz K A, Gascón A, et al. Secure Single - Server Aggregation with (Poly) Logarithmic Overhead[C]//Proceedings of the ACM SIGSAC Conference on Computer and Communications Security (CCS). Virtual Event, USA, Nov. 9 - 13, 2020.

[53] Mohassel P, Rindal P, Rosulek M. Fast Database Joins and PSI for Secret Shared Data[C]//Proceedings of the ACM SIGSAC Conference on Computer and Communications Security (CCS). Virtual Event, USA, Nov. 9 - 13, 2020.

[54] 张晓琴, 姚远, 王颖. 面向云审计的轻量级隐私保护方案[J]. 重庆大学学报, 2024, 47 (2):75 - 83.

[55] 董燕灵, 张淑芬, 徐精诚, 等. 面向 Stacking 算法的差分隐私保护研究[J]. 计算机工程与科学, 2024, 46 (2):244 - 252.

[56] 刘洋, 杨林翰, 陈经纬, 等. 同态明文 - 密文矩阵运算及其应用[J]. 通信学报, 2024, 45 (2):150 - 161.

[57] 蒋伟进，陈艺琳，韩裕清，等. K - Modes 聚类数据收集和发布过程中的混洗差分隐私保护方法[J]. 通信学报，2024, 45 (1):201 - 213.

[58] 安浩杨，何德彪，包子健，等. 基于 SM9 数字签名的环签名及其在区块链隐私保护中的应用[J]. 计算机研究与发展，2023, 60 (11):2545 - 2554.

[59] 蔡梦媛，张明武. 基于内积加密的双向隐私保护医疗诊断云服务方案[J]. 密码学报，2023, 10 (5): 986 - 1000.

[60] 郭庆，田有亮. 支持受控共享的医疗数据隐私保护方案[J]. 西安电子科技大学学报（自然科学版），2024, 51 (1): 165 - 177.

[61] Wang YX, Ding ZY, Kifer D, et al. CheckDP: An Automated and Integrated Approach for Proving Differential Privacy or Finding Precise Counterexamples [C]// Proceedings of the ACM SIGSAC Conference on Computer and Communications Security (CCS). Virtual Event, USA, Nov. 9 - 13, 2020.

[62] Zhou CY, Gao YS, Fu AM, et al. PPA: Preference Profiling Attack Against Federated Learning [C]//Proceedings of the 27th Annual Network and Distributed System Security Symposium (NDSS). San Diego, California, USA, Feb. 27 - Mar. 3, 2023.

[63] Dong CQ, Weng J, Liu JN, et al. Fusion: Efficient and Secure Inference Resilient to Malicious Servers [C]//Proceedings of the 27th Annual Network and Distributed System Security Symposium (NDSS). San Diego, California, USA, Feb. 27 - Mar. 3, 2023.

[64] Nasr T, Torabi S, Bou - Harb E, Fachkha C. ChargePrint: A Framework for Internet - Scale Discovery and Security Analysis of EV Charging Management Systems [C]//Proceedings of the 27th Annual Network and Distributed System Security Symposium (NDSS). San Diego, California, USA, Feb. 27 - March 3, 2023.

[65] Ghosh BC, Patranabis S, Vinayagamurth D, et al. Private Certifier Intersection Yuri Gbur, Florian Tschorsch. QUICforge: Client - side Request Forgery in QUIC [C]//Proceedings of the 27th Annual Network and Distributed System Security Symposium (NDSS). San Diego, California, USA, Feb. 27 - March

3, 2023.

[66] Pan L, Yang JH, He L, et al. Your Router is My Prober: Measuring IPv6 Networks via ICMP Rate Limiting Side Channels [C]//Proceedings of the 27th Annual Network and Distributed System Security Symposium (NDSS). San Diego, California, USA, Feb. 27 - March 3, 2023.

[67] Wi S, Nguyen TT, Kim J, et al. DiffCSP: Finding Browser Bugs in Content Security Policy Enforcement through Differential Testing [C]//Proceedings of the 27th Annual Network and Distributed System Security Symposium (NDSS). San Diego, California, USA, Feb. 27 - March 3, 2023.

[68] Ali MM, Chitale B, Ghasemisharif M, et al. Navigating Murky Waters: Automated Browser Feature Testing for Uncovering Tracking Vectors [C]//Proceedings of the 27th Annual Network and Distributed System Security Symposium (NDSS). San Diego, California, USA, Feb. 27 - March 3, 2023.

[69] Rock S, Bugra KF, Doupé A, et al. Above and Beyond: Organizational Efforts to Complement U.S. Digital Security Compliance Mandates [C]//Proceedings of the Network and Distributed Systems Security (NDSS) Symposium. San Diego, CA, USA, April 2022.

[70] Chi HT, Zeng Q, Du XJ, et al. PFirewall: Semantics - Aware Customizable Data Flow Control for Smart Home Privacy Protection [C]//Proceedings of the 28th Annual Network and Distributed System Security Symposium (NDSS). Virtually, Feb. 21 - 25, 2021.

[71] 孟雪，郝文强，吴钟灿. 价值、组织与过程：数据开放共享隐私风险管理体系建构——基于英国的经验考察与借鉴[J/OL]. 情报理论与实践，2024-04-23 [2024-04-23], 1-13.

[72] 夏义堃. 论政府数据开放风险与风险管理[J]. 情报学报，2017, 36 (1): 18-27.

[73] 张于喆，王君，黄汉权. 人工智能时代大数据风险管理的建议[J]. 中国经贸导刊，2018 (6): 63 - 65.

[74] 李勇. 浅谈如何构建企业大数据风险管理体系——以中储粮集团公司信息系统为例[J]. 全国流通经济，2019 (22): 69 - 70.

[75] 王达. 美国互联网金融与大数据风险管理[J]. 互联网经济，2015 (6): 26 - 31.

[76] 冯子轩. 我国政务数据开放的风险及其法律规制[J]. 甘肃社会科学，2024 (2): 118 - 127.

[77] 曾楚之. 大数据网络下的数据传输风险管理[J]. 中国新通信，2019, 21 (1): 129.

[78] Li X, Liu BJ, Bai XS, et al. Ghost Domain Reloaded: Vulnerable Links in Domain Name Delegation and Revocation [C]//Proceedings of the 27th Annual Network and Distributed System Security Symposium (NDSS). San Diego, California, USA, Feb. 27 - March 3, 2023.

[79] Liu YG, Li Z, Backes M, et al. Backdoor Attacks Against Dataset Distillation [C]//Proceedings of the 27th Annual Network and Distributed System Security Symposium (NDSS). San Diego, California, USA, Feb. 27 - March 3, 2023.

[80] Wang S, Almashor M, Abuadbba A, et al. DOITRUST: Dissecting On - chain Compromised Internet Domains via Graph Learning [C]//Proceedings of the 27th Annual Network and Distributed System Security Symposium (NDSS). San Diego, California, USA, Feb. 27 - March 3, 2023.